JN171580

価値創発（EVP）時代の
人的資源管理

Industry4.0の新しい働き方・働かせ方

守屋貴司・中村艶子・橋場俊展［編著］

ミネルヴァ書房

はしがき

　昨今「失われた30年」という言葉が日本の若者の口からも溢れるようになってきている。改めて断るまでもないが，これは「1990年代の日本のバブル経済崩壊以降，停滞感に捕らわれ続けている30年」を意味している。未来を担う若者たちにこうした言葉を口にさせねばならない現状を私たち，日本社会，日本企業は直視し，その背景や対処法を冷静に検討する必要があるのではないか。

　「失われた30年」の発端となった1990年代以降，世界資本主義は，ICT（情報コミュニケーション・テクノロジー）化を進展させ，知識集約型資本主義に転換してゆき，アメリカでは，シリコンバレーを中心として第三次産業がアメリカ資本主義における主要な，そして世界規模での収益の担い手となった。このように世界の資本主義のルールが変わったにもかかわらず，日本では，旧来型の製造資本主義国としての位置に固執し，高品質・相対的な低価格の「モノづくり」立国を堅持しつつ，輸送用機械産業を中心に製造大企業の生産拠点を海外展開したため，国内の内部空洞化が進んだ。その一方で，日本が内需中心の経済に変化していく中，製造産業・企業に依存する経済構造は転換されず，他方で派遣法改正などを通して，雇用劣化が進んだ。その間，日本の製造大企業は，中国・台湾・韓国をはじめとした新興国の大企業の激しいキャッチアップにあい，さらなる過酷な競争にさらされ，海外・国内の市場シェアを失うこととなった。このような状況の下，日本では，当然（第三次産業分野を中心として）賃金は上昇せず，内需中心の経済は振るわず，労働生産性も低迷し，次第に若者の希望が失われるようになったのである。

　そんな日本が復活するには，世界のルールが変わった事実を受け入れることからはじめなければならないだろう。世界の知識集約型資本主義では，新しい価値を発見し，生み出す人材こそが，競争力の源泉であり，それに適応した「人の管理」を行う必要がある。それが，本書の推奨する「価値創発（EVP）

時代の人的資源管理」である。本書では，従業員の共感や納得を重視するこうした EVP（Employee Value Proposition：従業員への価値の創発的提案；以後本書名では，価値創発と略）やそれに相応しい人的資源管理を基本的には肯定的に捉えている。ここで基本的にというやや煮え切らない表現を用いているのは，EVP 時代の人的資源管理が，しばしばタレント，ハイ・パフォーマー，あるいはスマート・クリエイティブなどと呼ばれる高度人材のみを対象としており，その意味で極めて選別的な性格を有している点について，我々は憂慮しているからである。これともかかわり，我々は EVP 型人的資源管理の先進国であるアメリカのような勝者総取り的な格差社会を評価するものではない。しかしながら，他方で人材の多様化を促すと共に，それら人材が有する価値創発能力の活用を進め，知識集約型資本主義に順応しなければ，日本に蔓延している閉塞感を打破できないだろうとの危機感を有してもいる。そして，この点で EVP 時代の人的資源管理には汲むべきところがあると確信しているのである。日本経済の衰退は，貧困層に最も早く打撃を与えてきたし，今後もさらに対象を広げつつその影響は顕在化していくであろう。もはや，日本に残された時間は少ない。

　もちろん，世界のルールを受け入れることは，グローバル競争や技術革新の大きな波をより直接的にかぶることでもあるため，日本の経営者にとって厳しい経営選択を迫られることを意味する。また日本の労働者は，「失われた30年」を生み出した責任がどこにあるのかを問い続けると同時に，労働・労働組合運動を通して，さらなるグローバル化や未知の技術革新による合理化への対抗策を的確に備えなければならない。これは上述した EVP 時代の人的資源管理に伴う負の側面を抑制することにもつながっていくだろう。

　本書『価値創発（EVP）時代の人的資源管理』では，失われた30年の日本の中で，アメリカの人事管理や人的資源管理が理論的にどのように「進化」し，そのようなアメリカの理論進化と Indutry4.0（第四次産業革命）に象徴される大きな技術革新の中，日本の人事労務管理がどのように変遷し，必要とする中核的な人材の囲い込みを強めつつ，どのような矛盾を深めつつあるのかを描くと同時に，その中で「働く人々」の視点からその問題点を描き出し，現在の体

制の枠組みの中での改善案や「働く人々」の残された選択肢を示している。

　第Ⅰ部「進化する理論」ではアメリカの人事管理・人的資源管理等の「人の管理」の理論的「進化」を描き出している。第1章「人事管理論・人的資源管理論の史的変遷」では人事管理・人的資源管理論の発達段階を代表する理論を取り上げ、特に「労働者観」と「管理主体」に主眼をおきながら、その特徴を歴史的変遷から概観している。第2章「戦略的人的資源管理の変化」では情報技術の進展により労働の国際移動の障壁がなくなってきた時代、中核的人材の雇用の変化に着目して人的資源管理の現在と将来を考察している。第3章「人的資源管理論からタレントマネジメントへの「進化」」では、「人の管理」の理論のひとつであるタレントマネジメント論の進化について人的資源管理論の理論との関係からその理論的「進化」を考察すると同時に、日本企業への展開について考察を行っている。第4章「人的資源管理の新たな展開」では、アメリカにおけるトータル・リワード（total reward）や従業員エンゲージメント（employee engagement）の概念やそれを反映した具体的な管理・諸施策を明らかにして、日本企業のHRMへの示唆を導き出している。第5章「人的資源管理論とジェンダー・ダイバーシティマネジメント」では、アメリカのジェンダー・ダイバーシティ理論に依拠して日本の人事雇用管理におけるダイバーシティの意義を探り、ジェンダー・ダイバーシティマネジメントの現状を考察して、必要な体制や視点を検討している。

　第Ⅱ部「働かせ方を展望する」では1990年代から今日（2018年）にいたる失われた30年間の日本の人事労務管理の大変貌の光と影を描き出している。第6章「雇用管理の機能とその変容」では日本型雇用管理の特質と変容を整理し、現在直面している課題を挙げて今後の雇用管理の方向性を示唆する。第7章「賃金管理の大改革」では全従業員の「心身の健康を保ちつつ働き続けられるような賃金制度」はどのようなものかを具体的な企業事例を挙げて分析している。第8章「人事考課制度とコンピテンシー」では、人事考課を有効に機能させ、従業員の能力とモチベーションを引き出すためには、評価に時間と費用を費やし、従業員とのコミュニケーションを取りながら能力開発をしていく重要性を説いている。第9章「労働時間管理の変貌」では、政権による「働き方改

革関連法案」成立に至る流れと労働時間管理の変貌に着目し，労働時間管理をめぐる労使の考え方を明らかにし，その上でその問題点を整理している。第10章「ライフデザインと自律的キャリア開発」では，社会人になる若者が自らのキャリアと向き合い，キャリアを切り拓き，ワーク・ライフ・バランスを充実させる準備をするための基礎知識を提供する。第11章「職場環境の転換期」では，女性活躍と意識面の転換，福利厚生としての企業の保育所導入に着目して，女性活躍の観点から職場環境の大転換を考察する。

　第III部「働き方の未来」では，失われた30年間の中での「働く側」の視点から若者，女性，公務員，外国人の日本における「働き方の大変貌」を明らかにしている。第12章「若年者の働き方の多様化」では，日本企業や組織で必要とされる仕事の縮小と労働力不足の一方で，若年者の労働市場では非正規化・非雇用化の拡大，海外就職の増加，就労意識の変化について論述されている。第13章「女性の働き方改革」では，女性活躍推進法施行により女性の活躍の場が広がりつつある状況下での女性労働者の現状，女性のキャリア形成，変貌する女性労働者の働き方と能力について考察されている。第14章「公務改革と公務員の働き方の変化」では，日本の公務部門の雇用構造，公務労働の基本的な性格について押さえた上で，公務部門改革が，どのように公務員の働き方や公務部門の雇用構造，性格を変化させてきているかを検討し，その変化により内包される問題と対応の方向性を論じる。第15章「外国人人材の「働き方」・「働かせ方」の未来と課題」では，外国人人材・外国人労働者の就労や雇用問題，外国人労働者政策について論究し，それを通して外国人労働者・外国人人材の「働き方」・「働かせ方」の大きな変化と問題点，課題やその改善策について提起している。

　上記の考察・分析により，本書では，世界に先駆けて急激に進む人口（ひいては生産力人口・消費人口）減少社会への変化と，Industry4.0に象徴される，IoT（Internet of Things）・AI（人工知能）を包含する世界的なイノベーションといった二つの大きな状況変化の中，日本企業が過酷な競争状況を乗り越えるために，中核的な従業員を大切にする「価値創発（EVP）時代の人的資源管理」が経営合理性からも必要とされていることを明らかにする。さらにその反

面，日本企業の人事労務管理においては，雇用管理，賃金管理，人事考課制度，労働時間管理において，旧来型の日本的な人事労務管理の多くの矛盾と問題点を残しながらも，新しい手法で中核的な従業員の囲い込みを強めつつ「変貌」しつつある側面をも明らかにしている。また，若者や女性，公務員，外国人の「働き方」においても，日本的な人事労務管理の進展の中で，非正規雇用の拡大など多くの矛盾と問題点を抱えながら変貌をとげつつある姿を描き出している。

以上，三つの部と全17章からなる本書は，人的資源管理の展開とその下での働き方に関する最新動向をサーベイした学術書である。また，まさにこれから就職してゆく学生はじめ，若年層にも問題意識を共有してもらえるテキストとして十分に豊かな知識を伝えられる構成となっており，さらには，多くの最新のビジネス情報や知識を盛り込んでいることから，数多のビジネスパーソンにとっても有益な書となっている。それゆえ本書が，人事労務管理や人的資源管理とその下の働き方に関心をもつ研究者，実務家，ビジネスパーソン，大学院生，学生諸君になんらかの示唆を提供することができれば，執筆者一同望外の幸せである。

本書を貫く精神は，「人間主義」である。人間個人の希求する自由・平等・平和の実現の願いを込めて本書は編纂されている。これは人類が多年にわたって願ったものでありながら未だ実現がはるか先にある。具体的には，「人間主義」の精神とは，貧富の格差による機会の不平等の是正，男女間・民族間の不平等の是正，組織に縛られ自由に発言・行動できない不自由の是正，自らの生活を自由で豊かなものにしたいと願いながら実現できない社会的矛盾の解消，恒久的平和の実現などである。

なお，本書は，日本学術振興会の基盤研究Ｃ「グローバルタレントマネジメントの国際比較による類型化とその新理論の構築」（研究課題／領域番号16K03912：研究代表者　守屋貴司　共同研究者　橋場俊展：研究期間2016年度—2018年度：平成28年度—30年度）の３年間にわたる共同研究の最終研究成果報告の一部である。研究協力者として共同研究会に参集・議論を頂いた本書の執筆者諸兄姉に深く御礼申し上げたい。また，第５章，第11章は「グローバル時代

の女性労働：女性活躍と企業支援」（研究課題／領域番号 16K02056：研究代表者中村艶子：研究期間2016年度—2019年度：平成28年度—31年度）の研究成果の一部である。ここに記して，日本学術振興会に感謝申し上げる。

　また，出版事情の厳しい折にもかかわらず，快く本書の出版をお引き受け頂いたミネルヴァ書房の杉田啓三社長，編集担当の梶谷修氏に心より謝意を表したい。梶谷氏は編集過程において，絶えず調整，協議に惜しみなく時間と労力を費やして下さり，そのご尽力のおかげで円滑な完成への運びに至った。執筆者一同の感謝の意を記して深謝申し上げたい。

　2018年 9 月吉日

編者　守屋貴司
中村艶子
橋場俊展

価値創発（EVP）時代の人的資源管理

── Industry4.0の新しい働き方・働かせ方 ──

目　次

はしがき

第Ⅰ部　進化する理論

第Ⅱ部　働かせ方を展望する

第Ⅲ部　働き方の未来

序　章

日本企業にこれから期待される変化

　本章では，まず，本書の基本的な視点について簡単に解説した後，今後
の急速な技術革新および先進国の労働力人口の急減社会の到来と，そのも
とでの「働き方」と「働かせ方」の大変貌について論述している。そして，
そうした「働き方」と「働かせ方」の大変貌の中で求められる人的資源管
理として，本書の表題である「EVP（Employee Value Proposition,
価値創発：従業員への価値の創発的提案）時代の人的資源管理」とは何か
について解説している。

1　働く側と働かせる側の両方の視点

　本書は，働く側の視点からと働かせる側の両方の視点から「21世紀の人的資
源管理の理論と実態」について論じている学術書兼テキストである。

　働かせる側の視点とは，経営者・企業サイドからいかに人を採用・配置・異
動させ，適切な処遇と評価を行うことで動機づけを行い，人に高いパフォーマ
ンスを発揮してもらうのかという「人的資源管理」そのものの視点といえる。

　また，働く側の視点とは，キャリアデザイン・ライフデザインの視点であり，
これから働いていく学生諸君，今，「働いている人」の視点であるといえる。

　通常の「人的資源管理論」のテキストや研究書の多くが，働かせる側からの
視点のみ記述されているが，本書では，「働く側の視点」からも丁寧に論述さ
れている点に大きな特徴がある。「働く側」からの論述がある本書の大きなメ
リットの第一は，本書の読者の大多数を占める学生の皆さんや働く人にとって
もとても有意義な本となっている点である。また，本書の働く側からの視点の
論述のメリットの第二は，人的資源管理の全体像を構造的かつ立体的に理解す

るには，「働く側」と「働かせる側」の両方から知ることが大切であり，その意味では，本書が，人的資源管理の全体像について構造的かつ立体的な理解を深めることができる点にあるといえる。

　また，本書の「働く側」の視点としては，労働市場において少数の勝ち組になることを単に是とするものでなく，社会の公共性に立脚しつつ，それぞれの個人の人間的成長や社会的成長欲求に基づくキャリアデザインやライフデザインを図っていく視点をとっている。もちろん，市場経済の労働市場では，常に激しい競争が行われ，その中で，より良い労働条件を勝ち取るために競争が行われている。それゆえ，一面において，その競争に勝ち残るためのキャリアデザインが社会的に求められていることも事実である。しかし，市場経済の競争関係では，多数の敗者と少数の勝者を生むものであり，社会全体の幸福とはならない点も忘れてはならないものである。また，市場経済における社会階層的・経済的勝者となることが，人間的な満足や幸せと一概に一致するものではない点にも目を向けなければならない。

　本書では，そのような多様な「働く側」の視点を内包しつつ，「働かせる側」の新しい論理として，タレントマネジメント論，ダイバーシティマネジメント論などの戦略的人的資源管理論を加えて論述を行っている。

2　急速な技術革新と先進国の労働力急減社会の到来

　「働く側」と「働かせる側」の双方にとって，世界的に急速な技術革新と労働力人口の急激な減少から大きな影響を与えられつつある。

　急速な技術革新としては，第四次産業革命と呼ばれる IoT や AI，フィンテック，バイオテクノロジー革命などの技術革新が進行しつつあり，それが，「働く側」や「働かせる側」に大きな影響を与え，かつそれが戦略的人的資源管理に対しても変化を与えつつある（長島，2015）。

　特に，AI（Artificial Intelligence，人工知能）（DIAMOND ハーバード・ビジネス・レビュー編集部編，2016参照）の進化によって，多数の職務が，複数の研究において，将来，不必要となることが想定されており，AI の進化に対応した

教育と「働き方」「働かせ方」の模索が，現在の日本において進行している。また，IoT すなわち「Internet of Things」と呼ばれる製品やサービスがインターネットを通じてつながる世界も急速に進行しつつあり，IoT によって，まったく新しいタイプのビジネスモデルや製品・サービスが次々誕生し，新たなネットワーク社会のもとでの新しいタイプの「働かせ方」と「働き方」も生まれつつある。

　その一方で，少子高齢化が先進諸国（欧米・日本など）および，アジアの成長を牽引してきた中国においても，今後，急速に進行し，労働力不足の顕在化が予測されつつある。特に，日本においては，人口減少・労働力不足が大きな問題としてクローズアップされている。先進国における労働力の不足は，外国人労働者や女性の社会進出や高齢者・障害者に至る人材活用の課題をつきつけると同時に，外国人労働者が急増した欧米においては，政治的な移民問題を発生させるに至っている。

　実際，日本の生産年齢人口は，すでに，1997年を境に減少に転じ，かつ，その減少率は，他の先進国と比べて顕著であり，1997年の8699万人から，2016年には7665万人と大きく減少している[1]。そして，総務省の推計によれば，日本では，42年後の2060年には総人口が1億2000万人から9000万人までに激減し，高齢化率は39.9%，生産年齢人口比率が50.9%になると推計されている[2]。そして，日本では，2040年には自治体の半数が消滅の危機にさらされるとも予測されている（河合，2017）。

　また，このような先進国の人口減少の一方で，人口を維持・拡大させつつあるインドネシア，アフリカ，インド等の新興市場が世界的な注目を集め，地球上のフロンティアとして新興市場をめぐる企業間の争奪戦が激しさを増しつつある（小峰・日本経済研究センター編，2007）。

3　21世紀の「働く側」と「働かせる側」の大激変とは：タレントマネジメントの進展と雇用の大選別時代の到来

前節で述べてきたような急速な技術革新と先進国の労働力人口の急減社会，

そして，新興市場をめぐる競争の激化は，次章以降で論述するような技術革新とそれら技術革新を基礎とした新たなグローバル・ネットワーク社会や，新興市場の開拓に適応したタレント人材を選別・キャリア・能力開発し，優遇するタレントマネジメントを生み出し，タレント人材が優遇される。その反面，定型的な労働と位置づけられるような非正規雇用のアルバイト，パート，派遣労働者，請負労働者，業務委託労働者などの大量の低い処遇を世界的に生み出すことになっている。日本においても，この傾向はこれまで顕著に現れ，非正規雇用の「貧困化」などの矛盾が指摘されてきた（橘木・浦川，2006参照）。

　世界的には，職務主義が主流であり，日本の属人主義は，非主流であり，日本独特な人事制度といえる。タレントマネジメントを含む戦略的人的資源管理は，職務主義を基礎にしたプロフェッショナリズム志向に基づいて，その専門能力の客観的な基準によって「人の選別」を行っている。しかし日本の場合，属人主義を基本としたジェネラリスト志向では，専門能力の客観的な基準によらず，組織全体の中でのその個人での評価や職務遂行能力・全人格的評価といったあいまいな評価に基づく選別では，「働く側」のモチベーションの維持や評価の納得性を担保することが困難となり，今後，急速な技術革新と先進国の労働力人口の急減社会，そして，世界市場，特に，新興市場をめぐる競争の激化に対応した新たな人的資源管理の改革が求められることが想定される。では，どのような人的資源管理の改革が求められているのであろうか。その点を，次に，論述することにしたい。

4　激変の中で求められる価値創発（EVP）時代の人的資源管理

　コンサルティング会社のマッキンゼー・アンド・カンパニーのコンサルティングメンバーのエド・マイケルズらによって著された，マッキンゼー・アンド・カンパニー監訳，渡会圭子訳『ウォー・フォー・タレント（The War for Talent）』（2002，翔泳社）という有名な本の中で，「EVP（Employee Value Proposition）」を「社員がその企業にいる間に経験し，受け取るすべてを総合したもの」（マイケルズ他，2002，86頁）と定義し，日本において EVP は一般的に

「従業員価値（訴求）提案」とされているが，本書では，EVP を「従業員への価値創発的提案」と訳することにしたい。それは，EVP が単に，企業側から一方的かつ定型的に従業員に提案されるものではなく，従業員が共鳴でき社会で評価されるものとして，企業がその価値を常に創造し続け，かつ従業員と社会に発信し続ける必要があるものであり，さらにその EVP に従業員が共鳴することで定着し，新たな価値創造を従業員が行い高いパフォーマンスを生み出すものと定義するからである。

　今後，急速な技術革新と先進国の労働力人口の急減社会，そして，世界市場，特に，新興市場をめぐる競争の激化に対応するためには，戦略的人的資源管理においても，優秀な従業員がその企業に強く魅かれる「従業員への価値創発的提案」（EVP）を企業が従業員に提供してゆくことがとても重要である。EVPとは，その企業のビジョンや独特な文化や企業ブランド，企業イメージなど，従業員がそれに共鳴し，その企業に誇りと意欲をもって働くことができ，従業員がその企業に定着することをすすめるものである。ビジョン，企業ブランド，企業文化，企業イメージといったその企業独自の強力な「従業員への価値の創発的提案」（EVP）は，高い業績を上げる優秀な人材を定着させ，才能ある人材を企業に惹きつけ，同時に，従業員が企業の創発的価値に共鳴して，新たな価値ある製品やサービスを生み出す原動力となるものである。

　従業員が共感し，その組織に定着し，新たな価値創造を進んで行うような企業のビジョンや独特な文化や企業ブランド，企業イメージ，技術革新，CSR（Corporate Social Responsibility）などの「従業員への価値の創発的提案」（EVP）への定義をしっかり行い，EVP の定義にしたがって，企業の広告・宣伝・PR・ブランディング・ホームページ・WEB・SNS などあらゆる手段を使って創造し，発信を行うことが重要である。そして，それと同時に EVP を，方針や事業計画に織り込み，さらに，戦略的人的資源管理の中の金銭的・非金銭的報酬制度や刺激的な仕事，キャリア・能力開発・コミュニケーション制度，採用・定着制度，ライフスタイル（ワーク・ライフ・バランス制度など）に落とし込み，従業員のニーズを捉え，納得性・モチベーションを高めてゆくことが大切である。

これまで期待されてきたもの	今後，期待されるもの
高額の予算と大勢のスタッフ	新しい目標と刺激的な仕事
伝統的な序列	水平的，流動的，柔軟な組織
30年後までの展望，高給，高額の退職金	5 年後までの展望，生み出した価値と結びつく報酬
出世の階段を着実にのぼる	違った職種を多く経験する

（出所）　マイケルズ他（2002）91頁。

　また，従業員が求めるワークスタイルや求める組織のスタイルも変化しており，それに適応した EVP を企業は構築することが求められている。

　前述した『ウォー・フォー・タレント』では，中位・上級のマネジャーを対象としたヒアリング調査を基に，今後従業員が企業組織に期待する組織のスタイル，ワークスタイル，企業文化として，**表序 - 1** のような点を掲げている。急速な技術革新を基礎とした大きなイノベーションが予想される今後の時代，日本企業や日本の諸組織においても，「新しい目標と刺激的な仕事」や「水平的，流動的，柔軟な組織」への転換が求められているといえよう。

　また，多くの欧米企業では，EVP を定義し，それを言語化して，その企業のミッション・ビジョン，企業文化，イノベーション，報酬制度やキャリア開発・労働環境などを WEB やリクルートのための資料にまとめて広く宣伝・広告し，優秀な採用者の獲得をアジアのみならず世界中で行っている。

　これまでの日本の大企業や中小企業においても，優れた人材を惹きつけて，企業はビジョン，企業ブランド，企業文化，企業イメージ，技術革新，CSR といったその企業独自の強力な「従業員への価値の創発的提案」（EVP）をあえて EVP といわなくても行ってきたといえるが，今後，急速な技術革新と先進国の労働力人口の急減社会の到来，そして，新興市場をめぐる競争の激化の中での人材争奪戦において，企業独自の強力な「従業員への価値の創発的提案」（EVP）の定義の確立とその展開は，とても重要な企業活動となってきている。

　日本の大企業・中小企業をはじめとしたあらゆる組織においても，急速な技術革新と先進国の労働力人口の急減社会の到来の中で，ビジョン，企業ブラン

ド，企業文化，企業イメージといったその組織独自の強力で魅力的な「従業員への価値の創発的提案」（EVP）をし続け，それを戦略的人的資源管理の枠組みの中で織り込んでゆくことが重要である。

　急速な技術革新と先進国の労働力人口の急減社会の到来において，魅力的で強い EVP を定義，発信できない企業・組織は競争力を失う。企業が人材を選ぶ時代から，実は，企業が選ばれる時代への大きな転換を意味する。同時に，魅力的で強い EVP の定義を確立しそれを発信し，高い従業員満足を得られる組織に改革しえた企業・組織にとっては，人材を選べる時代の到来を意味しているかもしれない。

　今，進行しつつある「急速な技術革新」「先進国の急速な人口減少」「新興市場の拡大」という３つの要素は，EVP（従業員への価値の創発的提案）型企業への転換を，世界の企業に求めており，それゆえ，本書の表題も，「EVP（価値創発）時代の人的資源管理」としたわけである。この点を，念頭に置きつつ，読者には，本書をお読みいただきたいと考えている。

注

(1)　首相官邸　http://www.kantei.go.jp/jp/headline/pdf/20170328/06.pdf　2018年 4 月 5 日アクセス。

(2)　厚生労働省　http://www.mhlw.go.jp/seisakunitsuite/bunya/hokabunya/shakaihoshou/dl/07.pdf　2018年 4 月 5 日アクセス。

引用参考文献

河合雅司（2017）『未来の年表——人口減少日本でこれから起きること』講談社。
小峰隆夫・日本経済研究センター編（2007）『老いるアジア——超長期予測』日本経済新聞出版社。
DIAMOND ハーバード・ビジネス・レヴュー編集部編訳（2016）『人口知能——機械といかに向きあうか』ダイヤモンド社。
橘木俊詔・浦川邦夫（2006）『日本の貧困研究』東京大学出版会。
長島聡（2015）『日本型インダストリー4.0』日本経済新聞社。
マイケルズ，E.，ハンドフィールドジョーンズ，H.，アクセルロッド，B.／マッキンゼー・アンド・カンパニー監訳／渡会圭子訳（2002）『ウォー・フォー・タレント』翔泳社。

推薦図書

津谷典子・樋口美雄編（2009）『人口減少と日本経済——労働・年金・医療制度のゆくえ』日本経済新聞社。

本書は，日本の少子化・超高齢化・シングル化の進行によって，日本経済，特に，労働・年金・医療制度がどのようになるのかについて，多面的な角度から分析を行っている。

河合雅司（2017）『未来の年表——人口減少日本でこれから起きること』講談社。

　　本書は，日本の人口減少予測とそれへの対処策について解説している。また，労働人口の減少に対応するために，外国人労働者，女性，高齢者の活用や戦略的に日本が縮小する方策を述べている。

マイケルズ，E.，ハンドフィールドジョーンズ，H.，アクセルロッド，B.／マッキンゼー・アンド・カンパニー監訳／渡会圭子訳（2002）『ウォー・フォー・タレント』翔泳社。

　　マッキンゼーのウォー・フォー・タレント調査に基づき，なぜ，今後，人材を重視すべきなのか，いかに優秀な人材を集め育成すべきなのかについて，分析している。

（守屋貴司）

第Ⅰ部

進化する理論

　初期の人事管理論・人間関係論的人事管理は，アメリカにおいて，主として，工場現場の肉体的労働者を管理対象として，いかにすれば生産向上できるかを課題として構築されてきた。その後，アメリカの産業構造の発展に伴って，管理・事務・営業などの職務を担当する非肉体的労働者（俗にいうホワイトカラー）が大量に生まれ，それらの非肉体的労働者を対象とした人間行動科学的人事管理から全従業員を個別に管理対象とする人的資源管理論が誕生することとなった。そして，その後，アメリカの情報技術革命等の急速な技術革新の中，新しいイノベーションを担う中核人材（情報技術エンジニアなど）をまずは対象として，タレントマネジメントが誕生し，その後，中核人材全体を対象に，いかに優れた人材にその組織に定着・活躍し，新しいイノベーションを起こしてもらうのかが課題になると同時に，さらに，中核人材を主とした対象として，動機づけを与えるトータルリワードや組織への積極的な参加を促す従業員エンゲージメントが生まれることとなった。また，ダイバーシティマネジメントは，アメリカにおける公民権法の確立を背景として多様な人材をできるだけ公正・公平に雇用する管理手法として誕生した。

　このように，アメリカにおける「人の管理の進化」は，その時々の時代状況や組織の競争力の向上を課題とし，「進化」を遂げてきたといえる。そのため，近年のタレントマネジメントや従業員エンゲージメントなどの管理対象は，その時々に必要とされる従業員層（特に中核層）であり，あまり必要とされない非正規雇用層はその管理対象とされないことすらある。また，人的資源管理論以降の個別的管理の「進化」では，集団的労使関係を管理対象にすらしない場合すらある。そして，このようなアメリカの「人の管理の進化」理論がコンテキストの異なる日本の組織に移転・導入・適応されてきている。

第1章

人事管理論・人的資源管理論の史的変遷

　人事管理・人的資源管理の理論は，労働者をどのような存在と捉えるかといった「労働者観」を基盤に形づくられており，それが何を具体的な管理の対象とするのかといった「管理主体」の捉え方にも作用して，各理論を特徴づけている。本章では，人事管理・人的資源管理の発展段階を代表する各理論を取り上げ，特に「労働者観」と「管理主体」に注目しながら，その特徴を歴史的な視点から概観していく。

1　人事管理論の生成と背景

1　科学的管理

　19世紀末から20世紀初頭のアメリカでは，資本主義が大きく花開き，企業が大規模化・複雑化したことによって，企業経営はもはや従来通りの場当たり的な勘と経験による成行管理（drifting management）では維持できなくなり，組織的・体系的・計画的な管理が不可欠になった。

　テイラー（F. W. Taylor）の科学的管理（Scientific Management：以下 SM）は，こうした企業側の要請に応えると同時に，当時企業が直面していた組織的怠業（systematic soldiering）の克服を目的として登場した。それゆえ，テイラーの問題意識は，組織的怠業にみられるような険悪な労使関係をいかにして協調的な方向へ変革していくかという点に置かれている。

　そのためテイラーは，課業設定（task-setting）の科学性・客観性と高賃金・低労務費（high wages and low cost）によって組織的怠業を克服し，労使協調の達成を唱えている。

　課業設定の科学性・客観性とは，ストップウォッチを用いて工場労働における最も合理的・能率的な作業手順や工程を調査する動作・時間研究（motion and time study）によって，「労働者の 1 日の公正な仕事量」を課業として設定することを意味している。また，当時の「労働者観」である「経済人モデル」[1]を基盤として，課業に差率的出来高給制度（the differential rate system of piece-work）を適用させることによって組織的怠業を克服しようとした。つまり，設定された課業よりも作業能率や生産性を増大させた労働者には高賃金を，そうでない労働者には定額の最低賃金を支払い，これは同時に経営者にとっても低労務費を実現できると考えたからである。それゆえ，SM の「管理主体」は，課業管理（task management）を中心とした労働そのものを総体的に管理する「労働管理」と捉えることができ，人事管理が生成する前段階的な役割を果たしている。

［2］　初期人事管理論

　人事管理（Personnel Management：以下 PM）の成立には，労働組合による SM への強い批判と抵抗が大きく影響している。[2]それは，第一次世界大戦後の労働組合の飛躍的な発展を背景に，SM を導入した多くの企業に対する労働組合からの非難，すなわちストップウォッチを用いた動作・時間研究などは「労働者を機械と同一視している」証左であるという批判を無視できなくなったからである。また，産業心理学の発達も労働者の人間的側面への配慮が欠如していることを露呈させ，これによって新たに労働者の人間的取り扱いを基本理念とした PM が，SM の新展開として成立していくことになる。

　一方，当時の巨大化した企業における大量生産方式の現場は，大量の半熟練・不熟練労働者によって支えられていたが，劣悪な労働環境と雇用環境への不満は労働組合運動となって現れ，さらに福祉運動と結びついて企業内に福祉係が設置されるようになった。この福祉係は，その後，福利厚生部門となり，産業民主主義の普及を背景に労働者を「人間的存在」と捉える新たな認識と，これを裏づける産業心理学によって，全人的な意味を包摂するパーソネル（personnel）という新たな概念のもとにすべての人事労務諸施策が統合されて

いく。そのため，福利厚生部門は雇用部門に統合され，労働者の保有する「労働力管理」を主要職能とする人事部門が，はじめて独立した一部門として組織されていった。

　こうした中で，最初の体系的・包括的な PM 論とされるティード＆メトカーフ（O. Tead and H. C. Metcalf）の著書『人事管理』（*Personnel Administration : Its principles and practice*）が著されたのである。[3]

　ティード＆メトカーフは，PM の目的とは終局的に最大限の生産確保，すなわち労働力の能率的活用にあるが，その目的達成のアプローチとして労働者を心理的存在と理解し人間労働への心理学的接近を試みている。その際，パーソナリティ（personality）概念を提起し，個々の労働者が包摂する基本的欲求の分析に注目することによって勤労意欲の喚起や労使対立の緩和をめざしている。そのため，「人事管理とは，最小限の努力・対立（a minimum effort and friction）と労働者の真の福祉（the genuine well-being of the workers）への適切な考慮によって，必要最大限の生産を確保するために，その組織の人間的諸関係を指揮・調整することである」（Tead and Metcalf, 1920, p. 2）と定義している。

　また，産業心理学の諸成果を応用して，採用，配置転換，昇進，管理者訓練および従業員訓練，安全衛生，また職務分析など「労働力管理」を基調とした個別的な労務管理手法を重視しながら，苦情処理や工場委員会・従業員団体・団体交渉などの集団的関係手法を補完的に取り入れることを提示している。つまり，ティード＆メトカーフ理論は，「経済人モデル」に拠りながら，労働者の保有する労働力を「管理主体」とした「労働力管理」を中心課題と捉え，労働力の最高能率的活用と協調的な労使関係の構築を実現しようとしたのである。

2　人事管理論の発展

［１］　伝統的人事管理論

　1930年代後半から大量生産体制の進展とそれに伴う経営規模の拡大や労働市場の構造変化，および労働組合組織の発展などを背景に，PM 研究は労働経済学・心理学・労使関係研究などを取り入れながら，より体系的なものへと進化

していった。その代表的文献が，ヨーダー（D. Yoder）の著書『人事管理と労使関係』（*Personnel Management and Industrial Relations*）であり，伝統的 PM 論の完成形として位置づけられている。

　ヨーダーは，「人事管理とは，労働力（man power）の能率的統制を取り扱う管理の一部面であって，他の一切を取り扱う管理の部面から区別される」（Yoder, 1942, p. 7）と認識した上で，「人事管理の基本的な目的は，企業内の労働力から最大の生産能率を確保すること」（*Ibid,* p. 5）と定義している。つまり，「管理主体」を「労働力管理」に置き，あくまでも労働力の最高能率的活用（the most efficient utilization）を志向する「労働力有効利用説」の立場が明確に打ち出されている（森，1976，68-69頁）。そのため，「労働力管理」の対象となる労働者は特殊な「生産要素」と捉えられており，「労働者観」も「経済人モデル」に基づいている。

　しかし，労働組合の急速な発展と労働組合運動の高揚といった現実を明確に認識し，従来から大勢を占めていた労働組合否定論が非現実的であるとして労働組合の存在を積極的に認めている。それゆえ，協調的労使関係構築のために，労働組合との関係を担う労働関係管理（Labor Relations）も人事部門の主要職能と位置づけ，団体交渉制度や従業員代表制度の導入を提唱している。

［2］　人間関係論的人事管理論

　1940年代から1950年代にかけて，アメリカの PM 論はその内容から伝統的 PM 論と人間関係論的 PM 論との 2 つの系統に分化していく。とりわけ人間関係論的 PM 論は，メイヨー（G. E. Mayo）やレスリスバーガー（F. J. Roethlisberger）による人間関係論（Human Relations）の研究成果を応用した体系的な PM 論として登場した。その代表的な文献が，ピゴーズ＆マイヤーズ（P. Pigors and C. A. Myers）の著書『人事管理』（*Personnel Administration : A point of view and a method*）である。

　ピゴーズ＆マイヤーズの PM 論は，「最良の経営とは，つねに多くの人びとの協働を確保していくこと」（Pigors and Myers, 1956, p. 5　邦訳，18頁）という認識を前提にしている。企業の経営目的達成に向けて，労働者の保有する能

力を最大限発揮させるという観点から，労働者のチームワークや協力関係の形成を重視しているからである。そのため，ピゴーズ＆マイヤーズ理論では，労働者は集団への帰属や所属集団からの承認・評価を望む「社会的存在」（social being）であると把握され，労働者の社会的欲求を充足することによって，労働者の協働を確保するための人間関係管理手法が積極的に取り入れられている。

　また，労働者の人間的欲求の発露という観点からも，労働組合の存在を肯定しており，協調的労使関係とチームワークの醸成のために，提案制度・労使共同委員会制度・労使協力制度・団体交渉・苦情処理などが有効な施策として提唱されている。

　それゆえピゴーズ＆マイヤーズは，「人事管理とは，労働者がその労働から最大の満足を得ると同時に，企業に対して最大の貢献をなし得るように彼らの潜在能力を育成・発展させる方法である」（*Ibid,* p. 12　邦訳，23頁）と定義し，労働者の労働意思への対応を重視した協力関係形成を手段目的として，労働力の能率的活用という終局目的の実現を図ろうとする「協力関係形成説」の立場を打ち出しているところに（森，1976，69頁），特徴を見出すことができる。このように人間関係論的 PM 論は，「社会人モデル[4]」に基づき，労働力を保有する労働者そのものを「管理主体」とした「労働者管理」へと移行している。

［3］　行動科学的人事管理論

　1950年代以降から発展した行動科学（Behavioral Science）は，組織における人間行動を共通の研究対象にしており，人間関係論が非公式組織（informal organization）に注目したのに対して，行動科学は公式組織（formal organization）を対象に人間行動を解明しようとしたところに大きな違いが見出せる。また，行動科学研究は，「自己実現人モデル[5]」に立脚し[6]，人間的諸欲求・動機づけ分析による「労働者管理」，とりわけ労働者を小集団で管理しようとする「小集団管理」を「管理主体」としている点が特徴的である（森川，1996，319-320頁）。

　こうした中で発刊されたのが，メギンソン（L. C. Megginson）の著書『人事労務』（*Personnel : A behavioral approach to administration*）である。メギンソ

ンは，行動科学の諸成果を PM に応用・導入する必要性を高唱し，実際にマズロー（A. H. Maslow）の「欲求理論」，マグレガー（D. McGregor）の「Y 理論」，ハーズバーグ（F. Herzberg）の「動機づけ―衛生理論」，マックレランド（D. McClelland）の「達成動機づけ理論」などに拠りながら（Megginson, 1967, pp. 545-547），労働者を様々な個人的欲求を有する「多面的人間」（the whole man）と捉え（*Ibid,* p. 362），従来までの生産要素的理解や人間関係的理解とは異なる新たな「人的資源理念」（the human resources philosophy）を提示している。

　「人的資源理念」とは，労働者の生産能力を一国あるいは企業の経済的資源であるとみなし，「人間的尊厳」重視の観点から労働者を組織における他の構成員との関係の中で捉えようとする理念である（*Ibid,* pp. 84-92）。ここには，一方でマクロ的視点から一国の経済発展における人的資源の経済的意義を把握する論理にしたがって，ミクロ的視点からも企業成長にとっての「人的資源の経済的重要性」を強調し，他方で「人的資源の理念的重要性」への認識が，労働者に対する「人間的尊厳」（the human dignity）重視となって現れている。

　こうした認識に基づき，従来までの採用，教育訓練，能力開発，賃金管理などに加えて，公式組織における人間行動，組織行動と管理者の役割，参加的リーダーシップ，従業員コミュニケーション，動機づけ，従業員カウンセリングなどの具体的・実践的手法の体系化が試みられている。

　このように，メギンソン理論は，行動科学研究の諸成果に基づいた理論的枠組みを提示しており，行動科学的 PM 理論の粋を超えるものではないが，随所に人的資源管理論の嚆矢的な役割も見出すことができる。

3　人的資源管理論のパラダイム

［1］　人的資源管理論

　1970年代からアメリカにおける包括的な PM テキストの中に人的資源管理（Human Resource Management：HRM）というタイトルを掲げる文献が数多く見受けられるようになり，1980年代に入ると，PM に代わって HRM が一般的

に使用される用語となっていく。こうした流れの中で，HRM という用語の定着と確立に重要な役割を果たしたのがハーバード・グループである。

　「人的資源管理」が，ハーバード・ビジネス・スクールの MBA 課程に新たな必修科目として開設されたのは，1981年のことである。そのテキストブックとして同校のビアー（M. Beer）やスペクター（B. Spector）らによって著されたのが『人的資源管理』（*Managing Human Assets : The Groundbreaking Harvard Business School Program*）であり，ここにハーバード・グループの HRM モデルが展開される。[7]

　ハーバード・グループは，まず HRM を「企業と従業員，すなわち組織の人的資源との関係のあり方に影響をあたえる経営の意思決定や行動のすべてを統轄する」（Beer et al., 1984, p. 1　邦訳，2頁）ものと定義し，HRM システムを「従業員からの影響」「ヒューマン・リソース・フロー」「報酬システム」「職務システム」の4つの主要領域から構成されるシステムと捉えている（*Ibid,* p. 12　邦訳，21頁）。

　その中でも，従業員の募集・選考・採用・配置転換・昇進昇格・キャリア開発・雇用保障などを含む「ヒューマン・リソース・フロー」は，最も重要な領域と位置づけている（*Ibid,* p. 9　邦訳，15頁）。企業を取り巻く経営環境がダイナミックに変化し，市場や技術が急激に変化していけばいくほど，従業員の数を増やすだけでなく，多才な能力を備え，環境からの様々な要求に適切に対応していける人材が必要となるからである（*Ibid,* p. 66　邦訳，111頁）。

　そのため，従業員を「社会的財産」（social capital）とする認識を前提に，従業員を先取り的投資として採用し，その後も利益の流れを生みだしてくれる財（*Ibid,* p. 12　邦訳，22頁），すなわち「投資価値のある経済的資源」と捉えている。こうした「労働者観」は，従業員を変動費やコストと把握する考え方とはまったく異なっている。

　また彼らは，環境変化に対応できるような戦略的思考と戦略的発想，つまり企業経営における長期的な戦略的視点の重要性を強調している（*Ibid,* pp. 66-67　邦訳，112頁）。その際，日本企業の成長を成功モデルとして取り上げ，「日本的経営」とりわけ協調的労使関係に基づいた日本企業の高い生産性と優れた

品質の達成に注目している点は特徴的である。そこでは，日本の大企業における「終身雇用システム」（Lifelong employment system）が高く評価されており，従業員の貢献意欲，従業員の能力，組織変革能力，企業文化，相互支援態勢の形成，企業の社会的役割といった6つの側面からの検証を通して，その優位性が説明されている（*Ibid,* pp. 100-105　邦訳，173-183頁）。

　このようにハーバード・グループは，従業員すなわち人的資源を「投資価値のある経済的資源」とみる「労働者観」と，「個別の労働者」を「管理主体」とする認識に立脚し，企業経営における長期的な戦略的視点を重視しながら，4つの主要領域から構成されるHRMシステムを一貫性または調和性のあるシステムとして統合化することを中心課題にすえたHRM論を展開している。

［2］　戦略的人的資源管理論

　ミシガン・グループとは，ミシガン大学のティッキー（N. M. Tichy），コロンビア大学のフォムブラン（C. J. Fombrun），ペンシルヴァニア大学のデバナ（M. A. Devanna）などから構成される研究グループである。彼らは，人的資源管理という用語が一般化した1980年代初頭にあって，すでに『戦略的人的資源管理』（*Strategic Human Resource Management*）というタイトルで著書を発表している。

　ミシガン・グループは，まず企業戦略の実行と企業目的達成という観点から，HRMがこれと連動することの重要性を強調している。そのため，「戦略」と「組織構造」と「HRM」が企業の戦略的経営を構成する基本要素であり，この3要素の相互依存・補強関係を重視したSHRM（戦略的人的資源管理）モデルを展開している（Fombrun et al., 1984, pp. 34-35）。

　その上で，HRMを「選考」「評価」「報酬」「能力開発」の4機能からなる循環システムと捉えている。すなわち，規定された職務を遂行できる最適な人材を「選考」し，「報酬」を公正かつ最適に配分するため従業員の業績を適切に「評価」し，さらに「報酬」を業績と連結させることによって従業員を動機づけ，現時点での従業員の業績を向上させるためだけではなく，彼らが将来就く職位においても高い業績を達成できるよう従業員の「能力開発」を行う，と

いうように業績と 4 機能との相関を説明している（*Ibid,* p. 41）。

　さらに，この 4 機能を企業戦略との統合という観点から，「戦略的選考」「戦略的評価」「戦略的報酬」「戦略的開発」と提示し，分析している点は特徴的である（*Ibid,* pp. 43-50）。

　「戦略的選考」とは，職務に最適な人的資源を選考・配置することが目的であり，企業戦略をサポートするための選考システムの設計や事業戦略と一貫性のある従業員配置を推し進めることであると指摘されている。「戦略的評価」については，既存の従業員の潜在能力を客観的に評価することによって人的資源予測を行い，それを戦略的な観点から人的資源計画に活かしていくことが重要である。これは「戦略的開発」とも関連しており，企業が将来必要とする従業員の能力を戦略的な観点から教育訓練ないしキャリア形成していくことと密接に結びついている。また，「戦略的報酬」に関しては，長期的な戦略目標を達成できるように内的報酬と外的報酬のシステムを構築することが主張されている。

　このようにミシガン・グループは，戦略目的実行を成功させるために， 4 機能から構成される HRM を，企業戦略と統合した循環システムとして構築・展開することを中心課題にすえた SHRM 論の方向性を打ち出している。そこでは「戦略実行のための経済的資源」という「労働者観」と，「個別の労働者」を「管理主体」とした認識が基盤となっている。

4　人事管理論から人的資源管理論へ

　本章では，PM・HRM・SHRM の各発展段階を代表する理論を「労働者観」と「管理主体」に注目しながら考察してきた。その発展過程をあえて概略的に示すと**表 1 - 1**のようになる。

　PM 論が HRM 論，SHRM 論へと進展していく過程の中で，従業員は「投資価値のある経済的資源」と把握され，さらに「戦略実行のための経済的資源」とする「労働者観」に基づいて理論展開されている。

　その後，経営戦略論研究が競争戦略論・資源ベース理論へと進展するにつれ

表1-1　人事管理論・人的資源管理論の発展過程

| | 科学的管理 | 人事管理論 | | | | 人的資源管理論 | 戦略的人的資源管理論 |
		初期人事管理論	伝統的人事管理論	人間関係論的人事管理論	行動科学的人事管理論		
代表的理論	テイラー・システム	ティード＆メトカーフ理論	ヨーダー理論	ピゴーズ＆マイヤーズ理論	メギンソン理論	ハーバード・グループHRMモデル	ミシガン・グループSHRMモデル
管理主体	労働（課業管理）	労働力（労働力管理）		労働者（人間関係管理）	労働者（小集団管理）	労働者（個別管理）	
労働者観	経済人モデル			社会人モデル	自己実現人モデル	投資価値のある経済的資源	戦略実行のための経済的資源
	生産要素						

（出所）　筆者作成。

て，SHRM 論における「労働者観」は，人的資源を「企業の持続的競争優位の源泉」と捉える認識へと移行していくことになる（岡田，2008，164-169頁）。

　しかし，このような「労働者観」は，あくまでも企業の競争力向上や競争優位性確保にとって中核となる人的資源に対しての認識であって，それ以外の従業員はコスト戦略の観点から外部化および雇用複合化を志向する考え方が内包されている。実際，従業員を「社会的財産」と把握するハーバード・グループのHRMモデルにおいても，企業戦略重視の中で人的資源である従業員を戦略の一環として他の物的資源と同列に扱い，手段化する傾向が見受けられる（石嶋・岡田編，2011，84-85頁）。

　さらに，企業戦略に応じて柔軟的かつ機動的に人的資源を調達・調整するという考え方には，人的資源の価値もまた企業戦略によって変化するという発想が底流している。戦略が変われば重視される人的資源も変化する一方，重視されなくなった人的資源は雇用調整や解雇の対象になるということを意味しているからである（岩出，2002，192頁）。

　こうした「労働者観」の変化を発展史的な観点からみると，PM 本来の基本理念と大きく乖離しているのは明らかである。アメリカで1920年代に成立したPM 論は当初，「最小限の努力・対立と労働者の真の福祉への適切な考慮によって，必要最大限の生産を確保するために，その組織の人間的諸関係を指揮・

調整する」（Tead and Metcalf, 1920, p. 2）諸活動であると定義され，この「労働者の真の福祉」を適切に考慮するところに他のあらゆる管理職能と区別する特徴がある。しかし，企業戦略との関わりの中で，PM 論が HRM 論，SHRM 論へと進展するにしたがって，PM 論成立当初の「労働者の真の福祉への適切な考慮」という基本理念は少なからず脱落する傾向がみられるからである（岡田，2008，286頁）。それはまた，HRM 論・SHRM 論の中で労働組合や労使関係にまつわる事項が軽視・捨象される兆候としても現れている（石嶋・岡田編，2011，86頁）。

　実際，近年になるにつれて，様々な矛盾を抱えながらも多様な雇用が導入・拡大されてきており，それよって雇用にまつわる二極化が顕著に現れ，深刻の度を増している。

　このような中，2000年代に入り，人事労務管理研究領域に新たな展開がみられはじめる。それが，タレントマネジメント（Talent Management：以下 TM）の登場である。TM 研究は，近年注目を集めており，実際に "Talent Management" を冠した著作や論文が数多く発表されている。しかし，TM には，企業に高い競争優位性をもたらすタレント（talent）を保有する人的資源のみを管理対象として選抜し，採用・配置・能力開発を行おうとする選抜的・選別的労働者観が包摂されている（守屋，2014，36-37頁）。TM 論については，後章で論考されることになる。

注
(1)　経済人モデルとは，「人間は賃金などの経済的報酬が最も刺激的で動機づけられる存在である」と捉える人間モデルである。
(2)　労働組合による科学的管理に対する批判理由としては，①分配の不公正，②労働者の機械視，③経営独裁主義の提唱，④労働組合の否定の４点があげられる（Yoder, 1942, p. 44）。
(3)　一般に人事管理が1920年に成立したとされる場合，この著書（Tead and Metcalf, 1920）の発行年がそのゆえんとされる。
(4)　社会人モデルとは，「人間は集団への帰属や所属集団からの承認・評価を望む社会的存在である」と捉える人間モデルの一つである。
(5)　自己実現人モデルとは，「人間は終局的には自身の可能性や潜在能力などを最大限発揮して自己実現の欲求を満たそうとする存在である」と捉える人間モデルの一つである。
(6)　ここには，当時のアメリカにおける産業構造の転換によって，ブルーカラーよりもホワイトカ

ラーの数が増加し，労働秩序にも新たな変化が生じはじめてきたという事情も影響している（菊野，1982，101-102頁）。つまり，それまでの人事管理は，生産現場のブルーカラーを対象としてきたが，産業構造の転換によってホワイトカラーを主たる対象とするのに伴い，従来までの「経済人モデル」や「社会人モデル」では通用しなくなったからである。

(7)　ハーバード・ビジネス・スクールのビアやスペクターらは，この著書の他にも，文献レビューの成果としてのリーディングス（Beer and Spector, 1985）と，ケース・スタディの成果としてのケース・ブック（Beer et al., 1985）も MBA 課程のテキストブックとして上梓している。

引用参考文献

石嶋芳臣・岡田行正編（2011）『経営学の定点』同文舘出版。

伊藤健市・田中和雄・中川誠士編（2002）『アメリカ企業のヒューマン・リソース・マネジメント』税務経理協会。

稲村毅・仲田正機編（1992）『転換期の経営学』中央経済社。

岩出博（1989）『アメリカ労務管理論史』三嶺書房。

岩出博（2002）『戦略的人的資源管理論の実相――アメリカ SHRM 論研究ノート』泉文堂。

岡田行正（2008）『アメリカ人事管理・人的資源管理史（新版）』同文舘出版。

奥林康司（1975）『人事管理学説の研究』有斐閣。

奥林康司・菊野一雄・石井修二・平尾武久・岩出博（1992）『労務管理入門（増補版）』有斐閣。

海道進・三戸公編（1968）『アメリカ労務学説研究』未來社。

菊野一雄（1982）『労務管理の基礎理論』泉文堂。

雲嶋良雄（1964）『経営管理学の生成――実践論的経営学への道』同文舘出版。

島弘編著（2000）『人的資源管理論』ミネルヴァ書房。

津田眞澂（1977）『人事労務管理の思想』有斐閣。

長谷川廣編（1974）『人事管理理論』日本評論社。

笛木正治（1969）『労務管理発展史論』同文舘出版。

森五郎（1976）『新訂　労務管理概論』泉文堂。

藻利重隆（1958）『労務管理の経営学』千倉書房。

森川譯雄（1996）『アメリカ労使関係論』同文舘出版。

守屋貴司（2014）「タレントマネジメント論（Talent Managements）に関する一考察」『立命館経営学』第53巻第2・3号。

Beer, M., Spector, B., Lawrence, P. R., Mills, D. Q. and Walton, R. E. (1984) *Managing Human Assets : The Groundbreaking Harvard Business School Program*, The Free Press.（梅津祐良・水谷榮二訳〔1990〕『ハーバードで教える人材戦略』生産性出版）

Beer, M. and Spector, B. (1985) *Reading in Human Resource Management*, The Free Press.

Beer, M., Spector, B., Lawrence, P. R., Mills, D. Q. and Walton, R. E. (1985) *Human Resource Management : A General Manager's Perspective (Texts and Cases)*, The Free Press.

Fombrun, C. J., Tichy, N. M. and Devanna, M. A. (1984) *Strategic Human Resource Management*, John Wiley & Sons.

Megginson, L. C. (1967) *Personnel : A behavioral approach to administration*, Richard D. Irwin, Inc.

Pigors, P. and Myers, C. A. (1956) *Personnel Administration : A point of view and a method*, 3rd ed., McGraw-Hill.（武沢信一訳編〔1960〕『人事管理』日本生産性本部）

Taylor, F. W.（1947）*Scientific Management, with a Foreword by Harlow S. Person,* McGraw-Hill.（上野陽一訳編〔1969〕『科学的管理法（新版）』産業能率短期大学出版部）

Tead, O. and Metcalf, H. C.（1920）*Personnel Administration : Its principles and practices,* McGraw-Hill.

Yoder, D.（1942）*Personnel Management and Industrial Relations,* 2nd ed., Prentice-Hall.

推薦図書

奥林康司・菊野一雄・石井修二・平尾武久・岩出博（1992）『労務管理入門（増補版）』有斐閣。

　　科学的管理・人事管理・人間関係管理・行動科学的労務管理・人的資源管理と発展する労務管理の各段階の特質が考察されている。

岩出博（2002）『戦略的人的資源管理論の実相――アメリカ SHRM 論研究ノート』泉文堂。

　　HRM から SHRM という流れの中で，欧米諸国における議論を検証しながら SHRM の全体像と本質が究明されている。

岡田行正（2008）『アメリカ人事管理・人的資源管理史（新版）』同文舘出版。

　　科学的管理から人事管理・人的資源管理・戦略的人的資源管理までの発展過程と各段階の理論が考察されている。

（岡田行正）

第2章

戦略的人的資源管理の変化
——水平的・垂直的提携関係と中核的人材の管理——

　グローバルに企業が活動することで人的資源管理のあり方が変わる。そのときに，国境は意味がなくなり，自由な人の異動を前提とした管理を行うことができるようになる。だからこそ，統合の象徴としての企業文化の重要性が増す。これが戦略的人的資源管理の進む方向として1990年代に示されていたものである。しかし，これらは理論上のことであり，現実的には起こらないだろうと考えられていた。なぜなら，生まれた国を離れて世界中を転々とすることは簡単なことではなく，国境を越えた取引には商習慣や関税，法律などの様々な障壁があったからだ。だが，2000年代になると，技術革新により，障壁は問題とならなくなってきた。そのときに，働き方はどう変わるのか。日本企業ではメンバーシップ型，欧米ではジョブ型としてこれまで語られてきた常識は揺るがないのか。本章ではそうした人的資源管理の現在と将来について考察する。

1　人事労務管理から人的資源管理へ：日本企業との競争がもたらした変化

⌈１⌋　ステレオタイプとしてのアメリカ企業の働かせ方

　日本からアメリカ企業の人材管理を考える場合，一つのステレオタイプが根強くある。それは，中途採用中心で，一人ひとりの職務範囲が厳格に定められており，報酬は市場横断的な職務給であり，評価は成果に基づくとともに専門性を重視した昇進・昇格，自己責任に基づく能力育成，短い勤続年数，総額人件費や経営戦略に柔軟に対応した人員管理をしているというものである。たしかに，アメリカ企業と日本企業はそれぞれが拠って立つ社会や経済システム，教育制度，熟練の形成具合，労働組合と使用者の関係といったものが異なる。

だが，企業間の競争環境において，一人ひとりの能力を企業経営へ結集させるという目的に相違はない。

　アメリカ企業の人材管理は，1980年代に人事労務管理から人的資源管理へと変わって以降，戦略的人的資源管理，そしてタレントマネジメントへと移り変わってきた。人材管理からみた競争力のあり方は時代により変化してきた。労働者を集団として管理することから，労働者個人の自己実現欲求に働きかけるとともに，企業目的に労働者の目的を同一化することで協働へと促していくことへ移行している。内実は日本からステレオタイプ的に捉えた姿と同じではない。変化の背景には，1980年代の日本企業によるアメリカ市場への進出がある。自動車をはじめとした日本企業がアメリカ市場を席捲したことで，日本企業の研究が行われた。その結果，組織効率の高さが日本企業の競争力の源泉であることが明らかになった[1]。日本企業との市場競争の上で同様の組織効率を身につけるために，労働者を集団として扱う人事労務管理から，労働者個人に働きかける人的資源管理へとアメリカ企業は移行してきたのである[2]。

［2］　人的資源管理と組織効率

　人材管理が競争力の源泉になりうるとの認識がアメリカになかったわけではない。労使関係上の理由により，労働者を集団として扱う人事労務管理が優勢だった。その点において，アメリカ企業と日本企業は競争力の前提が異なっていた。しかし，1980年代以降の日本企業のアメリカ市場での躍進により，組織効率の高さが競争力の源泉と認識されて以降は，日本企業もアメリカ企業も，その方向に向けた人材管理へと収斂してきた。かつては国や地域によって異なっていた競争力のあり方は，経済のグローバル化の進展により，似た方向へとシフトしてきている。この点に関し，先行研究は日本で一般的に捉えられてきた画一的な人材管理ではなく，多様性のある姿を示している。

　カッツらは『収斂する多様性——雇用システムの世界的変化』（*Converging Divergences : Worldwide Changes in Employment Systems*）で，世界の雇用管理の変化に関し，アメリカ，オーストラリア，ドイツ，イタリア，スウェーデン，イギリス，日本の7カ国調査を行った（Katz and Darbishire, 2000）。その結果

表2-1　多様化する雇用管理

労働組合の有無	類　型	競争力の源泉	雇用管理の特徴
あ　り	伝統的ニューディール型	フォードシステム	制度化，慣習化された交渉により労働協約が厳格に管理
	対決型	低賃金・アウトソース	労使対決型
	ジョイントチーム型	組織力	労働組合が経営に協力 職務区分の削減，大くくりの職務範囲，知識連動給
な　し	官僚型	フォードシステム	労働協約に準じた制度化，慣習化
	低賃金型	低賃金・アウトソース	低賃金
	人的資源管理型	組織力	知識・技能給，従業員間の情報共有の促進，問題を早期に発見して解決する苦情処理手続き，チームワーク方式，長期勤続を前提とした雇用安定，充実した福利厚生
	進出日系企業型		

（出所）　Katz and Darbishire（2000）より筆者作成。

は，労働組合のある組織で「伝統的ニューディール型」「対決型」「ジョイントチーム型」，労働組合のない組織で「官僚型」「低賃金型」「人的資源管理型」「進出日系企業型」として整理された（**表2-1**）。

　「伝統的ニューディール型」は，労使共同で運営する苦情処理制度，長期間の勤続年数を基準にしたレイオフや昇進の手続き，詳細で多岐にわたる職務区分，制度化・慣習化された団体交渉手続きをもつ人材管理であり，「対決型」は，労働組合と使用者の間に制度化された団体交渉手続きがないか，そもそも労働組合との交渉に使用者側が応じないものである。「ジョイントチーム型」は，職務区分を削減するとともに一人当たりの職務範囲が大くくりで，従業員による自律的な作業グループの導入，知識連動給の採用，労働組合による経営上の意思決定参画を通じ，労働組合と使用者がともに企業競争力向上に向けて協力する。

　「官僚型」は，労働組合のある組織のホワイトカラー従業員や管理職を対象として整理され，労働組合員を対象とした労働協約に影響を受けた制度化された仕組みをもっている。「低賃金型」は，低コストを競争力の源泉に置くため，臨時雇用もしくは個人請負を活用するとともに，短期間での離職，限られた昇

進機会といった管理を特徴とする。「人的資源管理型」は，従業員個々の働きがいに訴えることにより，組織効率を高め企業競争力の向上をめざすが，そのために知識・技能給，従業員間の情報共有の促進，問題を早期に発見して解決する苦情処理手続き，チームワーク方式，長期勤続を前提とした雇用安定，充実した福利厚生を特徴とする。「進出日系企業型」は，作業の標準化と問題解決型チームの導入，年功と業績に連動した賃金体系，比較的に強い監督者権限を特徴とする。

　これらの類型が示すのは，調査時点の1990年代後半に，アメリカ企業の人材管理が，日本で一般的に考えられてきたステレオタイプ的なものとは異なり，はるかに幅の広いものだったということである。

2　制度と運用の組み合わせによる競争力

1　情報通信技術の発達

　1990年代から2000年代にかけて，情報通信技術（ICT）が企業経営に急速に取り入れられていった。これにより時間や距離を意識することなく，プロジェクト単位で必要なときに必要な能力やリソースを外部から調達するという企業間や個人間の水平的提携関係が進んだ。一方で，垂直的提携関係も進展した。グローバル企業は世界規模でM&Aを加速させるようになっているが，買収した企業を本体に統合することはまれである。環境の変換にあわせていつでも切り離すことができるようにするためだ。非中核的部門の外注化の動きも加速し，下請け企業だけでなく，個人請負労働の活用も進んだ。

　こうした状況を具体的な事例を通じてみていくこととしたい。『収斂する多様性――雇用システムの世界的変化』（*Converging Divergences : Worldwide Changes in Employment Systems*）が公表されてからおよそ20年の月日が流れた。アメリカ企業の雇用管理はそれ以降どうなったのか。

2　企業グループの統合性と情報通信技術

　この20年の変化の中で最も大きなことは，グローバル化の進展とICTの発

達である。グローバル化により，国境を越えた企業間の競争は激しさを増した。こうしたことに対応するため，企業は戦略的人的資源管理を活用するようになった。その背景にあるのが，ICT の発達である。もう少しかみ砕いて説明しよう。

1990年代に整理された「ジョイントチーム型」「人的資源管理型」「進出日系企業型」という雇用管理のモデルは，一人ひとりのやりがいに働きかけることで協働を促し，組織効率を高めるものとして登場した。これを人的資源管理的手法という。ここに，経営戦略を重ね合わせたものが戦略的人的資源管理である。

グローバル化は，国境を越えた M&A やパートナーシップ関係を活用することで複数の企業グループで組織効率の最大化による競争をもたらすようになった。この動きは2000年代に加速した。グローバル規模の企業グループ編成である。これを可能にしたのが ICT だった。これにより，地球上のどこに位置する企業やどこで生活する労働者であろうとも，結びつけることができるようになった。[3]

ここでいう企業グループとは，対等な関係にある水平的提携によるものと，下請け元請け関係とでもいうべき垂直的提携によるものとの双方がある。[4] 企業は，経営戦略を遂行する上で欠くことのできない部分を企業内にとどめる一方で，一時的なプロジェクトのためのパートナー関係や，コスト低減のためのアウトソースなどを通じて企業グループを形成する。こうした水平的・垂直的それぞれの提携関係の中で組織効率の最大化をめざすようになったのである。

［3］　組織効率の最大化をもたらすための職務の制度と運用

経営戦略は，企業グループの全体像を描く中でつくられる。戦略的人的資源管理はこうした経営戦略に重ね合うものだ。一人ひとりのやりがいに働きかけて協働を促すことで組織効率の最大化をめざす人的資源管理に，水平的・垂直的提携関係を通じた組織効率の最大化が加わったものである。この結果，中核的な役割を期待する人材が企業内にとどまり，それ以外が外に置かれるようになったのである。両者の違いを整理しよう。[5]

　中核的な役割を期待する人材には連携と協働を求める。それらを通じて，企業の組織効率の最大化をめざす。そのために，個々の労働者の職務範囲はあいまいに，そしてより広くするとともに，広範な部門間異動と専門的知識の蓄積を促す。こうすることで，組織全体をみわたすことができる経験と知識を養成しているのだ。これは，企業の役員層のような上層の人材だけに限った話ではない。経営戦略からみて生産現場が中核を担う場合，ブルーカラー労働者も含む。

　一方で，水平的なパートナーシップ関係の中で中核的な業務ではなく，一時的なプロジェクトやコスト削減につながるような定型的業務を担う人材は，企業の外側に置かれるようになる。言い換えれば，一時的に必要な専門的能力をもつ人材や限定的な職務を担う人材は企業の外に置くことで，企業グループ全体の組織効率の最大化をめざすということになる。

　年度や四半期ごとに労働者の評価は行われる。その場合，直属の上司，メンター，人事担当者，関係部門の管理者などが協議する。期待される役割にどの程度応えることができたか，といったことがその中身だ。評価されるのは，職務記述書の内容よりも広い範囲の職務や潜在能力，チームワークへの貢献などの行動となる。

　潜在能力とは，従事している職務では使う必要がないが，将来的に必要となる知識や能力のことであり，チームワークへの貢献とは，同僚と重なり合う職務や後輩の育成などのことである。これらは，職務記述書の内容をどれだけ実行できたかではなく，企業が期待した行動をどれだけできたかというものである。

　評価のときに行われる協議の場では，評価される労働者がどのような部署に異動することが望ましいかということも話し合われる。アメリカ企業の人事異動は本人の意思によるもので，企業側が命令によって行うものではないと日本で考えられることが多い。制度の表面だけをみていればそうだ。本人が希望しなければ異動が起きないからだ。だが実際は，企業側によって提示されたキャリアプランを真っ向から拒否することは難しい。最終的な決定権は本人が握っているようにみえながら，企業側の意向に沿うように促されているのである。

表2‐2　水平的・垂直的提携関係における労働者管理のモデル

	管理のパターン	期　間
企業内	①専門性と同時に複数の部門異動により広範な知識と経験の獲得を促すことで，グローバルに活躍できる中核的業務に携わるパーマネント従業員	長　期
	②事業活動にとって継続的に必要とする専門性を高める従業員	長　期
	③地域限定で異動がなく，①と②を支えるパーマネント従業員	長　期
	④経営環境の不確実性に対応するためのテンポラリー従業員	短　期
	⑤試験的事業実施のための期間契約	短　期
企業外	⑥M＆Aによる買収と売却（垂直的提携）	経営環境による
	⑦研究開発等に関わるパートナー企業（水平的提携）	経営環境による
	⑧人材ビジネス企業を活用したアウトソース（垂直的提携）	人材ビジネス企業との長期間のパートナーシップ

（出所）　筆者作成。

　評価は職務記述書に限定して行われ，潜在能力もチームワークへの貢献も考慮されることはない。ひたすら，職務記述書をこなすために必要な現に発揮している能力としての顕在能力が評価される。この働かせ方では，一人ひとりのやる気を刺激して協働を促すことは望めない。

　水平的・垂直的提携関係における労働者管理のモデルを整理したものが**表2‐2**である。

　企業内で雇用関係が比較的に長期間に継続するのは，①から③であり，①が中核的な役割を担う従業員，②が専門性を有する従業員，③が①と②を支援する従業員である。④と⑤は雇用関係が短期間になる。一方，企業外は水平的提携，垂直的提携の他コスト削減の目的から活用される⑧がある。

　こうした水平的・垂直的提携関係は企業グループの組織効率の向上を目的として構築される。ところで，組織効率とは何か。

　チームスポーツにたとえてみればわかりやすい。プレイヤーが独りよがりであるとか，狭い役割だけにとどまっていればチームとして機能しない。必要なことはプレイヤー同士が互いの役割を思いやりながら，対戦相手との試合状況に合わせて臨機応変な対応をすることだ。華やかな役割や裏方的な地味な役割もあるだろう。どちらの役割もこだわりなくこなさなければならない。だから

こそ，事前にいろいろな役割を身につけている必要がある。そのためには長期間の訓練が必要になる。地味な役割を受けもったプレイヤーにも相応の報酬を与えなければならない。そうしなければチームを去ってしまうだろう。そうして出来上がるチームワークは組織効率を置き換えることができる。

　企業も，そして複数の企業で織りなされる企業グループ同士もまたチームスポーツと同様の競争環境にある。職務範囲が限定的な働かせ方をジョブ型，無限定な働かせ方をメンバーシップ型として，前者が欧米型，後者が日本型[(6)]と称されることがあるが，どちらとも，企業および複数の企業で織りなされる企業グループもまたチームスポーツとしての特徴は逃れることはできないからこそ，チームワークとしての組織効率は当然に考慮されている。より具体的には，ジョブ型を採用しているようにみえる欧米型は制度そのものではなく，制度の運用という表面上，わかりにくい部分で一人ひとりに協働を促す仕組みをもっているのである。

　この傾向は次節でみるように，グローバル化の進展とともに色濃くなってきている。

3　中核的人材の管理[(7)]

［1］　グローバル化と戦略的人的資源管理

　人的資源管理的手法に，経営戦略を重ね合わせた戦略的人的資源管理の実現を促したのは，情報通信技術によって国境の壁を越えることを可能にしたというグローバル化の進展である。[(8)]

　戦略的人的資源管理の時代へと突入したことで，様々な面に変化が現れている。パートナー関係にある特定の大学を通じた新規学卒採用の枠を増やす動きもそのひとつだ。日本ではあまり知られていないが，アメリカ系グローバル企業の多くが，特定の大学を通じた新規学卒採用を一定数ではあるが行ってきた。優秀な学生がいると考えられている大学で就職説明会を実施し，そこに集まった学生にインターンシップの機会を提供するとともに，そうした学生に絞って採用をするのである。この関係を強化することで，中核的な役割を期待する人

材の選別と養成を早期にはじめようとしている。

　労働組合のある企業も変化の中にいる。アメリカの労働組合は製造業を中心に発展してきた。労働組合員となるのは，大半が工場で働くブルーカラー労働者である。彼らは，職務範囲を厳格にすることを賃金と結びつけてきた。言い換えれば，決まりきって退屈な仕事を受け入れることと引き換えに自分たちの労働条件を守ってきたのである。しかし，戦略的人的資源管理のもとで，企業はブルーカラー労働者にも協働に基づく組織効率の最大化を求めるようになってきた。具体的には，労働組合員の職務数を削減するとともに，職務範囲を拡大することを求めるようになっている。労働組合はそうした企業の求めに応じた労働協約を結ぶことが珍しくなくなってきたのである。

　人材ビジネス企業と企業との関係も変わりつつある。

　採用の多くは，縁故や人材ビジネス企業を通じて行われてきたが，その多くが一過性の関係だった。そこに，10年以上にわたる長期間のパートナー関係を結ぶ人材ビジネス企業が登場した。パートナー企業の中核的な役割を担う人材像を共有するためだ。その企業にふさわしい能力をもつ人材を紹介すると言い換えてもよい。企業同士が長期間のパートナー関係を構築するのと同じように，採用される人材にもまた長期間の雇用関係が期待されるのだ。

　企業が行う教育訓練も変化している。単なる成果ではなく，協働や組織効率の向上に向けて，どのように将来的な能力，つまりは潜在能力を伸ばすことができるかといったことが意識されるようになってきているのである。

［2］　非中核的人材の外部化

　企業が中核的な役割を担う人材を重視する一方で，非中核的人材を外部化（アウトソース）する動きが加速している。プラットフォームビジネスやギグ・エコノミーの登場と急拡大もそのひとつである。プラットフォームビジネスとは，たとえばネット上で小売店を束ねる販売用のウェブサイトを構築して市場を占有することで，小売店も利用者もともにそのウェブサイトが必須になる状態をつくるビジネスモデルや，ウェブサイト閲覧用のブラウザの利用率を高めることで利用者の情報を一手に収集することで，経営戦略立案やマーケティン

Column　タスク・オリエンテッド・ジョブとタレント・オリエンテッド・ジョブ

　中核的な役割を担う労働者はどのように育成され，管理されているのだろうか。アメリカ企業のヒアリング調査を通じて耳にした言葉がそのことをよく表している。

　それが，「タレント・オリエンテッド・ジョブ」（Talent Oriented Job）だ。

　「タレント」とは，個人の潜在能力やチームへの貢献度，目標の達成度合いを総合的に表したものだ。「タレント・オリエンテッド・ジョブ」を導入するために，企業は個々の労働者の職務範囲をあいまいにするようになっている。その上で，評価を職務記述書から引き離している。アメリカ企業には一人ひとりの職務区分や仕事の内容を定めた職務記述書がある。従来型の企業は，この職務記述書に基づいて個々の労働者の評価を行ってきた。変化は，職務記述書と評価の一対一の関係を崩すものとして現れた。

　このことは，「タレント・オリエンテッド・ジョブ」と対峙する働かせ方である「タスク・オリエンテッド・ジョブ」（Task Oriented Job）と重ね合わせて考えるとわかりやすい。「タスク」とは職務記述書の内容に限定した職務のことである。一般的にアメリカ企業の働かせ方として日本で考えられているものに近い。評価は職務記述書に限定して行われ，潜在能力もチームワークへの貢献も考慮されることはない。ひたすら，職務記述書をこなすために必要な現に発揮している能力としての顕在能力が評価される。この働かせ方では，一人ひとりのやる気を刺激して協働を促すことは望めない。

　タスク・オリエンテッド・ジョブは確かにアメリカ企業の従来の働き方だった。しかし，いまや多くの企業がタレント・オリエンテッド・ジョブへの脱皮を図っている。

グといった手法を独占することをいう。ギグ・エコノミーはプラットフォームビジネスの一類型であり，たとえばスマートフォンのアプリケーションを通じて，サービスの利用者と提供者をつなぐビジネスモデルである。プラットフォームビジネスも，ギグ・エコノミーもともに，ビジネスモデルや戦略を描いたり，全体のシステムを構築する人材に中核的な役割を担わせている。一方で，プラットフォームの中で提携する企業に，サービスを直接提供する下請けの存

在を求めている。それは企業の場合は下請け企業だが，個人の労働者の場合は個人請負労働者となる。企業であれば下請け元請けとしてしばしば元請け企業と従属的関係に置かれる[9]。それが個人であれば，健康保険や年金，失業保険といった社会保障，労働時間や最低賃金などの労働基準，労働組合を組織して企業と労働条件について交渉するといったような権利の外に置かれることになる[10]。こうした労働者が大多数となれば，国家の根本を支える健康保険や年金といった社会保障制度が崩れることになりかねない。

　この構図を整理すれば，グローバル企業間における競争が激しくなればなるほど，片方では中核的な役割を担う人材を重視して長期雇用を求めるとともに福利厚生や労働条件を高くする管理が進み，もう一方では元請け企業と下請け企業の力関係に影響されて労働条件が低下する労働者や，社会保障制度の恩恵にあずかることができない個人請負労働者を増やすことにつながっているのである。

　中核的な役割を担う人材とは一握りのエリートのことを指すわけではない。経営戦略上，重要な部門を担う人材のことであり，当然ながら，場合によってはブルーカラー労働者も含む。

　アメリカで進んでいることは対岸のできごとではない。グローバル規模で起きている。だからこそ，ひとつの企業だけでなく，水平・垂直的連携や教育制度，文化，慣習の違いを含めた多角的な調査・研究が求められている。かつて考えたアメリカ企業の働かせ方は，もはや昔のままではない。

注
(1)　1980年代から1990年代にかけてアメリカでは自動車企業をはじめとした日本企業の調査が盛んに行われ，その源泉が企業内の組織間連携と部門内の従業員間連携にあることが指摘された。代表的なものとして，マサチューセッツ工科大学を中心とするグループによる Womack et al. (1990)，ハーバード大学を中心とするグループによる Clark and Fujimoto (1991) がある。
(2)　山崎 (2010) は，アメリカの自動車企業を取り上げ，1980年代から2000年代にかけて組織再編や従業員の意識改革，労使関係の変化を通じて，企業内の組織間連携と部門内の従業員連携を促す改革が行われたことを明らかにしている。
(3)　労働政策研究・研修機構 (2014) は，GE，デュポンといったグローバル企業が2000年代からグローバル規模での M & A を加速させたが，それ以前のように企業内に統合することなく別企業として垂直的関係に置くようになったことや，海外転勤ではなく ICT を通じたテレビ会議や

　短期の海外出張が主流になってきたことを指摘している。

⑷　青木（2008）は，日本企業の特徴を水平的分権化，アメリカ企業の特徴を垂直的分権化とした。水平的分権化は企業内の職位に基づく階層間で情報が密接に交換，共有されることで業務が同期化されることを意味し，品質，生産性の向上が競争力の源泉となる製造業において優位に働く。一方，垂直的分権化は企業内の各部門に重複する機能をもたせることで競争環境に置いて最も優れたものを選び取ることであり，競争力の源泉となる IT 産業において優位に働く。青木（2008）は単独企業の特徴に着目したものだが，本章は複数の企業や請負労働者を含めたネットワークを視野に入れ，複数の企業が対等の関係で提携する場合を水平的，元請け下請け関係となる場合を垂直的とする。その上で，このネットワークが青木（2008）のいう，水平的分権化と垂直的分権化の双方の機能を有しているということを意識している。

⑸　山崎・奥田（2017）は，日本とアメリカ両国の企業調査を通じ，中核的な役割を担う人材とそれ以外の人材をどのように企業および企業グループが管理しているかを明らかにした。

⑹　日本経営者団体連盟国際部（1991）は，日本的経営を「訓練」「職務」「報酬」「参加」の 4 つの機能に分け，これらが，労働者の知識・技能の育成，職務や企業者活動への適応力の向上，動機づけという目的の達成に役立っているとした。表面だけを捉えれば，職務無限定でメンバーシップ型ということになるが，それ自体が目的ではない。

⑺　本節の内容は山崎・奥田（2017）が行った日本，アメリカの企業事例調査に基づく。

⑻　Black et al.（1998）は，人材管理を「輸出段階，マルチドメスティック段階，多国籍段階，グローバル段階」の 4 つに分け，グローバル段階には人の移動が国境を越えて自由に行われることを想定したが，海外派遣もしくは転勤という地理的な問題や言語，文化，社会制度等が障壁だった。しかし，ICT の発達は転勤という物理的な移動を伴わずにグローバル規模での企業グループ間の連携を可能にすることになった。これにより，グローバル規模の企業グループが有する経営戦略に人材戦略を重ね合わせるという戦略的人的資源管理が可能になったのである。

⑼　Bernhardt（2016）はギグ・エコノミーの進展により個人請負労働者が増えているという一般的な理解に反して，下請け元請け関係が拡大し，下請け企業に低い労働条件で雇用される労働者の数が増えていることを指摘する。低い労働条件に固定化される問題を解決する手段として企業間取引の規制の必要性を示唆している。

⑽　榎・小野塚（2015）はこうした状況について，「企業もいまや，内部に抱え込んだ労働者とその労務を濃密に管理することよりは，外部から調達されたサービスと物財を適宜に組み合わせるだけの組織へと重点を移しつつあるように思われる。それは，新版の問屋制への変貌であり，雇用から請負への産業組織の変化である」と指摘している。

引用参考文献

青木昌彦（2008）『比較制度分析序説――経済システムの進化と多元性』講談社。

榎一江・小野塚知二編著（2015）『労務管理の生成と終焉』日本経済評論社。

岡田行正（2008）『アメリカ人事管理・人的資源管理史（新版）』同文舘出版。

日本経営者団体連盟国際部（1991）『より良い労使関係を求めて――米国進出日系企業の事例研究』日本経営者団体連盟。

山崎憲（2010）『デトロイトウェイの破綻』旬報社。

山崎憲・奥田栄二（2017）「高度専門人材の人事管理――個別企業の競争力の視点を中心に」労働政策研究・研修機構編『日本的雇用のゆくえ』労働政策研究・研修機構。

労働政策研究・研修機構（2014）『グローバル企業における女性の活躍促進――インタビュー・レ

コード』（資料シリーズ No. 138）労働政策研究・研修機構。

Arntz, M., Gregory, T. and Zierahn, U. (2016) "The Risk of Automation for Jobs in OECD Countries: A Comparative Analysis," *OECD Social, Employment and Migration Working Papers*, Vol. 2. No. 189, pp. 47-54.

Autor, D. H. (2015) "Why Are There Still So Many Jobs？ The History and Future of Workplace Automation," *Journal of Economic Perspectives*, Vol. 29, No. 3, pp. 3-30.

Bernhardt, A. (2016) *It's Not All About Uber, in Perspective on Work*, Vol. 20.

Bessen, J. (2016) "How Computer Automation Affects Occupations: Technology, Jobs, and Skills," *Law and Economics Research Paper*, No. 15-19, Boston Unive. School of Law.

Black, J. S., Gregersen, H. B., Mendenhall, M. E. and Stroh, L. (1998) *Globalizing People through International Assignments*, Prentice Hall.（白木三秀・永井裕久・梅沢隆監訳〔2001〕『海外派遣とグローバルビジネス──異文化マネジメント戦略』白桃書房）

Clark, K. B. and Fujimoto, T. (1991) *Product Development Performance*, Harvard Business School Press.（田村明比古訳〔1993〕『製品開発力』ダイヤモンド社）

Edward, E. L. III. (2008) *TALENT, Making People Your Competitive Advantage*, Jossey-Bass.

Frey, C. B. and Osborne, M. A. (2013) *The future of employment : How susceptible are jobs to computerization ?*, Elsevier, vol. 114(c), pp. 254-280.

Grace, K., Salvatier, J., Dafoe, A., Zhang, B. and Evans, O. (2017) *When Will AI Exceed Human Performance ?*, Evidence from AI Experts.

Jacoby, S. M. (1985) *Employing Bureaucracy*, Columbia University Press.（荒又重雄・木下順・平尾武久・森杲訳〔1989〕『雇用官僚制』北海道大学出版会）

Katz, H. C. and Darbishire, O. (2000) *Converging Divergences : Worldwide Changes in Employment System*, ILR Press.

Kaufman, B. E. (2003) "Industrial Relations in North America," In Ackers, P. and Willkinson, A., ed., *Understanding Work & Employment : Industrial Relations in Transition*, Oxford University Press, pp. 195-226.

Kaufman, B. E. (2004) "Industrial Relations In The United States: Challenges And Declining Fortunes," *The Global Evolution Of Industrial Relations, Events, Ideas and The IIRA*, International Labour Office, pp. 369-380.

Lawler, E. E. III (2008) *Talent, Making People Your Competitive Advantage*, Jossey-Bass.

Lorenz, M., Rüßmann, M., Strack, R., Lueth, K. L. and Bolle, M. (2015) *Man and Machine in Industry 4.0*, Boston Consulting Group.

OECD (2016) *Automation and Independent Work in a Digital Economy*.

Smith, R. and Leberstein, S. (2015) *Rights on Demand : Ensuring Workplace Standards and Worker Security In the On-Demand Economy*, National Employee Law Project.

Stewart, H. (2015) *Robot revolution : Rise of "thinking" machines could exacerbate inequality*, The Guardian. Retrieved from.

Wee, D., Kelly, R., Cattel, J. and Breuing, M. (2016) *Industry 4.0 after the initial hype-Where manufacturers are finding value and how they can best capture it.* McKinsey & Company.

Womack, J. P., Jones, D. T. and Roos, D. (1990) *The Machine That Changed The World*, Harper Perennial.

Womack, J. P. and Jones, D. T. (1996) *Lean Thinking : Banish Waste and Create Wealth in*

Your Corporation, Revised and Updated, Free Press.

推薦図書

ジャコービィ，S. M.／鈴木良始・伊藤健市・堀龍二訳（2005）『日本の人事部・アメリカの人事部——日本企業のコーポレート・ガバナンスと雇用関係』東洋経済新報社。

　　日本企業とアメリカ企業の双方が経営環境の変化により人事部の企業内における力関係や人事制度が大きく影響を受けて変わってきたことを明らかにしている。

青木昌彦（2008）『比較制度分析序説——経済システムの進化と多元性』講談社学術文庫。

　　グローバル企業がどのように組織力を構築しているのか，日米の比較の視点から明らかにしている。

谷口明丈・須藤功編（2017）『現代アメリカ経済史＝American Economic History——「問題大国」の出現』有斐閣。

　　1920年代から現代に至るアメリカの経済，歴史的背景および企業活動の変化を明らかにしている。一般的に考えられているものとは違うアメリカの姿を知ることで，環境の変化にあわせて制度や運用も変化するということを知ることができる。

（山崎　憲）

第3章

人的資源管理論からタレントマネジメントへの「進化」

　　本章では，「人の管理」の最新理論のひとつであるタレントマネジメント論の紹介をすると同時に，人的資源管理論とタレントマネジメント論の関係性を分析することを通して，人的資源管理論からタレントマネジメント論の「進化」について考察を行っている。その上で，タレントマネジメントの日本企業への導入について紹介をしている。

1　タレントマネジメント論とは

　21世紀以降，グローバル人材の人材育成・獲得・確保・定着・配置と連動して，タレントマネジメント（Talent Management：TM）論は，欧米のみならず日本の実業界において，急速な注目を集めてきた理論であり，実践的な管理技法である。果たして，このTM論やその進化系のグローバルTM論や戦略的TM論は，これまでの日本および欧米の「人に関する管理技法・管理制度研究」の中で，どのように位置づけることが適切なのであろうか。

　欧米における「人に関する管理技法・管理制度に関する研究」は，課業管理などを通して標準化と専門化を中心とする今日の管理の基礎をつくった科学的管理法や人間関係管理（Human Relation：HR）などの管理論を経て，人事管理（Personnel Manegment：PM）研究，その後，人的資源管理（Human Resource Management：HRM）論として展開してきている（渡辺，2002）。

　これに対して，日本における「人に関する管理技法・管理制度に関する研究」は，経営労務論，企業労働論，労務管理論，HRM論というように，PM論やHRM論といったアメリカ経営学の影響以外にも，ドイツ経営学，批判的

経営学の影響を大きく受け独自の展開・発展を見せてきた。[3]

　欧米と日本の「人に関する管理技法・管理制度に関する研究の系譜」は，それだけで一冊の学術書では語りきれないものであり，ここでは，それが本題ではないため，あえて深く論じることは避けることとするが，欧米および日本の「人に関する管理技法・管理制度に関する研究」の系譜の中で，最近，欧米やわが国のコンサルティング業界において盛んに論じられるようになってきたTM論が，どのような位置づけにありなぜ生成したのかを探ることが学術的に有意義であると考えられる。[4] なぜなら，TM論は，日本においては，コンサルティング業界，実業界において論じられているものの，学術的にはあまり論じられていないからである。

　そこで本章では，まず，TM論の先行研究の検討をもとに，TMの定義やTMとHRMの比較を行うことを通して，HRM論からTM論の「進化」について論述する。その上で，TM論から戦略的TM論への研究の展開を紹介し，こうしたTM論が展開した社会的背景を探ることにしたい。そして，そうしたTM論に基づくTMの日本への導入・展開について，さらに分析を行うことにしたい。

　そうした論述・考察を通して，本章の第一の目的は，TM論とHRM論の学術的関係性について，明らかにすることにある。学術的関係性とは，HRM論がPM論に代替したように，TM論が，HRM論に代替するのか，もしくは，補完する関係性にあるのかを分析・解明することにある。そして，本章の第二の目的は，TM論に基づくTMの日本への導入・展開の現状と問題点を明らかにすることにある。

2　タレントマネジメント（TM）の誕生と定義

　TMは1990年代にはいまだ現れておらず，序章でも言及したマッキンゼー・アンド・カンパニーの報告書である『ウォー・フォー・タレント』（2002年）の中で言及され普及していくようになっている。その報告書では，世界的なグローバル化・IT化の急速な進展によって，それにマッチした優秀なタレント

を有する人材が不足することが指摘されている。そして，TM は，アメリカ最大の人材開発センターである ASTD（米国人材開発機構）の2008年の主要テーマにも掲げられている。ASTD の調査では，TM を有しないアメリカ企業は，26.5％にすぎないと指摘している（ASTD, 2009）。また，イギリスにおける，CIPD（人事開発研究所）でも，TM が，現場において大きな影響を与えていることを論究している。

　『ウォー・フォー・タレント』を契機として，TM は，実務家やコンサルタントによって分析がなされると同時に，学術的な研究が数多く展開され，議論の広がりをみせるようになってきた。コンサルタントや実務家レベルの論究では，優秀なタレント（才能）を有する人材の採用・育成・配置などの TM の必要性が主張されたり，TM の有用性が主張されたりした。これに対して，学術研究では TM を理論的に解明することが試みられた。

　TM の理論的な解明において，TM の定義は，様々な学術的・専門的な組織によって定義づけされている。TM の目的は，最大のパフォーマンスを発揮する高い機能を有する特定の個人をつくりだすことであり，そうした最大のパフォーマンスを発揮する特定の個人が，学び，成長し，成果をあげる環境をつくりだすことにあるという指摘もある（Gullory, 2009, p. 2）。

　また，グローバルレベルの TM は，グローバル環境下において，企業が達成すべき目標やゴールに到達すべく最高のパフォーマンスを発揮するように，人材を再教育したり，選別，採用，能力開発したりするなど幾つかの側面を有しているという言及もある（Tarique and Schuler, 2009）。TM の定義としては，その諸研究の共通点を整理すると「組織の目標やゴール達成するために高いパフォーマンスを発揮する才能や能力（タレント）を有する人材を，選別・採用・配置・能力開発・再教育を通して，最高のパフォーマンスを発揮させるマネジメント」（Ready et al., 2010）といえよう。

　TM で，使用されるタレント（talent）という用語の概念であるが，日本では，テレビ・ラジオに出演する歌手・俳優・司会者等の「芸能人」を指して使用されるケースが多い。しかし，欧米では，個人の才能・素質・技量を指す用語として使用されている（『大辞泉』, 2013）。このタレントという用語は，古代

ギリシャ・ヘブライの重量単位・貨幣単位として使用されたタラントから言語的に発生したもので，個人の才能・素質・技量の優劣を測定できる単位として，測るという考え方を前提としていると推察できる。ただ，TMを取り扱った諸研究においても，TMの中心概念たる「タレントの概念」が，所与の前提とされていたり，あるいは不明確であったり，多義・多様にそれぞれの研究において定義づけて使われており，定まっていない（David and Melath, 2009）。

3　タレントマネジメント論と人的資源管理論との比較

　アメリカでは，人を代替可能な労働力とみなすPM論から，「人を貴重な人的資源」と捉え，戦略と人の管理を連動させるHRM論が，1960年代に誕生し，その後，戦略的人的資源管理（Strategic Human Resource Management：SHRM）論，国際人的資源管理論と展開をみせ，21世紀に，組織に対して高いパフォーマンスを発揮する人材に焦点を当てるTM論に至っている（岡田，2006，159頁）。

　HRM論，TM論も，企業事例調査研究をもとに，特定の時代の特定の地域もしくは多国籍企業の限られた企業事例調査からモデリングされてつくりだされた理論である。そのため，対象とする企業事例の業種・国・規模・多国籍企業か国内企業か等やそれぞれの調査の時期によっても，そのモデルは異なり，様々なモデルが提起されることとなっている。それゆえ，様々なHRM論やTM論のモデルが提唱されるわけであるが，ここでは，HRM論，TM論の一般的に認知されている代表的なモデルをもとに，その比較やその共通点について議論を行うことにしたい。

　HRM論とTM論とを比較する前に，HRM論とは何かを簡単に論じておきたい。HRM論は，人間行動科学論を基礎に，1950年代のアメリカにおいて生成した理論である。そして，1970年代のアメリカにおいて，HRM論は広く研究されるようになり，1980年代になると大きく発展することになった。HRM論では，従来のPM論よりも企業の経営戦略との結びつきを重視し，SHRM論へと展開することとなった（岡田，2006，159頁）。SHRM論では，人的資源

を持続的競争優位の源泉としてみて，産業構造，技術革新，雇用法規制といったものを外部環境とし，外部環境に適応した経営戦略と適応した「人的資源の有効活用」を行うものを，HRM としている（岩出，2002）。

次に，HRM 論と TM 論の差異についてみることにしたい。

TM は，当初，組織の管理職，エリート層に焦点を当てて展開することで，従来の HRM よりも，企業の競争力強化に貢献しうるという見解もあったが（Hambrick and Mason, 1984），その後，TM は，今日（21世紀）の企業を取り巻く競争環境のダイナミックで急速な変化に適合し，組織の人的資源の競争優位性の最大化を図るものであるという主張もなされ，全従業員に適合するものともされている。HRM 論は，当初から全従業員・管理職を対象として，管理（採用・配置・育成）が展開されたのに対して，TM は，当初，組織の管理職，エリート層，組織の目標やゴール達成するために高いパフォーマンスを発揮する才能や能力（タレント）を有する人材層を主として対象として，管理（採用・配置・育成等）が図られ，その後，IT ネットワークを活用して，クラウド上に世界規模での全従業員の才能や特徴の「可視化」を図る点に大きな違いがある。TM は，その従業員全体を，IT ネットワーク等を活用して可視化し，その才能の特徴を，「選別化」・「差別化」し，世界的規模での「ヒトの最適化」を図るようになっている。そして，HRM 論は，その前提に，「平等主義」があるが，TM 論では，「平等主義」を打破し，人材の才能や特徴の「選別化」・「細分化」を強調している。

HRM 論は，アメリカにおける公民権運動を背景として誕生し，公民権運動以降に誕生した多数の平等雇用法に関する様々な配慮が，管理施策の中に織り込まれている。HRM 論では，アメリカの雇用平等に関わる法令を従業員に対して「平等」に，採用・評価・報酬管理を行うことを前提としている。具体的には，アメリカにおける人種的・文化的多様性を反映してそれへの配慮や女性差別，高齢者差別の禁止などに表れている。このような「平等主義」を反映した HRM 論における管理制度・管理技法は，1990年代，ダイバシティマネジメント（DM）としてさらに展開されている。HRM 論における DM は，前述した様々な従業員への多様性に適応した管理プログラムであり，トップマネジメ

ントによる多様性へのコミットメントから始まると主張されている（Mathis and Jackson, 2007, pp. 33-46）。有村（2008）は，DM は，特に，1990年代，アメリカ企業において模索された多様性の管理手法であり，その社会背景には，アメリカ企業における女性やマイノリティの労働力構成の比率の著しい増大があると指摘している。そして，コックス＆ブレイクは，ダイバシティマネジメントには，コスト，資源獲得，マーケティング，創造性，問題解決，システムの柔軟性の面において，競争優位性があると主張している（Cox and Blake, 1991, pp. 45-52）。

　TM 論では，アメリカの雇用平等法を無視しているわけではなく，所与の前提として展開しながらも，全従業員もしくは労働市場からタレントのある従業員を当初から選抜して採用し，キャリア開発をほどこし，コア人材の定着化をはかるなどの差異がみられる。これは，競争上優位性を確立するために，タレントのある人材を惹きつけ，定着を行うための必要性がより HRM が主として展開した時代（1980年代から1990年代）よりその必要性は，前述したように21世紀に高まったからとされている。また，HRM 論では，「人的資源の管理」に関わる全領域をカバーしており，TM 論では，一部の「人的資源の管理」の領域のみを取り扱っているが，HRM 論よりも直接的かつきめの細かい管理のあり方を提唱している。TM 論では，採用・定着・能力開発・報酬管理などを主として取り扱っているが，HRM 論では，組織文化，従業員管理，健康・安全管理など多様な管理職能を担っている（伊藤他編著，2002）。すなわち，人的資源管理論は，人的資源の管理職能を取り扱っているが，TM では，戦略的に価値の高い人材を獲得し，キャリア開発を行うことに焦点を当てている（Chuai and Iles, 2008, pp. 901-911）。

　前述したように，アメリカの HRM 論と TM 論の共通点であり差異でもある点は，労使関係（Industrial Relations）もしくは労資関係（Capital Labour Relations）についての考慮があまりなされていない点である。特に，TM 論では，対象が組織のエリート層，もしくは，組織の目標やゴールを達成するために高いパフォーマンスを発揮する才能や能力（タレント）を有する人材層を特に対象としているため，労使関係は，捨象され論議されることが少ない。アメ

リカの HRM 論では，従業員の法的な権利の保証，従業員関係管理という形で，部分的とはいえ，労使関係的な要素が入る余地が残され（Mathis and Jackson, 2007），アメリカからイギリスに展開した HRM 論の諸研究では，「労働組合—経営関係」（union-management relations）として，非労働組合化など経営的視点から分析がなされている（Bratton and Gold, 2003）。

　HRM 論において，労使関係論が配慮されず労働組合が無視されている点は，すでに，日本において島弘教授によって指摘されてきた点である（島編著，2000，1-28頁）。そして島ら（2000）は，HRM 論は「日本的経営」，すなわちジャパナイゼーションの影響を強く受け，生成した理論と指摘している。その後，HRM 論は日本に逆移転され，成果主義人事制度として展開され，年俸制や総額人件費管理の導入を通して，労働組合の春闘をはじめとした労働運動の基礎を掘り崩すこととなっている（黒田他，2009）。反面，日本における成果主義人事制度をはじめとした新しい人事制度は，実業界においても HRM とは呼ばれておらず，日本の学会においても HRM と呼称されておらず，もともと日本の人事管理には，そうした HRM の概念を包摂していたという指摘もある（今野・佐藤，2012，12頁）。これは，HRM 論が，前述した日本からジャパナイゼーションとして移転した管理手法をアメリカナイズして，それがまた日本に逆移転したからにほかならないからであろう。また，イギリスでは，1980年代にジャパナイゼーションが展開し，ジャストインタイム（JIT）などの日本的な生産システムやチームワーク制が導入され，無組合化などの企業において展開，労使関係の基礎が掘り崩され，HRM の導入・展開の基盤を形成してきたといえよう（石田他編，1998）。しかし，そうした労使関係への攻撃に対しても，イギリス労働組合運動は，無視することはできず（守屋，1998），イギリスの HRM 論は，組合対策に関しても包摂することとなったと考えられる。

　以上のように，HRM 論と TM 論の比較を通して，TM 論が，HRM 論を以下の点で，経営・管理的に「進化」させた理論であるといえる。

　第一に，全従業員から組織のエリート層，もしくは組織の目標やゴールを達成するために高いパフォーマンスを発揮する才能や能力（タレント）を有する人材層に，特に，ターゲットを当てることで，人材育成や人材の配置・定着・

確保，そして，人材のパフォーマンスを上げることを可能にした「人の管理」に関する理論である点。第二に，全従業員を対象とする場合でも，TM論では，使用者対労働組合といった関係性が，一層捨象され，「企業対個別従業員の関係」といった個別契約関係に向かう傾向にあり，また，労働組合を必要としない構造となっている点がある。それゆえ，TMの組合対策等については，前述してきたように，そもそも論究があまりみられない。それは，TM論の進展と社会的背景とも深く関わっているが，その点に関しては，次節において分析・論究を行うことにしたい。

4　タレントマネジメント論の理論的実践的展開とその社会的背景

SHRM論には，すでに今日の急激な競争環境に適応したTM論への方向性を内包していたという指摘もある。それは，組織の人的資本の競争的優位性を最大化することへの挑戦は，1990年代の景気後退の中でより重要性を増し，そのために，SHRM論において，その模索がなされたからだといえる。それらSHRM論の模索が，21世紀，アメリカの企業の優秀な人材の獲得競争の激化やそれに刺激されたコンサルティング企業の挑戦とあいまって，TM論へと展開していったと考えられる。

そして，HRM論からSHRM論へと発展したように，TM論も，戦略的TM論へと展開をとげている。戦略的TM論では，タレントを有するトップマネジメント層といった限られた人材のみならず，さらに，それ以下の階層にまでも広く対象として展開されている。戦略的TM論では，戦略的TMを，組織の持続的かつ競争的な優位性を獲得するための組織的な諸活動とその過程だと定義している。そのために，戦略的TMでは，①そうした競争的優位性を獲得するために必要な高いパフォーマンスを発揮できる人材を育成し，供給するタレントプール（talent pool）を開発すること，②組織への持続的なコミットメントを促進し，能力を育成する人的資本を能力開発する設計図（アーキテクチャ）を開発し，それにマッチした人事管理を行うことを，提唱している（Collings and Mallahi, 2009）。

図3-1　戦略的 TM の構造（アーキテクト）

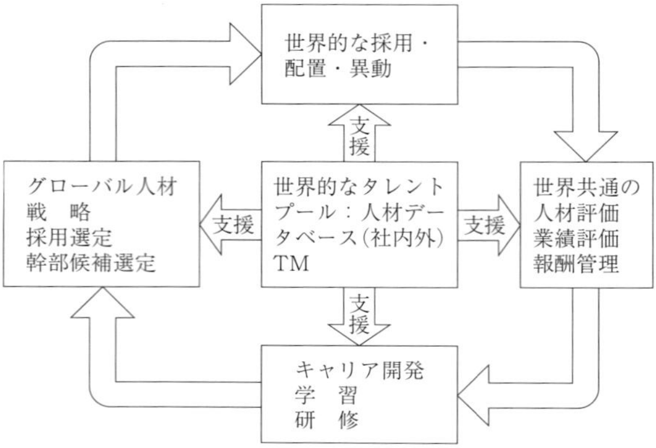

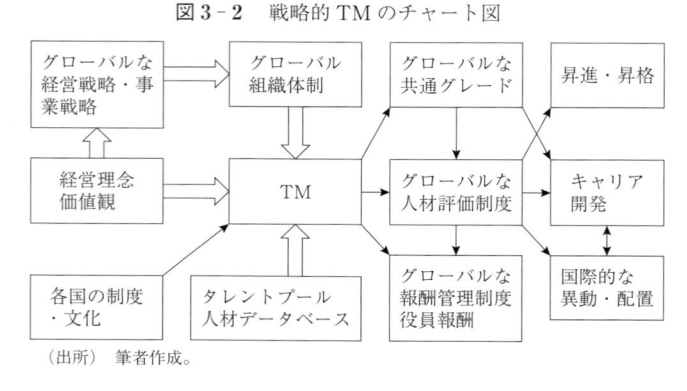

（出所）　筆者作成。

図3-2　戦略的 TM のチャート図

（出所）　筆者作成。

　戦略的 TM 論に基づき，戦略的 TM の構造を図式化すると**図3-1**のように
なる。世界的な登用・評価・能力開発・人材戦略を包括的に，企業戦略・事業
戦略に基づいていかに行うかが，戦略的 TM 論である。戦略的 TM は，グロ
ーバルな企業戦略・事業戦略との連動性が密接であり，重要である。

　戦略的 TM・グローバル TM を図式化したのが，**図3-2**である。グローバ
ルな経営戦略・事業戦力に基づき，グローバルな組織体制が構築され，それら
の戦略をグローバルな組織体制のもとで達成するために，戦略的 TM・グロー
バル TM が構築されることになる。特に，グローバル TM では，各国の雇用

関連の文化・法制度等に制約されながらも，世界共通のグローバル評価，グローバルな異動，報酬制度，能力開発などが求められることとなっている。

　たとえば，ドイツの製薬大企業のベーリンガーインゲンハイムは，2010年に，世界統一基準を定め，日本ベーリンガーインゲンハイムも，この世界統一基準にしたがって人材を採用し，育成する体制を整えている。日本ベーリンガーインゲンハイムでは，世界統一基準での採用・評価・能力開発を行うために，「TM部」を設置し，世界的な人材交流・キャリア開発を行っている。日本ベーリンガーインゲンハイムは，グローバル社員育成のための多様な人材開発プログラムを用意している。中堅社員を対象に，担当業務から半年間離れ，海外法人やNPOなどの社外の組織に在籍し，異文化体験を行う「留職」研修などを実施している。日本法人の経営者層向けの全世界向けの研修は，年3回，10日間程度，ドイツの本社で行われ，企業戦略，リーダーシップ，コーチングなどを学んでいる。また，ベーリンガーインゲンハイムでは，管理者層についていえば，全世界約2000人の管理職が，アジア，ヨーロッパという地域ごとに集まって研修を行い，リーダーシップ等について学んでいる。[6]

　次に，そうしたTMの日本企業への導入・展開の実態について紹介・考察を行うことにしたい。

5　タレントマネジメントの日本企業への導入

　日本の多国籍大企業へのTMの導入は，グローバル化への対応のためにはじまったといえる。導入の契機は，日本企業が，すでにTMを導入している外国企業との合併等をした場合の対応やグローバル人事を行う場合，海外への現地子会社への適任の人材の選抜・配置がなかなかできないことへの対応としてはじまった。[7]

　日本の多国籍大企業へのTM導入の第一段階は，世界的な規模でのITを活用した人材データベースの構築にある。この場合も，何を人材データベース情報として世界基準で登録しデータベースを構築するかである。第二段階は，評価指標の統一基準の構築であり，第三段階が，全社への適用，第四段階が，

図3-3 日本企業の TM 構築の段階

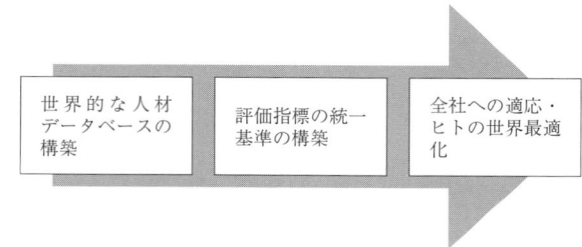

（出所） 筆者作成。

「ヒトの世界最適」配置・評価・運用となってきている（図3-3参照）。

　ただ，職務主義の欧米企業で展開している TM を属人主義の日本企業において導入することには様々な課題と問題がある。欧米企業の TM は，評価指標やデータベースの項目も，客観的な評価基準によって構成されているが，日本企業では，評価指標が客観的でない「曖昧な指標」が多く，世界的なデータベースの項目づくりや評価指標の統一も大きな課題となっている。しかし，データベースの構築による適材適所のためのスクリーニングと人材配置，人材教育ができるという TM の利点は大きい。

　そのため，TM も「日本的」適応を経て，日本企業に導入されることとなっている。たとえば，株式会社電通国際情報サービスの，グローバル TM 用の統合人事パッケージ（POSITIVE）では，日本企業の独特な評価システムである「職能」（人・能力）と「職務」（仕事・役割）の両方の視点のバランスを考慮してつくられており，職能的側面から人材検索による絞り込みを行い，候補者にその職務に何かが不足している場合には，その必要な資格や教育内容を提示することもできるようになっている。[8]

6　タレントマネジメント・タレントマネジメント論の特徴

　以上，本章では，TM の定義，HRM との比較とそれを通しての HRM 論から TM 論への「進化」，TM の生成・展開の社会的背景や問題点，日本企業への導入・展開など，「TM」に関して多面的な角度から論述を行ってきた。最

後に，第1節において掲げた本章で解明すべき目的について，答えることにしたい。

　TM は，これまでの「人に関する管理」に関する歴史的展開においてどのような位置にあるのだろうか。科学的管理法から人事労務管理論に至るまで，「人に関する管理」の対象は，他と代替可能な労働力であったといえる。それが，HRM 論では，その管理対象が他の代替できない人的資源とされ，全従業員がその対象とされてきた。TM では，その管理対象が，企業に高い競争優位性をもたらすタレント（才能）のある人材となり，HRM が対象とした人的資本をさらに絞り込んだ層となっている。このように，TM を，管理対象設定の歴史的変遷からみれば，「労働力→人的資源→タレントを有する人材」と変化したといえよう（渡辺，2002）。

　次に，TM 論と HRM 論の関係性について考察を行うことにしたい。アメリカにおいて，PM 論と HRM 論の関係性のように，PM 論に一見すると代替するものとして，HRM 論は世界に普及を果たしているかのようにもみえる。しかし，これまでの考察を通して，TM 論は，HRM 論に代替し，HRM 論に変わって，世界に普及するものとは考えにくい。

　むしろ，TM 論は，これまで論述してきたように，HRM 論と主要機能（採用・配置・定着・能力開発等）では重なるものの，HRM 論のように人に関する全管理機能を有していない。それゆえ，人に関する全管理機能を担う HRM 論を補完するものとして機能するものと考えるのが，適当かと思われる。反面，TM は，全従業員を対象とするものとして，HRM の多くの機能を包摂するものとしての主張もあり，かつ，HRM 論とは，異なる新しい人間観を有するパラダイムを提起するという指摘もある。新しい人間観とは，全従業員をかけがえのない代替できない「人的資本」としてみて全従業員を管理対象とする HRM 論に対して，TM では全従業員の「才能」や「特徴」などを，IT ネットワークを活用して，世界規模でデータベースの構築を通して「可視化」し，その才能や特徴を，スクリーニングを通して「選別化」・「細分化」して，「機械的」かつ「合理的」に採用・配置・能力開発を行おうとする「タレントある人材」というものである。このような人間観は，「ヒト＝人的資源」という人間

観から「ヒト＝今後，求められるタレント（才能）」とみる AI（人口知能）・ITC 時代の新しい人間観かもしれない。しかし，現状，TM は，HRM の補完する管理としての理解が正しいものであると判断されるが，TM の定義そのものが明確でないだけに，TM や TM 論の今後の展開について注目することにしたい。

　　付記：本章は，守屋貴司（2014）「タレントマネジメント論（Talent Management）に関する一考察」『立命館経営学』第53巻第2・3号，23-38頁を基に，引用・削除・加筆を行ったものである。

注
(1)　TM 論に関する先駆的な学術なレビューとしては，厨子（2009，116-117頁）や，柿沼（2012，125-130頁）がある。
(2)　「人に関する管理」に関しては，管理の対象が労働力なのか，職務なのか，人の意識をも含む人間そのものなのか議論のわかれる点であり，欧米，日本の「人に関する管理」のありようによっても議論のわかれる点である。この点に対しては，労働力，職務，人の意識をも含むものとして，「人に関する管理」を捉えることにしたい。「人に関する管理」に関する論議に関しては，浪江（2010）参照。
(3)　日本における「人に関する管理技法・管理制度に関する研究」といった経営学の展開については，経営学史学会編（2003）などを参照。
(4)　アメリカ・日本の「人に関する管理」にも関わる経営学の系譜に関しては，片岡信之（2013）「日本の経営学説2」経営学史学会監修『経営学史叢書——経営学史学会創立20周年記念14』文眞堂を参照。
(5)　「独ベーリンガー，人材評価基準，世界で統一」『日経産業新聞』2010年11月22日付。
(6)　「ベーリンガー日本法人社長鳥居正男氏　グローバル人材育成推進」『日経産業新聞』2013年12月18日付，19頁。
(7)　「グローバル人材を掘り起こす」（2012）『NIKKEI COMPUTER』日経 BP 社，2012年6月21日，30-40頁。
(8)　「ISID，『POSITIVE』のタレントマネジメント機能を大幅拡充」『日本経済新聞』2015年3月12日付。

引用参考文献
有村貞則（2008）『ダイバシティ・マネジメントの研究——在米日系企業の実態調査を通して』文眞堂。
石田和夫・安井恒則・加藤正治編（1998）『企業労働の日英比較』大月書店。
石原直子（2012）「私たちの結論——あらためて，タレントマネジメントとは何か」『Works』No. 115，20-26頁。
石原直子（2013）「タレントマネジメントの本質——日本企業が学ぶべきポイントに着目して」

『Works Review』Vol. 8, 100-118頁。

伊藤健市・田中和雄・中川誠士編著（2002）『アメリカ企業のヒューマン・リソース・マネジメント』税務経理協会。

岩出博（2002）『戦略的人的資源管理論の実相——アメリカ SHRM 論研究ノート』泉文堂。

ASTD（2009）*Talent Management : Practice and Opportunities,* ASTD PRESS.（伊賀泰代著（2012）『採用基準——自頭より論理的思考を大切にするもの』ダイヤモンド社）

岡田行正（2004）『アメリカ人事管理・人的資源管理史』同文舘出版。

柿沼英樹（2012）「人材配置戦略としてのタレントマネジメント試論」『経営行動科学学会年次大会発表論文集』第15号，125-130頁。

経営学史学会編（2003）『経営学史事典』文眞堂。

経営学史学会監修・片岡信之（2013）『経営学史叢書　日本の経営学説Ⅱ』文眞堂。

黒田兼一・守屋貴司・今村寛治編著『人間らしい「働き方」，「働かせ方」——人事労務管理の今とこれから』ミネルヴァ書房。

今野浩一郎・佐藤浩樹（2002）『人事管理入門』日本経済新聞社。

島弘編著（2000）『人的資源管理論』ミネルヴァ書房。

厨子直之（2009）「タレント・マネジメントは人的資源管理の新展開となりうるのか」『日本労働研究雑誌』No. 584，116-117頁。

塚崎裕子（2008）『外国人専門職・技術職の雇用問題——職業キャリアの観点から』明石書店。

夏目啓二（2014）『21世紀の ICT 多国籍企業』同文舘出版。

浪江巖（2010）『労働管理の基本構造』晃洋書房。

ヘイコンサルティンググループ編著（2007）『グローバル人事　課題と現状——先進企業に学ぶ具体策』日本経団連出版。

マッキンゼー・アンド・カンパニー監訳，渡会圭子訳（2002）『ウォー・フォー・タレント』翔泳社。

守屋貴司（1998）『現代英国企業と労使関係——合理化と労働組合』税務経理協会。

守屋貴司編著（2011）『日本の外国人留学生・労働者と雇用問題——労働と人材のグローバリゼーションと企業経営』晃洋書房。

守屋貴司（2012）「日本企業の留学生などの外国人採用への一考察」『日本労働研究雑誌』第623号，29-36頁。

渡辺峻（2002）『人的資源の組織と管理——新しい働き方・働かせ方』中央経済社。

Bratton, J. and Gold, J.（2003）*Human Resource Management : Theory and Practice,* 3rd ed., Palagrave.

Chuai, X. P. and Iles, P.（2008）"Is talent management just "old wine in new bottles"?: The case of multinational companies in Beijing," *Management Research News,* Vol. 31, No. 12, pp. 901-911.

Collings, D. G. and Mellahi, K.（2009）"Strategic Management : A Review and Research agenda," *Human Resource Manegement Review,* Vol. 19, No. 4, pp. 304-313.

Cox, T. H. and Blake, S.（1991）"Managing Cultural Diversity : Impications for Organizational Competitiveness," *Academy of Management Executive,* Vol. 5, No. 3, pp. 45-56.

Druker. P. F.（1959）*Landmarks of Tomorrow,* Haper,.（現代経営研究会訳（1969）『変貌する知識社会』ダイヤモンド社）

Freeland. C.（2012）*Plutocrats : The Rise of the Global Super-Rich and the Fall of Everone*

Else, Penguin Press.（中島由華訳（2013）『グローバルスーパーリッチ——超格差の時代』早川書房）

Gullory, W. A.（2009）*The Age of Human Potential-Talent Management,* Innovations International.

Hambrick, D. C. and Mason, P. A.（1984）"Upper echelon: The organization as reflection of it's top Managers," *Aademy of Management Review*, 9(2).

Mathis, R. L. and Jackson, J. H.（2007）*Human Resource Management : Essential Perspectives,* 4th ed., Advantage Series.

Ready, D. A., Conger, J. A. and Hill, L. A.（2010）"Are you high pontetial?," *Harvard Business Review*, Vol. 88, No. 6, pp. 78-84.

Sassen. S.（2001）*The Global City : New York, London, Tokyo,* Priceton University Press.

Schmidt. C., Mansson. S. and Dolles, H.（2013）"Managing talents for global leadership positions in MNCs: Responding to challenges in China," *Asia Business & Management,* Vol. 12, No. 4, pp. 477-496.

Tarique, I. and Schuler, R.（2009）"Global talent management: Literature review, integrative framework and suggestions for futher research," *Journal of World Business*, Vol. 45, No. 2, pp. 122-133.

推薦図書

労務理論学会編（2011）『経営労務事典』晃洋書房。

　　本書は，日本および世界の人事労務管理・人事労務管理論を体系・網羅的に紹介しており，人事労務論管理・人事労務管理論を広く知る上で，とても有用な書物。

澤田幹・谷本啓・橋場俊展・山本大造（2016）『ヒト・仕事・職場のマネジメント——人的資源管理の理論と展開』ミネルヴァ書房。

　　本書では，管理問題の発生と展開，その構造と発展や「人の管理」をめぐる変遷を歴史的にみた後，主として，日本企業における企業内教育訓練，労働時間管理，賃金管理など人の諸管理活動について論述された学術書兼テキストである。

大野順也（2015）『タレントマネジメント概論——人と組織を活性化させる人材マネジメント施策』ダイヤモンド社。

　　本書は，タレントマネジメントについて書かれたビジネス書であり，日本企業におけるタレントマネジメントの展開のヒントを示唆する内容となっている。

（守屋貴司）

第4章

人的資源管理の新たな展開
――タレント人材定着の試み――

　2001年に刊行され広く関心を集めた書 "War for Talent"（マイケルズ他，2002）のタイトルが象徴しているように，2000年前後よりタレント人材争奪戦が激化しているアメリカにおいて，これら人材の維持・定着（retention）が一貫して人的資源管理（HRM）上の関心事項であり続けている。さらにこうした文脈で，トータル・リワード（Total Reward）や従業員エンゲージメント（Employee Engagement）といった新しい概念が，実務界と学界の双方で注目され活発に議論されるようになった。本章では，両概念の概要およびそれを反映した具体的な管理・諸施策について明らかにした上で，日本企業における HRM への示唆を導き出したい。

1　人材争奪戦とリテンション問題

　よく知られるように，アメリカでは転職することに抵抗がないばかりか，そうした機会に恵まれない人材は能力が低いとみる風潮さえ見受けられる。実際，米国労働省労働統計局（BLS）のある調査によれば，1957〜64年生まれのベビーブーム世代の人々は，調査時期の2014-2015年時点において，平均11.9もの職務を経験しているのである。[(1)] さらに若年者（1980〜84年生まれ）を対象とする同局の別の調査では，18〜28歳の間に平均7.2の職務を経験しているという。[(2)] 翻って，厚生労働省の調査が示しているように日本においては転職回数 1 〜 3 回の者が転職経験者全体の67.9％を占めていることを踏まえれば，通説通りアメリカは日本に比して従業員が頻繁に転職する社会であると考えて間違いない。[(3)]

　このように転職が当たり前の社会については長短両面を指摘せねばならない。長所からみていけば，マクロ的観点から，労働移動が活発な社会は人的資源を衰退産業から成長産業へと誘導しやすいというメリットがある。また，個々の

従業員にとっても，転職を通じ，よりよい労働条件やキャリアアップを実現しうる利点がある。他方で，アメリカは企業が従業員を解雇しやすい国でもあるとされる。つまり，離職も解雇も，従業員と経営者いずれかの自由意志に基づき，理由の有無に関わらずなされることが，アメリカにおける雇用の大原則となっている（これを随意雇用〔Employment-at-will〕と呼ぶ）のだが，それも転職を可能とする外部労働市場の存在があればこそ成り立つのだともいえるだろう。こうして，アメリカの経営者は，日本の財界がしばしば羨む「解雇の自由」を活用し，必要に応じ，ダウンサイジング（downsizing）による人件費削減を実施しうるのである。

　しかしながら，以上のようなメリットの反面で，随意雇用は従業員側と経営側の双方に難しい問題を突きつける。「解雇の自由」は多くの従業員に，解雇の恐怖をもたらすことになる。実際1980年代半ば以降，アメリカではダウンサイジングの嵐が吹き荒れ，多くの従業員が路頭に迷うことになった。幸いにして解雇を免れた従業員も，次は自分かもしれないという不安，同僚が解雇されたにも関わらず自分が雇用され続けていることに対する罪悪感，あるいはトップ・マネジメントに対する不信感，燃え尽き症候群（burnout）等に苛まれたのである。自らはダウンサイジングの対象とはならなかったものの友人や同僚が解雇された従業員の抱くこうした苦悩のことを，サバイバー・シンドロームと呼ぶ。サバイバー・シンドロームは，さらに従業員のモラール，コミットメント，モチベーション，組織の一体感，ひいては生産性の低下をももたらすとされることから労使双方にとって深刻な問題のひとつであるといえよう（Cascio, 1993, pp. 100-101；Kets de Vries and Balazs, 1997, pp. 27-28）。

　加えて，解雇や転職が頻繁になされる社会は，有能な従業員を容易に引き抜かれる社会でもあることを意味する。1990年代に空前の好景気を謳歌したアメリカにおいて，前半こそ「雇用なき景気回復」（Jobless Recovery）と評される状況が続いたが，90年代後半からは，冒頭に紹介した"War for Talent"，つまり人材をめぐる競争が次第に激化していくようになったとされる（マイケルズ他，2002，33頁）。この競争に敗れ人材を失うと，企業は様々な損失を被ることになる。たとえば，補充のための新規人材採用コスト，その不慣れな新規採

用人材が貢献できるようになるまでの期間コストや教育訓練費用，流出した人材がもたらすはずだった売上や受注額等の逸失（機会損失コスト），流出した人材が保有していた専門技術・知識や顧客の喪失といった無形のコストが生ずる。これ以外にも，人材流出が相次げば，企業イメージが損なわれる，有能な人材の確保が困難になるといった損失が企業にもたらされかねない（宇佐美，2009，26-27頁；山本，2009，1-3頁）。

　以上のような事態を回避するために，人材，より厳密にいえば高業績を上げうる有能な従業員＝タレント人材を組織にとどまらせるリテンション・マネジメント（Retention Management）が1990年代以降 HRM 上の重要課題として浮上することになった。[4] 具体的に，このリテンション・マネジメントとは，新規性のある固有の取り組みではなく，報酬管理，教育訓練・能力開発，福利厚生といったあらゆる HRM 施策を通じて，有能な従業員の定着を図っていくいわば間接的な取り組みを指す（山本，2009，14-15頁）。

　こうしたリテンション・マネジメントの延長線上で，2000年以降，２つの新しい考え方が注目されるようになった。ひとつが，効果的な報酬の組み合わせによって必要な人材の確保・定着，モチベーション向上等を図ろうとするトータル・リワード（Total Reward：以下 TR）という手法である。もうひとつが，組織にとって必要な従業員をエンゲージさせる（engage，組織や仕事に愛着をもつと同時に，仕事に没頭し成果を上げられる状態にさせる）ための様々な取り組みを指す従業員エンゲージメント（Employee Engagement：以下 EE）という概念である。以下，どのような考え方あるいは取り組みなのか，各々について確認していこう。

2　リテンションを企図した新しい概念：EE と TR

１　トータル・リワード（TR）とは

　TR とは，様々な報酬（reward）を組み合わせることで従業員を動機づけようとする報酬概念であり，上で触れた従業員のリテンションも重要な目的のひとつになる。それでは，様々な報酬とは何を指すのだろうか。TR を構成する

表 4 - 1　O'Neal の TR 4 区分

賃　金	諸給付
基本給 変動給 報奨制度 株　式	健康管理サービス 退職金制度 貯蓄制度 休暇制度
学習および能力開発	作業環境
キャリア・ディベロップメント 学習体験 業績管理 サクセッションプラン 訓　練	組織風土 リーダーシップ 業務支援制度 ワーク・ライフ・バランス （WLB）

（出所）　O'Neal（1998）p. 7.

具体的な個々の報酬については論者によって広狭が存在するのだが，オニールによる TR 4 区分である**表 4 - 1** が典型的な TR の内容とそれらの整理区分といってよい。そこには，当然のことながら各種賃金が含まれている。注目すべきは，日本の福利厚生に相当する各種諸給付（benefits）に加え，学習および能力開発（すなわち教育訓練・能力開発）機会，好ましい組織風土とリーダーシップ，そしてワーク・ライフ・バランス（Work-Life Balance：WLB）支援等を通じた働きやすい作業環境をも報酬の一部とみなしている点である。TR とはこのように賃金や退職金といった金銭的報酬と，それら以外の非金銭的報酬からなる幅広いトータルな報酬によって優れた人材の獲得・定着を図り，また彼らのモチベーションを高めようとする試みを意味する。

　なお，以上のように報酬を「金銭的報酬」と「非金銭的報酬」に区分する考え方が最も理解しやすいのだが，これ以外にも報酬を区分する尺度は複数提唱されている。主だったものを 4 つ紹介しておけば，まず第一に，労働の見返りとして直接金銭で支払われる報酬を指す「直接的報酬」と，諸給付や承認といった形で間接的に付与される「間接的報酬」という区分である。第二に，他者から付与される「外的報酬」（賃金，ボーナス，昇給，昇進・昇格等）と，内的報酬（仕事のやり甲斐，成長，達成感等）という区分である。第三に，賃金や諸給付に関わる労使間の取引に由来した有形の報酬である「取引的報酬」（transactional reward）と，学習・能力開発や業務経験を通じて発生する無形の報酬である「関係的報酬」（relational rewards）という区分である（Manus and Graham, 2003, p. 1；O'Neal, 1998, p. 8）。第四に，個々の従業員を対象とした「個人的な報酬」と，集団としての従業員を対象とした「共同的報酬」という区分である。着眼点は違えども，各種の報酬と，仕事を通じて従業員が得られるあらゆる満足感の源泉を考慮に入れた，文字通りトータルな報酬アプローチであるという点は共通しているのである。

2　従業員エンゲージメント（EE）とは

　多くの読者にとって，エンゲージ（engage）やエンゲージメント（engagement）はあまり馴染みのない言葉ではないだろうか。強いていえば，婚約指輪を意味するエンゲージ・リングを連想する方が多いのかもしれない。この場合，結婚を「約束する，保証する」という意味合いをもつのだが，本書で言及するエンゲージにもこうしたニュアンスが含まれる。具体的には，組織への貢献を確約するという意味がエンゲージには含まれるのである。これに加えてエンゲージは「没頭させる」，エンゲージメントは「（積極的な）関与，参加，従事」という意味を有している。つまり，エンゲージやエンゲージメントには，組織のために努力しようとの積極的な態度，やる気，意欲という感情的・精神的側面と，実際に何かに熱心に取り組み成果を上げるという行動的側面の両方が含まれている。職務に対する満足感，貢献意欲等，前者の感情的・精神的状態のみをエンゲージメントと捉える狭義の EE 言説も存在するのだが，本書では EE を広く捉え「従業員が，仕事を通じ，組織に貢献しようという自発的な態度・意欲・姿勢と，実際に貢献可能な知識・理解・能力を併せもつことで，成果につながる行動を取りうる状態」と定義しておこう。

3　TR と EE の具体的手法と期待される効果

(1) TR の具体的手法

　第2節の1ですでに述べたように，TR とは多様なタイプの報酬を組み合わせたトータルな報酬のパッケージを意味する。したがって，具体的な手法とし

ても報酬を広く捉えた上で，様々な報酬を組み合わせるということに尽きるのだが，どこまでを報酬と位置づけるのかは論者によって見解が異なる。ここでは３つの見解を確認しておこう。まず第一に，表4-1（57頁）で示されている，TR 4区分を提唱したオピニオンリーダー的なコンサルタントであるオニール（S. O'Neal）の見解を今一度確認しよう。彼女は，「①賃金」という報酬として基本給，変動給，報奨制度，株式を，「②諸給付」という報酬として健康管理サービス，退職金制度，貯蓄制度，休暇制度を，「③学習および能力開発」という報酬としてキャリア・ディベロップメント，学習体験，業績管理，サクセッションプラン，訓練を，「④（快適な：筆者）作業環境」という報酬として，組織風土，リーダーシップ，業務支援制度，WLB をあげていた。次に，TR の実践的運用を精力的に提言している教育機関ワールド・アット・ワーク（World at Work）は，「①金銭的報酬（compensation）」，「②諸給付（benefits）」，「③ WLB 促進」，「④承認（recognition）」，「⑤業績管理」，「⑥タレント開発」の６つをあげている。[5] 非金銭的報酬である「④承認」を重視している点，そして単なる教育訓練・能力開発ではなく「⑥タレント開発」と限定している点に特徴があるといえる。とりわけ，後者の特徴から，同教育機関が TR をタレント・マネジメント（Talent Management：以下 TM）の一環とみなしていることがみて取れるのである。最後に，極めて広範な報酬を TR に含めるアームストロングは，前述したオニールの TR モデルを踏襲しつつ，従業員の発言権，承認，達成感，ジョブ・デザイン，労働生活の質，TM を「（快適な：著者）作業環境」という報酬に加えている（Armstrong, 2007）。1970〜80年代に盛んに議論された「労働の人間化」の取り組みを報酬として捉え，重視している点が示唆的である。

　以上のように，TR は金銭的報酬と何を組み合わせるのか，換言すれば非金銭的報酬に関して論者によって開きがみられるが，傾向としては一層網羅的に把握されるようになりつつあるという。

(2) EE を実現・促進するための具体的手法

　「従業員が，仕事を通じ，組織に貢献しようという自発的な態度・意欲・姿勢と，実際に貢献可能な知識・理解・能力を併せもつことで，成果につながる

行動を取りうる状態」である EE を実現あるいは促進するためにはどのような
取り組みが求められるのであろうか．各種の先行研究やエンゲージメント実態
調査を踏まえれば，EE の前提条件としてさしあたり次の10点をあげることが
できる．すなわち，①高業績作業システム（High Performance Work System：
HPWS）[6] の導入，②明確で前途有望な戦略・方向性の提示，③リーダーシップ
の発揮・育成，④品質・顧客志向の徹底，⑤ EE を維持・強化していく組織文
化の構築，⑥必要なリソースの提供，⑦フィードバックの付与，⑧承認の付与，
⑨協力体制の構築，⑩ WLB の推進，である．こうした条件を整備することで，
従業員は有意味感（meaningfulness），安心感（safety），可用性（availability）
を体感し EE へと至るものと考えられている．有意味感とは，肉体的，認知的，
感情的エネルギーを投じるだけの価値を見出しうる状況を指す．安心感とは，
仕事に没頭しても自己イメージや地位，キャリアにネガティブな結果がもたら
されることがないと確信できる状態である．可用性とは，役割を遂行するため
に必要な肉体的，認知的，そして感情的なリソース（能力やエネルギー）を自
分が有していると感じられることを指す（Kahn, 1990, pp. 703-717）．これら3
つの感覚や感情を従業員に抱かせるために，経営側は① HPWS という HRM
領域における先進的手法から，②明確且つ有望な経営戦略策定，③リーダーシ
ップの発揮・育成，⑤ EE と相互補完的な組織文化構築といった高度な判断と
全社的な対応を要する取り組みが求められる．さらには，⑥必要なリソースの
提供，⑦フィードバックや⑧承認の付与，⑨協力体制の構築，⑩ WLB の推進
といった，多様で大がかりな従業員のバックアップを行う必要もある．すなわ
ち，EE の実現と促進には，企業経営全体を視野に入れた多面的（総合的）な
変革が不可欠になる．

(3) TR と EE の実現・促進によって何が期待されるのか

　第1節で明らかにしたように，TR と EE はともに如何にして必要な人材の
定着を図るのかというリテンション・マネジメントの文脈で注目されるように
なった概念である．したがって，当然双方が離職率の改善，すなわち従業員の
リテンション促進を期待されているのである．実際，TR を導入・実践するこ
とで個々の従業員のニーズが満たされ，結果的に従業員と組織の結びつきが強

化されることが指摘されている（Armstrong, 2007, p. 33）。一方，EE を実現・促進することによって「職務満足」（Job Satisfaction）の形成，「組織コミットメント」（Organizational Commitment）／「従業員コミットメント」（Employee Commitment）の形成・増大，「職務関与」（Job Involvement, 仕事と一体化できる程度や自身にとっての職務の重要性）の形成・増大が進むものとされている。こうした従業員個々人の内面への影響が，結果的に従業員の労働移動抑制をもたらすことが実証的にも裏づけられているのである（Harter, et al., 2002, pp. 274-275）。

　このようなリテンション・マネジメント上の効果以外にも TR や EE 構築・増強にはそれぞれ次のようなメリットが期待できるものと考えられている。まず TR については多様な報酬によって，従業員のより強固で持続的なモチベーションとコミットメントの形成，雇用関係（労使関係）の強化，人材争奪戦における競争力強化がもたらされるものと期待されている（Hewitt, 2012, p. 16）。

　次に，EE が構築・増強されることによって「組織市民行動」（Organizational Citizenship Behavior：以下 OCB, 公式の業務ではなく，したがって報酬の対象にはならないものの，組織にとって有用な個人の自発的行動）[7]や，「適応的行動」（Adaptive Behavior, 問題, 予測不能な作業条件，人間関係，組織文化に適応できる能力）が促進されるものと理解されている。先に触れた，職務満足，組織コミットメント／従業員コミットメント，職務関与の促進と相まって，こうした EE によってもたらされる従業員の行動は，派生的に，生産性，クオリティの向上，売上高増大，顧客満足および顧客ロイヤリティ増大をもたらすことが各種の調査によって証明されているのである（橋場, 2013, 262-263頁）。

3　EE 言説・TR 言説の意義と諸課題

［1］　TR 言説の意義と諸課題

　繰り返し述べてきたように，TR は非金銭的報酬の捉え方が多様であり，したがって多様な人材の多様なニーズに応えうるという点に先進性を見出すことができる。この先進性ゆえに，従業員の定着を促しうることはすでに確認した

ところである。しかしながら，個々人のあらゆるニーズを無条件で満たすような報酬を与えていては組織の存続がおぼつかないことは容易に想像できる。つまり，賃金が賃金原資の枠内で HRM の方針にしたがい分配されるように，TR も企業の業績，戦略，基本的価値観等に律せられる形で付与されねばならない。この点 TR は，基本的には賃金と同様に，業績や市場相場との連動，そして経営戦略や企業の本質的価値観との整合性を模索する形で構築されてきた。その一方で，グローバル化の進展，買収・合併の頻発といった時代背景を踏まえ，報酬をめぐる法制度や文化・価値観の多様性にも目配りすることを忘れない。こうした意味で，TR は報酬の多様性と統合のバランスという難しい問題を解決しうる報酬制度と評価できるだろう（O'Neal, 1998, pp. 10-12）。同時に，TR は昨今，世界のグローバル企業が推進しているグローバル・タレントマネジメントに当たっても有効性を示しうる報酬概念である。

　とはいえ，TR 言説については次のような問題点を指摘せねばならない。まず，報酬という従業員側の関心事項があたかも経営側の意向によってのみ設定されるかのような労使関係軽視の思想が見出されることである。この点，従業員の発言権を明確に報酬の一部と位置づけた前出のアームストロング（Armstrong, 2007）は達見であるといえるが，こうした見解は例外的である。さらに，一口に従業員の発言権といっても，それが団体交渉のように労働条件について労使対等に話し合う場を意味するとは限らないのである。いずれにせよ，集団的取引から個別取引への移行を大きな特徴とする HRM の流れに TR も組み込まれていることをこの事実は示しているといえるだろう。次に，TR はしばしばタレントのみを対象とした報酬制度と位置づけられる事実があげられる。つまりタレント人材の確保・定着手段として魅力的な TR の導入が論じられるのである。裏を返せば，非タレント人材にはそうした報酬は無用であるという極めて選別的な思想が TR 言説について回ることを見落としてはならない。最後に，実務的な観点から，TR 制度の開発には時間がかかること，TR 戦略の意義を理解するのは容易だがその実践は容易でないこと，マネジメント・チームのフル・サポートが不可欠であること，無形の報酬コストを数量化できないため費用対効果を特定することが困難であることといった，問題点や難しさが

指摘されてもいる（Armstrong, 2007, p. 42）。

［2］　EE 言説の意義と諸課題

　組織に貢献しようという自発的な態度・意欲・姿勢という感情的・精神的側面（心理的エンゲージメント）にとどまらず，OCB や適応的行動に象徴される企業組織にとって有益な行動までも含めた，より包括的な概念であるという点で EE 言説は，従来の職務満足，組織コミットメントといった議論と一線を画している。他方，第２節の３で言及したようにマネジメント手法という観点からは，企業経営全体を視野に入れた取り組みが提言されている点，すなわち着眼点の多面性（総合性）に EE 言説の新規性・独自性を見出しうる。さらには，職務満足，コミットメント，懸命さ，熱情等，1950～60年代以降どちらかといえば後退していた従業員の内面に再びフォーカスしている点に EE 言説の今ひとつの特徴を指摘できる。つまり1980年代以降，制度ありきで HRM の議論や実践を進めてきたことへの反省の念が，EE 言説には込められているものと評価しうるのである。

　しかしながら，EE 促進に伴う課題・問題点についても目をこらす必要がある。繰り返しになるが，エンゲージした従業員は組織と職務に対する前向きで自発的な態度・意欲・姿勢を抱き，そしてまたそれを行動に移すことになる。それだけに，過度な EE の追求や慢性的な業務量過多は，働き過ぎとこれによる燃え尽き症候群やディスエンゲージメント（disengagement, 肉体的にも精神的にも仕事から乖離している，エンゲージメントと真逆の状況）を引き起こしかねない。こうした事態を回避することが，EE 促進に際しての最大の課題となるであろう。企業が EE にかこつけて従業員に過剰な要求をする，あるいは必要なリソースを惜しむといったことは決してあってはならない。とりわけ，未だ長時間労働是正が主要な「働き方改革」の課題であり続けている日本においてこのことは肝に銘じられるべきであろう。

4　日本における人的資源管理へのインプリケーション

1　TR言説からのインプリケーション

　TR言説から日本のHRMに対しどのようなインプリケーションが導き出されるであろうか。すでに明らかなように，TR言説は，自社の報酬を金銭的報酬から非金銭的報酬までトータルに考察し，各々のバランスを図ることの重要性を説いている。換言すれば，いくら金銭的報酬が充実していても，過剰労働が常態化している，成長機会が乏しい，あるいはやり甲斐のある仕事に恵まれないといった場合には，有能な人材ほど離職するリスクが高まることをTR言説は示唆しているのである。もちろん，逆もまた然りとなる。この点，トヨタ初の外国人取締役で北米トヨタ社長を兼ねていたジム・プレス（Jim Press）氏が，取締役就任わずか3カ月で同業の，しかも当時苦境に陥っていたクライスラー社に引き抜かれたケースや，約165億円もの報酬を支払い，米グーグルから副社長として迎え入れたニケシュ・アローラ氏が2年足らずで退任するに至ったソフトバンク社のケースは，魅力的なTR設計，ひいてはグローバル・タレントマネジメントの難しさを物語っている。前者はプレス氏が販売，マーケティング，製品企画の現場復帰を望みながらそれがかなわなかったこと，後者は孫正義氏が経営トップの座を譲らなかったことにアローラ氏が失望したことが一因とされる。いずれも，一般従業員ではなく，トップ・マネジメントのリテンションをめぐる事例ではあるが，ともにやり甲斐のある仕事という非金銭的報酬について不十分な点があったとみなしうるだろう。今後，日本企業はこうした失敗経験から学び，国際的な人材争奪戦を制しうるTRの構築に急ぎ着手する必要があることをTR言説は説いている。

　次に，教育訓練機会や作業環境をも報酬に含めることで，TR言説がこれらに関する経営責任を明確化したことは評価できるだろう。とはいえ，その一方で，報酬決定に際しては従業員側のニーズに目をこらすことが必要不可欠である。経営側が一方的に決定するような事態は労使関係の悪化に直結することを忘れてはならない。

　他方，人材採用，維持・定着に苦労している中小企業経営者が，TR の視点から自社における HRM を見直すことには大きな意義があるだろう。すなわち，彼らが直面している人材難は，相対的低賃金だけが原因ではない可能性がある。そしてまた，給与額が少ないとの自覚があれば，その分非金銭的報酬の充実に真摯に取り組むべきではないだろうか。

［2］　EE 言説からのインプリケーション

　ここでは，まず昨今日本企業が直面している雇用管理上の諸課題を取り上げた上で，わが国企業における HRM にとっての EE の意義を論じよう。まず第一に，バブル経済崩壊後にみられた雇用保障の弱体化がもたらす従業員の動揺や雇用主への不信感である。人員削減は，組織で引き続き働く従業員にも大きな心理的ダメージを及ぼし，モラール低下，ロイヤリティの消滅といった形で顕在化することはすでに触れたところである。かかる事態を回避するためにも，雇用保障という心理的契約を一方的に破棄した事実を重く受け止め，日本企業には EE 構築に向けた真摯な取り組みが求められるであろう。第二に，非正規従業員の増大である。本来，雇用期間が定められている，あるいはごく限られた時間労働に従事する，しかもしばしば労働条件が正規従業員に比べて見劣りする非正規従業員にエンゲージメントを求めるのは筋違いというべきかもしれない。けれども非正規従業員については，数量的に増大するだけではなく，非正規の身でありながら枢要な業務を委ねられるという基幹化の動きも認められることから，彼らの EE 構築は今後重要な課題となっていくだろう。ただし，これは正規従業員を対象とするよりも格段に難易度の高い取り組みであることはいうまでもない。第三に，若年者の早期離職である。経験の浅い若年者の EE 構築は容易でないが，それを実現すれば企業と若者の双方に得るところのない事態を未然に防ぐひとつの有効な手立てになりうる。第四に，技術者の流出に象徴されるタレント人材のリテンション問題である。いうまでもなく，技術者の引き抜きに伴い，価値ある技術が競合相手に流出することの損失は計りしれない。このような事態が頻発する大きな要因として日本企業の拙い人材戦略が指摘されているが，組織コミットメントや従業員定着を期待できる EE の

構築は有効な対処法のひとつといえよう。さらに，上述したように日本人および外国人双方のグローバル人材をめぐる争奪戦も徐々に激化しつつあり，今後，この問題にも本腰を入れて対応することが求められる。これについても，TRと並びグローバル人材の EE 構築が鍵を握るであろう。いずれにせよ，少子高齢化に歯止めがかからぬ日本においてタレント人材の確保・定着は，早晩アメリカよりも深刻化することは疑いない。したがって，EE の意義・重要性はいよいよ増していくであろう。

　以上，わが国においても，EE 構築は意義のあることだと確認した。しかしながら，率直にいえば人員整理の断行，非正規従業員の多用，一時に比べ上がりづらくなった賃金，福利厚生施策のうち「人間関係管理」施策とも位置づけられる部分の縮小等，バブル崩壊期以降における日本の HRM は，EE 構築を困難にしかねない方向で変革が進められてきた。ギャラップ社が行った EE 調査において，日本の「エンゲージしている従業員」すなわち EE 度数の高い従業員の割合が 6 ％に過ぎず，米国の32％はもとより世界平均の15％と比べても大幅に低く，調査対象139カ国中132位であったとの結果[9]も，こうした HRM の動向と無縁ではあるまい。EE の構築・補強という観点から，こうした方向性を再検討する必要があるだろう。さらにまた，日本経済について明るい展望が描きにくい状況であるがゆえに前途有望と思わせる戦略・方向性の提示が極めて大切になってくる。強い工場に比して弱い本社と揶揄され続けてきた日本企業にあって（藤本，2004，65-70頁），実はこの前提条件が EE 構築に向けての最も高いハードルになるのかもしれない。とはいえ，EE 構築のためにも，強い工場と強い本社への一刻も早い脱皮が待たれているのである。

［3］　TR 言説と EE 言説が共通して示唆すること

　最後に，TR 言説と EE 言説の双方が日本企業の HRM に対し示唆していることを確認しよう。両者は喫緊の課題として WLB の推進を加速させねばならないことを強く求めている。そもそも，WLB 推進が TR を構成する一報酬であったことを想起せねばならない。さらに長時間労働は，先輩・上司から後輩・部下の面倒をみるだけのゆとりを奪うという形で OJT 主体の教育訓練を

機能不全に陥らせかねない。長時間労働はまた，リーダーシップの育成，（コミュニケーション機会を制約するが故に）エンゲージメント文化の伝播，フィードバック付与，承認の付与，協力体制の構築など，EE 構築の前提条件とされる事項のほとんどすべてについて妨げるのである。TR そして EE 構築という観点からも，スローガンにとどまらない WLB 社会の実現が急がれる。そして，以上の課題はまた，TR の導入と EE 構築・増強のために労働組合が果たしうる役割が存在することも含意しているのである。

　他方，TR 言説と EE 言説は，直接的・間接的に，タレント人材の選抜と彼らに対する優先的な処遇を推奨している。両者がタレント人材のリテンション・マネジメントという文脈から派生してきた概念である以上，それは自然な流れであるが，日本企業において極端なエリート優遇措置は多くの従業員の公平観と未だ親和性を有していない。そのことは，ファストトラックが広がりをみないことからも窺える。したがって，グローバル人材を中心としたタレント人材対象の TR および EE 構築策と非タレント人材を対象としたそれら施策間のバランスをどう図っていくのか，日本企業の腐心は続くだろう。

注

(1) Bureau of Labor Statistics, "Number of Jobs, Labor Market Experience, and Earnings Growth Among Americans at 50: Results from A Longitudinal Survey," *News Release*, August 24, 2017.

(2) Bureau of Labor Statistics, "Labor Market Activity, Education, and Partner Status Among America's Young Adults at 29: Results form a Longitudinal Survey," *News Release*, April 8, 2016.

(3) 厚生労働省「平成27年転職者実態調査」。

(4) リテンション・マネジメントは，従業員リテンション（Employee Retention）とも呼称される。

(5) ワールド・アット・ワーク　https://www.worldatwork.org/total-rewards-model/　2018年4月30日アクセス。

(6) ①革新的雇用慣行（採用試験を用いた慎重な採用，雇用保障，内部昇進），②革新的作業慣行（職務拡大・拡充，ジョブ・ローテーション，チーム制度，クオリティ・サークル，総合的品質管理，提案制度），③革新的報酬慣行（相場より高水準の賃金，業績・技能・能力・貢献度などと連動した変動給／奨励給，利潤分配制度，従業員持株制度），④充実した教育・訓練機会の付与，⑤革新的労使関係慣行（労使間での情報共有，地位的格差の縮小＝シングル・ステイタス化，態度調査，苦情処理手続き，労働組合や従業員側代表による意思決定参加）といった HRM 慣行

を体系立てて実践し，相互のシナジーをもたらすことで高業績を実現しようとの試みを指す。

(7)　具体的には，自発的に他者を助け，問題発生を回避しようとする・迷惑を被っても不平を言わない，逆境に遭っても積極的態度をとり続ける，集団のために自身の利益を犠牲にする，他者のアイディアを否定しない・外部の者に組織のことを売り込む，外部の脅威から組織を保護する，逆境下でも組織にコミットし続ける・組織の規則，規定，手続きを内面化および受容し，他者による監視がなくともまじめに遵守する・自発的に範囲外の役割を遂行する・多大な個人的コストを負ってでも，組織にとって最善の利益を模索する・自発的に自身の知識，技能，能力を向上させる，といった行動を指す（Podsakoff, et al., 2000, pp. 516-525）。

(8)　「相次ぐ人材流出にも，トヨタは動ぜず」『日経ビジネスオンライン』2007年9月13日付 http://business.nikkeibp.co.jp/article/world/20070912/134694/?P=2　2018年5月1日アクセス。

(9)　『日本経済新聞』2017年5月26日付。

引用参考文献

宇佐美英司（2009）『リテンション・クライシス——会社から人材がいなくなる！』ファーストプレス。

オーガン，D.，ポザコフ，P.，マッケンジー，S.／上田泰訳（2007）『組織市民行動』白桃書房。

カップ，R.（2015）『日本企業の社員は，なぜこんなにもモチベーションが低いのか？』クロスメディア・パブリッシング。

シャウフェリ，W. B.，ダイクストラ，P.／島津明人・佐藤美奈子訳（2012）『ワーク・エンゲイジメント入門』星和書店。

橋場俊展（2013）「高業績を志向する管理の新潮流——従業員エンゲージメント論の考察」『名城論叢』第13巻第4号，255-279頁。

藤本隆宏（2004）『日本のもの造り哲学』日本経済新聞社。

山本寛（2009）『人材定着のマネジメント』中央経済社。

Armstrong, M.（2007）*A Handbook of Employee Reward Management and Practice*, Kogan Page.

Cascio, W. F.（1993）"Downsizing: What Do We Know? What Have We Learned?," *Academy of Management Executive*, Vol. 7, No. 1, pp. 95-104.

Michaels, E. et al.（2001）*The War for Talent*, McKinsey & Company Inc.（マッキンゼー・アンド・カンパニー監訳／渡会圭子訳〔2002〕『ウォー・フォー・タレント』翔泳社）

Harter, J. K. et al.（2002）"Business-unit Level Relationship between Employee Satisfaction, Employee Engagement, and Business Outcomes: A Meta-analysis," *Journal of Applied Psychology*, Vol. 87, No. 2, pp. 268-279.

Hewitt, A.（2012）*2012 Total Rewards Survey*, Aon Hewitt.

Kahn, W. A.（1990）"Psychological Conditions of Personal Engagement and Disengagement at Work," *The Academy of Management Journal*, Vol. 33, No. 4, pp. 692-724.

Kets de Vries, M. F. R. and Balazs, K.（1997）"The Downside of Downsizing," *Human Relations*, Vol. 50, No. 1, pp. 11-50.

Locke, E. A.（1976）"The Nature and Causes of Job Satisfaction," In M. D. Dunnette, ed., *Handbook of Industrial and Organizational Psychology*, Rand McNally College Publishing Company.

Lodahl, T. M. and Kejner, M.（1965）"The Definition and Measurement of Job Involvement,"

Journal of Applied Psychology, Vol. 49, No. 1, pp. 24-33.

Macey, W. H. et al.（2009）*Employee Engagement : Tools for Analysis, Practice, and Competitive Advantage,* Wiley-Blackwell.

Manus, T. M. and Graham, M. D.（2003）*Creating a Total Rewards Strategy : A Toolkit for Designing Business-Based Plans,* American Management Association.

O'Neal, S.（1998）"The Phenomenon of Total Rewards," *ACA Journal,* Vol. 7. No. 3, pp. 6-18.

Podsakoff, P. M. et al.（2000）"Organizational Citizenship Behaviors: A Critical Review of the Theoretical and Empirical Literature and Suggestions for Future Research," *Journal of Management,* Vol. 26, No. 3, pp. 513-563.

Pulakos, E. D. et al.（2000）"Adaptability in the Workplace: Development of a Taxonomy of Adaptive Performance," *Journal of Applied Psychology,* Vol. 85, No. 4, pp. 612-624.

Schaufeli, W. B. et al.（2002）"The Measurement of Engagement and Burnout: A two Sample Confirmatory Factor Analytic Approach," *Journal of Happiness Studies,* Vol. 3, pp. 71-92.

推薦図書

バッカー，A. B.，ライター，M. P. 編／島津明人総監訳，井上彰臣他監訳（2014）『ワーク・エンゲイジメント──基本理論と研究のためのハンドブック』星和書店。

　　本書は，産業・組織心理学領域における最新のエンゲージメント研究を集大成させており，従業員エンゲージメントについての学術書として最も優れていると評価できる。

山本寛（2009）『人材定着のマネジメント』中央経済社。

　　本書は，リテンション・マネジメントを真正面から捉えた，おそらく国内唯一の専門書である。リテンション・マネジメントの概念，わが国の現状，今後の課題について学ぶためには不可欠な書といわねばならない。

カップ，R.（2015）『日本企業の社員は，なぜこんなにもモチベーションが低いのか？』クロスメディア・パブリッシング。

　　本書は，日本企業従業員のエンゲージメント度数が低い事実を指摘した上で，その原因を多角的に分析し，筆者なりの解決策を提案している。これから社会に巣立っていく学生にとって一読の価値がある良書といえる。

（橋場俊展）

第5章

人的資源管理論とジェンダー・ダイバーシティマネジメント

　グローバル時代の進展とともに日本での従業員の働き方と働かせ方は変化し，企業の人事雇用管理もニーズに対応し変容している。これまでの日本社会では，他の諸国に比して均一化した文化・政策のもとに管理体制が形成されてきた。しかし近年，多様なグローバル社会化が進展する中で，EVP（Employee Value Proposition〔従業員への価値創発的提案〕）が重視され，社会的性差であるジェンダー面での変化が顕著になっている。そこで，本章では人事雇用管理とジェンダー・ダイバーシティに焦点を当てる。ここでは，ジェンダー・ダイバーシティ理論およびダイバーシティ先進国アメリカの経緯に依拠して，日本の人事雇用管理におけるジェンダー・ダイバーシティの意義を探り，日本の若者や有職女性の意識を含むジェンダー・マネジメントの現状を考察する。それにより，ジェンダー・ダイバーシティの中での価値創発がどのようなものであり，タレントのある人材を育むために，いかなる体制や視点が必要かを検討する。

1　人事雇用管理とジェンダー・ダイバーシティ

［1］　ダイバーシティマネジメントの定義

　「ダイバーシティ（Diversity）」とは多様性の意である。多様な人材面に配慮した人事雇用管理をダイバーシティマネジメント（Diversity Management：以下DM）と呼ぶ。経営におけるDMは多様な人材を抱えるアメリカが発祥とされている。その移民国家では多様な人々の公平な共存のため，人種，肌の色，出身，宗教，信条，性別，年齢，障がい等に配慮した経営管理を行っている。

　DMの中でも特にジェンダーに着目する理由は，①女性の高学歴化に伴う社

会進出，②グローバル社会進展の中での多国籍人材の活躍による個を重視する価値観の増大による。それによりジェンダー属性に焦点を当てた人事雇用管理が必要となっている。DM の中で，ジェンダーに特化した経営管理を「ジェンダー・ダイバーシティマネジメント」と呼ぶ。本章ではジェンダー・ダイバーシティを考察する上で，まず，選考研究よりその根底とあるジェンダー・ダイバーシティ理論を以下にまとめる。

［2］　ジェンダー・ダイバーシティ理論

　ジェンダー・ダイバーシティ理論の代表的理論としては，まずカンターの「トークニズム理論」（tokenism theory）があげられる。カンターは，組織の優位グループ（85％以上を占める）に対し，15％以下のグループあるいは個人をサブグループと位置づけて「トークン」（token，象徴）と呼んだ。トークンは優位グループと異なる①同化（assimilation），②見え方（visibility），③対照（contrast）の 3 認識を経験する傾向にあり，①同化においては，職場で限定的，あるいは性別上適切な役割を担うよう強制され（「役割のカプセル化」），②見え方では，他のグループの 2 倍働く必要があると感じ，③対照では，他のグループと比べて孤立感や極端さを生じると分析した（Kanter, 1977, p. 210）。

　このトークニズム理論に対し，ジマー（Zimmer, 1988）はトークンが（とりわけ女性の場合）差別を被るのは少数所以ではなく，社会的に劣勢とされる見方によるものと批判する。また，トークニズム理論は限定的で社会や職場の性差別から目を背けさせ，女性進出を妨げうるものと指摘する。ウィリアムズもまた，トークニズムでのジェンダー要因の重要性を説く（Williams, 1992, p. 253）。それは，女性が男性優位の職業において「ガラスの天井」を経験する一方で，男性トークンは女性トークンのようなネガティブな影響を被らず，男性優位職のみならず女性優位職においても昇進昇格が早い，いわゆる「ガラスのエスカレーター」（glass escalator）に乗るという差異である。

　多様な人材で構成される社会では，ジェンダー・マネジメントの発展段階において個々の特化した要因に焦点を当てて取り組み，そこから包括的な多様性をめざす。ジェンダー・ダイバーシティ理論には，過程ごとに以下のようなア

プローチがある。

　［法的アプローチ］　ダイバーシティ達成のためには，社会情勢の変化に伴い戦略的に取り組む必要がある。アメリカの DM 導入過程では，まず法的整備が行われ，規則の枠組みが作成されて差別禁止を推奨した（これがジューソンとメイソン〔Jewson and Mason, 1986〕がいう「リベラルアプローチ」（liberal approach）である）。また，法令，コンプライアンス，違反に対する法的罰則が実際的な効力をもつよう監視機関の設立も必須である。

　［実践的アプローチ］　上記の法的アプローチに比べ，実践的アプローチは雇用上多様な企業体制や雇用環境を整える必要があるとして，従業員の募集・採用，昇進・昇格や報酬面で行う職場環境での直接的な介入である。ただし，アメリカで人種，性別等に配慮した直接介入によりアファーマティブ・アクションを推進した1980年代には，それまでの優位グループ（主として白人男性）への逆差別になるとの批判が多数生じた。

　［結果重視アプローチ］　法的アプローチで機会の平等を呈するだけでなく，結果の平等を狙う手法でクォータ制と呼ばれる。欧州諸国をはじめとする国，職場，委員会，審議会，学会などの機構的枠組みで一定数を割り当て，強制的にダイバーシティを達成する（ジューソンとメイソン〔Jewson and Mason, 1986〕がいう「ラディカルアプローチ」（radical approach）である）。ただし，このアプローチは，アファーマティブ・アクション同様，平等な機会を阻害されてきたグループからのみ人材が補充され逆差別を生じうるため，その点が課題とされる。

　［意識面アプローチ］　男女平等でも女性の大半が非同等の立場を「選好」すると説くハキム（Hakim, 2000）の理論で「選好理論」（preference theory）と呼ばれる。仕事中心の少数派（約10-20％）以外の大半の女性が，家庭優先の「主婦カテゴリー」（homemaker category）と人生の段階での優先次第の「適合カテゴリー」（adaptive category）に区分される。変化促進には組織の役割が重要とされる。

　［2-D ダイバーシティ］　ヒューレットらは，「先天的および後天的な2次元（2 dimensional）の「2-D ダイバーシティ」」により，従業員が属する企業の

45％が市場シェア成長を，70％が新市場獲得傾向にある」と実証して，2-D
ダイバーシティによりイノベーションや業績に秀でることを裏づけている
(Hewlett et al., 2013)。

［3］　DM の動向

　アメリカでは，1964年に人種，肌の色，宗教，性別，出身国を理由とした雇
用差別を禁止する公民権法第 7 編（Title Ⅶ of the Civil Rights Act of 1964）
が成立し，多様な人材をできる限り公平に雇用・管理する DM の礎が構築さ
れた。また，公民権法に続き年齢差別禁止法（The Age Discrimination in Em-
ployment Act of 1967）も施行されて年齢も（40歳以上を対象に）雇用上差別禁
止対象とされて配慮されるようになった。1970年代には，公民権法改正，雇用
機会均等法の改定，教育改革法第 9 編（Title Ⅸ of the Education Amendments
of 1972）により，実質的なダイバーシティの法制度が整っていった。アファ
ーマティブ・アクションの推進により，女性登用が推進され，それに伴い訴訟
が増加し，企業はその対策としてダイバーシティを捉えるようになった。それ
がジェンダー・ダイバーシティマネジメントの重要性を一層浸透させるに至っ
た。

　また，1980年代後半には景気後退によって，DM は企業戦略として考えられ
るようになった。1991年にはガラスの天井委員会がアメリカ労働省により設置
され，女性登用，男性との格差問題等が研究調査・報告され，女性登用の重要
性が一層認識された。そうして女性管理職は全管理職種の51.5％を，経営，金
融部門の管理職では43.6％を占め（2015年時点[2]），役員レベルでは約20％が女性
となっている[3]が，現在も不十分として女性登用推進運動が力強く継続されてい
る。

　1990年代以降は，よりグローバルにダイバーシティが推進された。賛否両論
の世論が渦巻く中，人種，肌の色，出身，宗教，信条，性別，年齢，障がいに
加えて，LGBT についても配慮がなされるようになった[4]。LGBT は国際連合
の通称「ジョグジャカルタ原則」（2006年）や「LGBT に関する宣言」（2008年
12月）を経て，「17/19　人権，性的指向およびジェンダー同一性」（A/HRC/

RES/17/19，2011年 7 月14日）の国連の決議後，2012年 5 月にはオバマ大統領がアメリカの大統領としては歴史上初となる同性婚支持を表明した。LGBT 先進国アメリカではリベラル派が多数を占める州などで早くから「プライドパレード」などで人権をアピールし，早期から企業の理解・支援も得られていた。企業例としては，ウェルズ・ファーゴ銀行（本社サンフランシスコ）が1957年より LGBT コミュニティを支援したケースなどがある。多様な人々の社会的認知および職場対応は拡大傾向にあり，マイノリティを含め多様な人材を包含する体制は DM の中でも特に「ダイバーシティ・インクルージョン」（diversity inclusion）という言い回しで世界的に普及している。

［4］　DM の意義

　DM の意義は極めて大きい。その理由としては，公正でオープンな雇用機会の増大があげられる。職場では募集採用，昇進昇格，コミュニケーションなどで手続き上の偏見を最低限にする措置が施され，組織変革が誘発されて多様な人材による考え方の柔軟化や相乗効果，イノベーションが起こる。たとえば，ジェンダーについてみると，アメリカのガラスの天井委員会の調査・研究報告によって，女性登用の重要性が一般化し，管理職・役員割合が高まり，業績向上やコミュニケーションの円滑化が促進された。欧州ではクォータ制により女性登用が促進され，男女比率が改善されてきた。[5]

　さらにグローバル競争社会では，人種，肌の色，宗教，性別，出身国などを問わずタレント（能力）重視によりイノベーションが生まれ，生産性向上に成功している。アメリカでは教育改革法第 9 編（1972年）により教育における男女差を縮小し，コンピュータの研修機会，科学分野での STEM（Science, Technology, Engineering and Mathematics）教育奨励など職業直結型の社会的教育訓練を積極的に推進し，デジタル社会での即戦力となる次世代タレントを育成してきた。アメリカの先進的IT 企業では，インドやアジアから多くのエンジニアが登用され，多様な知識・技術導入により IT 業界を牽引・発展させてきた。特に IT・ICT 業界では DM が顕著で，アメリカの優良企業は，白人（男性）優位社会から多様な社会へと変貌を遂げた。IT／ICT 企業では人種，

肌の色，宗教，性別，出身国などによらず，高報酬・働きやすさを重視し投資を惜しまず優秀な人材を雇用している[6]。そうして，アメリカは世界でも競争力を誇る屈指の IT ／ ICT 大国，グローバル先進国へと成功を遂げた。このような経緯からみても，近年の EVP が重視され，DM が生産性向上に結びつく点でも重要な意義を有すると考えられている。

2　社会情勢の変化とジェンダー・ダイバーシティ

①　人事雇用管理におけるジェンダー・ダイバーシティ

　日本で一般的にダイバーシティが報告されたのは，2000年 8 月に，日経連が「日経連ダイバーシティ・ワーク・ルール研究会」を発足後の同研究会の報告書とされる。同報告書では，「ダイバーシティは，既存の価値観や方法論にとらわれることのない発想を起点とした人材活用戦略である」（文部科学省「日経連ダイバーシティ・ワーク・ルール研究会」報告書の概要——ダイバーシティ・マネジメントの方向性」）とある。また，「これまで企業においては，一定の型にはめた人材活用を行ってきた。具体的には，社会にある『男は仕事，女は家庭』といった性別役割分担意識や，皆と同じ所定労働時間は働くべきといったような『○○でなければならない』という発想に基づいて，日本人男性を主な対象にした終身雇用・年功序列を中心とする画一的な人事制度を整備してきた」として，活躍できる人材登用を念頭に置いている。

　その後，CSR，環境問題と並行してグローバル潮流により，次々と人事雇用管理としてダイバーシティ推進が掲げられた。日産が2004年10月，「ダイバーシティ・ディベロップメント・オフィス」を設置し，翌年2005年には『サステナビリティレポート2005』の「社員とともに」で「多様な人財の力をひきだすために」として多様性推進をあげた。またトヨタでは，2005年 6 月発行の『Environment & Social Report 2005（環境社会報告書2005)』 7 月21日付の中で「社会的側面・従業員」のパートで「多様性の尊重と一体感の醸成」としてダイバーシティを提唱した。さらに経済産業省のダイバーシティ2.0検討会報告書（2017，11-12頁）では，女性活躍推進法，「ダイバーシティ経営企業100

選」,「なでしこ銘柄」等の効果をあげて女性活躍, ダイバーシティ概念浸透を
あげてダイバーシティ1.0の帰結としている。

　このようなダイバーシティ推進潮流の中で, 日本でもLGBT支援が導入さ
れるに至った。LGBTは個人のプライバシーに関わる内容であるため正確な
統計的把握は難しいが, 日本でのLGBTの割合をみると約8％を占め, アメ
リカのLGBT割合の4.1％[7]を上回っている（2016年時点[8]）。日本経済団体連合会
の報告書（2017）「ダイバーシティ・インクルージョン社会の実現に向けて」
では,「見えないマイノリティ」LGBTに焦点を当てて取り組み状況と対応を
報告した。同報告書で2017年3月に実施した『LGBTへの企業の取り組みに
関するアンケート』（調査対象：経団連会員企業1385社156団体中233社・団体が回
答）では, 91.4％がその取り組みが必要だと回答し, 何らかの取り組みを実施
している企業は42.1％, 34.3％が検討中であった。特徴的なのは, LGBTを人
事管理で行う理由を「生産性向上を主たる理由」としていることである。この
調査によると, LGBTへ配慮する目的としての最多理由は,「多様性に基づく
イノベーション創出・生産性向上」（81.1％, 複数回答）[9]であり, 前述のアメリ
カのDMの意義と合致している。

②　日本における女性の働き方と働かせ方の変化

　ジェンダー・ダイバーシティは, 企業が生き残りをかけた生産性を意図して
いる。まず, 女性の働き方の根底にある職業意識を考察面では, ソニー生命保
険株式会社による「女性の活躍に関する意識調査2017」[10]（ソニー生命保険株式会
社, 2017）が参考になる。同調査の有職女性（572名）の回答では, 仕事に関す
る内容について「今後（も）, バリバリとキャリアを積んでいきたい」が37.0
％を占める一方で,「女性が社会で働くには, 不利な点が多い」では79.5％が
働きづらさを感じ,「管理職への打診があれば, 受けてみたい」は19.8％と少
ない。さらに実際には, 働く女性の4割が「本当は専業主婦になりたい」
（39.2％）と, 専業主婦願望を抱いている。

　この調査結果は, 上述のハキム理論に呼応している。しかし, グローバル社
会・人口減社会の日本では, 老若男女が活躍できる社会構築が喫緊の課題であ

る。企業にとっても働く側にとっても良い状況を創り出すためには，女性の就業意識を高め，働き方と働かせ方の有効な戦略が必要である。有職者には，やりがいが感じられる環境・条件を与え，ニーズにあった支援を行い，次世代については，アメリカが先行して行ったように教育面での啓発とメンターによる啓発が不可欠である。そうして，自己啓発を促す教育研修を段階的に行い，モチベーションを高め，相当な評価を人事雇用管理に組み込み DM を展開することが可能となる。

3　次世代の若者の人的資源管理

［1］　若者はキャリア形成をどう考えているのか

(1) 大学生への調査から

　大学生を対象としたジェンダー・ダイバーシティに関する意識調査（2017）[11]では，「グローバリゼーションによって職場は多様性が増す」ことについては，「非常にそう思う」(41.6%)「そう思う」(40.0%) の計81.6%と答え，職場の多様性を想定している。また，「多様な人と一緒に仕事がしたい」と考える割合は，86.4%が肯定的（「非常にそう思う」(56%)「そう思う」(30.4%)）であった。

　しかし，同調査でのジェンダー・ダイバーシティに関する意見として，男子学生の中には以下のような逆差別を主張する者もみられた。「能力のある女性が昇進するのは納得できる。だが世間体を気にして，能力がなくても女性が昇進することがあることは理解に苦しむ」「昔の男尊女卑を撤回するために女性の方々が運動されてきたが，現在は女尊男卑の流れが強く来てしまっている。電車の痴漢冤罪やレディースデイなどがその例です」。また，生理休暇，出産役割などの生物学的差異をあげて「男女にはやはり潜在的にそれぞれの得意・不得意があるため，何もかも男女で同じ扱いという訳にはいかない気がします」などの声があり，このような意見は，かつてアメリカで起こったアファーマティブ・アクションへの逆差別現象と類似しているといえる。

　女性の場合，期待感もある一方で，次のような意見もあげられている。「セ

ミナーや合同説明会などに行くと，『女性の管理職は〜』というような内容の話を聞くと，女性が活躍できる企業なんだなと思うと同時に，わざわざそういう風に表現するということは，まだまだすべての企業，業界などで女性が男性と同等に活躍できていない現実があるのかな，とも捉えられ，やはり完全に男女平等というのは難しいのかなと考えさせられてしまいます」。また，「結婚，出産を経ても同等の能力があれば同様に管理職に登用されるのかが気になります」「出産後の社会復帰は，体制は整えられてきたものの，復帰しても仕事が全然与えられないなど，産前と同等に働けない現実があると聞いて不安になっている」などがあり，職場でのジェンダー差異について不安な気持ちを抱えていることが読み取れる。

(2) 女子大生の就業意識

　前述の働く女性たちを対象とした調査（ソニー生命保険株式会社，2017）では，多くが働きづらさを感じ，約4割が「本当は専業主婦になりたい」という状況であり，女性のキャリア意識が弱いとも考えられる。しかし最近の女子大生の意識は，希望する世帯スタイルからみる限り，以前よりも継続就業を望む傾向にある。2017年の株式会社ディスコ　キャリタスリサーチによるインターネット調査[12]によると，就職を目前とする女子大生が希望する世帯スタイルは夫妻二人が働く「共働き世帯」が75.4%を占め，夫が働き，自分が家庭にいる「専業主婦世帯」14.3%，自分が働き，夫が家庭にいる「専業主夫世帯」1.4%や家庭をもちたくない「独身世帯」8.9%を大きく上回っている。この傾向からみても，若い日本女性は，共働きで働くライフスタイルを希望していることがわかる。ただし，この意識は実社会に入る段階で外的要因により変化を余儀なくされる状況に直面する傾向にある。その点に注目して，次に就職活動中の企業の対応を考察する。

4　企業におけるジェンダー・ダイバーシティマネジメント

１　DMの中での重要な価値観

　DMの重要な価値観は，ジェンダーを切り口にする際には女性登用体制に表

れる。つまり，女性を主流の能力のある人材として登用しようと考えているか，あるいは縁辺労働者として捉えているかという点である。たとえば，株式会社ディスコ（前掲株式会社ディスコ，2017）によると，採用面接時に女性学生が企業側から以下のような発言を受けたと報告されている。

採用面接時に女性学生が企業側から受けた発言例
- ○「結婚はなさそうだねー」と冗談交じりで言われたことがあった。
- ○「女子って機械弱いからね」。
- ○「華奢だから営業は難しいと思うよ」と言われて嫌だった。
- ○「勤務地を固定したいなら社内結婚しなよ」って言われました。
- ○「私の妻も働いているが，子育てが大変で女性はとても海外転勤などできませんよ」と言われました。家庭との両立をしつつ海外でも働きたいという思いがある私にとっては大変不快な発言でした。
- ○女性の友人から，「有名企業の面接で容姿を褒められたが不快だった」という話を聞いた事があります。
- ○「恋人はいますか？」と聞かれ，当時はいなかったのでいないと答えると，「じゃあ元彼にはどんな人だと言われてたの？」と聞かれてあまりいい気がしなかった。
- ○「お酒は好き？」「結構飲むの？」「飲んだらどうなる？」といったことを聞かれたことがありました。

（出所）　株式会社ディスコ　キャリタスリサーチ（2017）。

　女性活躍推進が強力に進められている現在でも，このような男女雇用機会均等法に抵触しうる発言が女性に対して投げかけられている事実は，面接担当者のジェンダー・マネジメントについての意識の薄弱とジェンダー・ダイバーシティマネジメント体制の不備を露呈している。しかしながら，女子学生が職業生活に臨む際や職業生活に入ってからネガティブな経験が少なからず待ち構えていることは否めない。そこで次に，このような状況を回避し女性が前進できるよう，DM経営の中で求められる施策を考える。

〔2〕　DM 経営の中で求められる施策

　DM として，上記のような経験を回避するためには，問題発生を防ぎ，女性活躍を推進できるような管理体制と施策が必要である。たとえば，昇進昇格の評価基準の透明化に加え，意識改革を促す教育研修の徹底化，メンタリング，コーチング，ネットワーキング，OJT などが有効だと考えられる。これらは上昇意欲や継続就業意欲を高める。企業では社内に DM を管轄する部署や女性活躍推進課などを設置し，ジェンダー・マネジメントの担当者を任命することもなされている。

　さらに，社内だけでなく，行政や地域の経済団体との連携で DM 経営を触発していくことも可能である。たとえば，京都には府などでつくる女性活躍支援拠点が運営する女性社員の活躍を促す方策を学ぶ研修スペース「京都ウィメンズベースアカデミー」が開設された。そこでは，女性社員や人事担当者向けの勉強会を開催し，企業枠を超えた女性社員の検討チームにより新たな人事制度の提案にも取り組んだり，指導力やコミュニケーション能力の向上や人材活用についての研修で研鑽を積んだりすることができる[13]。

　また，ジェンダー・マネジメントに対する企業支援努力と内容を社会的に認知・評価することも有効である。2008年には，東洋経済新報社が多様な人材を重要な経営資源として活かす新たな経営手法であるダイバーシティ経営を企業理念に掲げ，その実践を先進的に進める企業を表彰することを目的にして，「ダイバーシティ経営大賞」を創設した[14]。このようなダイバーシティ表彰制度によって，社会的認知と企業の経営管理上の支援モチベーションが上がる。また，社会的評判により PR 効果もあり，より多様な人材を惹き付け，人材獲得の好循環を生み出すツールともなる。

5　日本におけるダイバーシティマネジメントへのインプリケーション

〔1〕　日本における DM の形

　日本における DM は，人口減少，グローバル化に対処する必要から日本型ジェンダー・ダイバーシティの推進が急務となっている。それは現在，女性活

躍推進として促進されジェンダー面での人材登用に主眼を置き，人材活躍を進めている段階である。それはジェンダー・マネジメント理論面から考察するとカンターのトークン段階（Kanter, 1977）およびハキムの選考理論の段階（Hakim, 2000）にある。

　法的戦略では，公式以外の非公式な隠れた差別や意識面をカバーすることはできない。また，結果の平等を整備しても実質が伴わず歪が生じては逆効果である。そのため，現時点で日本が取るアプローチには2つが効果的であると考えられる。ひとつは日本のジェンダー・マネジメントが弱いと考えられる慣習や意識面での戦略的働きかけがあげられる。たとえば，教育制度，教育方法，研修制度，メディア戦略などである。それにより個人の内面に変革を起こす意識を高めていく手法である。

　もうひとつは企業がグローバルな潮流に呼応するような人材獲得の体制整備である。アメリカがアファーマティブ・アクション達成のために数値目標を掲げたように，比率や数値，期日といった目標と計画（goals and timetables）を設定した戦略とニーズに配慮した支援である。若者の意識調査からは，アメリカのアファーマティブ・アクションと類似し逆差別感を覚えるような状況も生じていることも読み取れたが，それについては実質を伴ったタレント人材育成によって解消可能であると考えられる。

［2］　どうすればタレントのある人材として成功できるのか

　DMとはいかにしてタレントのある人材を成功へと導くのか。アメリカの経緯をみても初期の人権から平等待遇，公正といった観点を経て，その初期概念を根底にして近年では包含（インクルージョン）や生産性向上，イノベーションを生み出すためのダイバーシティという観点に移行してきている。若者の意識，中間管理職あるいはその候補者がグローバルな観点をもち，キャリア形成できることが不可欠とされ，その上で彼らを育成する組織の役割を企業が重視し，人事雇用管理の中でジェンダー要因を理解し，意識改革と認識のある新しい働き方を確立していく必要がある。

　多様な価値観や情報，ネットワークを活かすタレント人材に経験を積ませて

育成することがEVMにつながる。現在の日本社会ではジェンダー・ダイバーシティの観点からは，特に日本政府が国策としている女性活躍に傾注する必要がある。しかし，第3節で紹介した筆者独自のジェンダー・ダイバーシティに関する意識調査にも表れていたように「能力がない」とみられる女性登用は逆差別を生じる。したがって，EVM上は不満感を生じないためにも，能力のある女性を登用する必要性が生じる。能力は，①自己の意識向上と，②職場での経験を積ませることにより可能になる。ゆえに，教育および職業経験によって，女性の意識を高め，就業意欲を高める必要があろう。

　そのためには，働かせ方の工夫と改革が必要となる。たとえば，上司の偏見で登用しないケースを回避し，登用しキャリアを積ませる。過度な保護は不要であり，本人の意思確認を行う。育児中の配慮については，業務のペアリング，OJTや育休以前の部署への復帰，ニーズにあった他部署への復職や同様の職種でのキャリアアップなどの方策が有効と考えられる。管理職候補者で自信のない者には，「少しやってみれば？」，あるいは「いつまでに」と期限付きで経験を積ませることも可能である。

　これまでの男女共同参画や女性活躍推進で行ってきた施策がようやく実を結びつつある現在，若い世代にキャリア形成の意義を認識させ，若年の管理職層には国際的視野をもち，リーダー能力を開発していくことが重要である。そのためには，研修やOJT，職場制度の活性化，社会的評価が効果的である。才能のある人材として社会で活躍し成功できるかは，多様な人材と切磋琢磨し意思疎通を図りながら活躍できる人材になれるかである。これまでの画一的な視野から国際的視野へと拡大した視野をもち，イノベーションを生み出し，多様でイノベーティブなグローバル社会をリードしていける人材となる。そのようなタレントのある人材を輩出し，期待されているのが，他ならぬ人事管理におけるジェンダー・マネジメントなのである。

付記：本章は日本学術振興会科学研究費助成事業（学術研究助成基金助成金）「グローバル時代の女性労働：女性活躍と企業支援」（平成28〜31年度）領域番号16K02056の成果の一部である。

注

(1)　教育改革法第9編（Title IX of Education Amendments of 1972）により，入学，奨学金，科目履修，進路指導，カウンセリング等，学校教育の場における性別固定観念の排除や性差別の禁止が行われた。

(2)　Catalyst（2016）Women In The Workforce: United States. http://www.catalyst.org/knowledge/women-workforce-united-states#footnote24_7rh00pk　2017年8月23日アクセス。

(3)　Grant Thornton（2015）*Women in business : The path to leadership,* Grant Thornton International Business Report　http://www.grantthornton.global/press/press-releases-2015/women-in-business-2015　2017年8月23日アクセス。

(4)　LGBT : Lesbian, Gay, Bisexual, Transgender の略。性的マイノリティを指す。

(5)　ノルウェーでは，1978年に制定された男女平等法（Lov om likestilling mellom kjonnen（The Gender Equality Act））で「公的期間が4名以上の構成員を置く委員会，執行委員会，審議会，評議会などを任命または専任するときは，それぞれの性が構成員の4割以上選出されなければいけない」とされている。また，クォータ制法案も世界初となる2002年に提案し，2008年までに取締役会の4割を女性に割り当てることにした。

(6)　たとえば，ソフトウェアエンジニアの状況や待遇については，中村（2017）を参照のこと。

(7)　Gates, Gary J.（2017）"In US, More Adults Identifying as LGT," *Social Issues*　Gallup 2017. 1. 11　http://www.gallup.com/poll/201731/lgbt-identification-rises.aspx　2017年8月22日アクセス。ゲーリー・J・ゲイツ氏は元 UCLA 法学研究科ウィリアムズ研究所（School of Law's Williams Institute）所長，the Blachford-Cooper Distinguished Scholar。LGBT 人口統計学専門家。

(8)　日本労働組合総合連合会（2016）「LGBT に関する職場の意識調査〜日本初となる非当事者を中心に実施した LGBT 関連の職場意識調査〜」　https://www.jtuc-rengo.or.jp/info/chousa/data/20160825.pdf　2017年8月22日アクセス。

(9)　日本の LGBT と職場対応については，宮本（2017）が詳しい。

(10)　2017年2月17日〜2月23日の7日間，全国の20〜69歳の女性に対し，インターネットリサーチで実施。有効サンプル1000名（調査協力会社：ネットエイジア株式会社）。

(11)　2017年7月1〜31日筆者独自に実施。京都の私立大学在学生1〜4年次生男女を対象。有効回答数125。

(12)　株式会社ディスコ　キャリタスリサーチ2017年2月23〜27日実施。就職活動モニター2017年3月卒業のうち，卒業までに就職が決まった350人の女子学生対象。http://www.disc.co.jp/column/?p=4928　2017年7月16日アクセス。

(13)　『京都新聞』2017年8月18日付。「京都ウィメンズベースアカデミー」は2017年8月17日開設。2017年度は新たな人事評価制度と在宅勤務，パート社員の戦力化のテーマごとに，3〜5社の女性社員で構成される検討チームを設置し，行政や企業への提言をまとめる。

(14)　「多様性を活かすニッポンのダイバーシティ経営」『東洋経済オンライン』　http://www.toyokeizai.net/ad/award/diversity/　2017年7月10日アクセス。

引用参考文献

岩上真珠編（2015）『国際比較・若者のキャリア——日本・韓国・イタリア・カナダの雇用・ジェンダー・政策』新曜社。

池冨仁・臼井真粧美・柳澤里佳・片田江康男（ダイヤモンド・オンライン編集部）「国内市場5.7兆

円　『LGBT（レズビアン／ゲイ／バイ・セクシャル／トランスジェンダー）市場』を攻略せよ！（1）〜LGBTの"夜明け前"」（2013.5.13）『週刊ダイヤモンド』https://cakes.mu/posts/1679　2017年8月21日アクセス。

株式会社ディスコ　キャリタスリサーチ（2017）「女子学生の就職活動に関するアンケート調査（2017年4月発行）」http://www.disc.co.jp/column/?p=4928　2017年8月20日アクセス。

経済産業省通商政策局アジア太平洋地域協力推進室（2016）『Good Practices on Gender Diversity in Corporate Leadership for Growth（日本語版）』APEC Secretariat　http://www.meti.go.jp/committee/kenkyukai/sansei/diversity/pdf/007_s01_00.pdf　2017年8月20日アクセス。

ソニー生命保険株式会社（2017）「女性の活躍に関する意識調査2017」http://www.sonylife.co.jp/company/news/29/nr_170418.html　2017年7月20日アクセス。

競争戦略としてのダイバーシティ経営（ダイバーシティ2.0）の在り方に関する検討会（2017）『ダイバーシティ2.0検討会報告書〜競争戦略としてのダイバーシティの実践に向けて〜』経済産業省　http://www.meti.go.jp/report/whitepaper/data/pdf/20170323001_1.pdf　2017年7月20日アクセス。

中村艶子（1994）「アメリカの女性の職場進出──女性管理職数増加の背景と要因」『同志社アメリカ研究』第31号，69-77頁。

中村艶子（2016）「アメリカ──キャリア推進国の実情」渡辺峻・守屋貴司編『活躍する女性管理職の国際比較』ミネルヴァ書房。

中村艶子（2017）「グローバル時代におけるソフトウェアエンジニアの働き方──生産性向上のための諸要因」『ハリス理化学年報』第58巻第1号。

日本経営者団体連盟ダイバーシティ・ワーク・ルール研究会（2002）『原点回帰──ダイバーシティ・マネジメントの方向性』日本経営者団体連盟。

日本経済団体連合会（2017）「ダイバーシティ・インクルージョン社会の実現に向けて」http://www.jtb.co.jp/chiikikoryu/koryubunkasho/obo/taiken.asp　2017年8月22日アクセス。

坂東眞理子（2016）『女性リーダー4.0　新時代のキャリア術』毎日新聞出版。

日興ファイナンシャル・インテリジェンス『平成26年度産業経済研究委託事業（企業における女性の活用及び活躍促進の状況に関する調査）報告書』平成27年3月。

平澤克彦・中村艶子編著（2017）『ワーク・ライフ・バランスと経営学』ミネルヴァ書房。

http://www.meti.go.jp/policy/economy/jinzai/diversity/research/26fy_nfi_full.pdf　2017年6月22日アクセス。

宮本薫（2017）「LGBTの基本的知識と職場に望まれる対応──無配慮のハラスメントを防ぐために」損保ジャパン日本興亜RMレポート156　http://www.sjnk-rm.co.jp/publications/pdf/r156.pdf　2017年8月22日アクセス。

http://www.meti.go.jp/report/whitepaper/data/pdf/20170323001_1.pdf　2017年6月22日アクセス。

http://www.meti.go.jp/committee/kenkyukai/sansei/diversity/pdf/001_07_00.pdf　2017年6月22日アクセス。

日本経営者団体連盟ダイバーシティ・ワーク・ルール研究会（2002）『原点回帰──ダイバーシティ・マネジメントの方向性』日本経営者団体連盟　http://www.mext.go.jp/b_menu/shingi/chousa/shougai/008/toushin/030301/02.htm　2017年6月11日アクセス。

http://www.catalyst.org/knowledge/women-workforce-united-states#footnote24_7rh00pk

http://ecampus.nmit.ac.nz/moodle/file.php/4599/Diversity/Francoeur%20et%20al%20-%20Gender%20Diversity%20in%20Governance%20%20Financial%20Performance, %202006.pdf

Gerstner, L. V. Jr. (2002) *Who says elephants can't dance？: Inside IBM's historic turnaround*, HarperBusiness.

Hakim, C. (2000) "Introduction: A social science theory for the 21st century," In C. Hakim, *Work-lifestyle choices in the 21st Century: Preference theory*, Oxford University Press, p. 7.

Hewlett, S. A, Marshall, M. and Sherbin, L. (2013) "How Diversity Can Drive Innovation," Harvard Business Review December 2013. https://hbr.org/2013/12/how-diversity-can-drive-innovation　2017年8月23日アクセス。

Hillman, A., Cannella, J. and Paetzold, R. (2000) "The Resource Dependence Role of Corporate Directors: Strategic Adaption of Board Composition in Response to Environmental Change," *Journal of Management Studies*, No. 37, pp. 235-255.

Jewson, N. and Mason, D. (1986) "The theory of equal opportunity policies: Liberal and radical approaches," *Sociological Review*, Vol. 34, No. 2, pp. 307-334.

Kanter, R. M. (1977) *Men and Women of the Corporation*, Basic Books.

Pfeffer, J. and Salancik, G. (1978) *The external control of organizations: A resource dependence perspective*, Harper & Row.

Williams, C. L. (1992) "The glass escalator: Hidden advantages for men in the "female" professions," *Social Problems*, No. 39, pp. 253-267.

Zimmer, L. (1988) "Tokenism and Women in the Workplace: The Limits of Gender-Neutral Theory," *Social Problems*, No. 35, pp. 64-77.

⎡推薦図書⎤

ホーン川嶋瑤子（2018）『アメリカの社会変革――人種・移民・ジェンダー・LGBT』筑摩書房。

　　アメリカの社会変革の原動力として，人種，移民，女性，LGBT の平等化運動に焦点を当て，政治，経済，社会，文化の歴史的変化を詳細かつ的確にみた書。

前川孝雄・猪俣直紀・大手正志・田岡英明（2015）『この1冊でポイントがわかる　ダイバーシティの教科書』総合法令出版。

　　様々な企業の取り組みを紹介し，ダイバーシティを進める企業に様々な示唆を与えるダイバーシティの入門書。特に企業の経営者，人事担当者，現場のリーダー向け。

山極清子（2016）『女性活躍の推進――資生堂が実践するダイバーシティ経営と働き方改革』経団連出版。

　　2016年3月までのプロセス・イノベーションの軌跡を具体的に述べ，女性管理職登用に必要な施策，行動計画策定，組織成果を上げられる推進体制などについて詳述されている。

　　　　　　　　　　　　　　　　　　　　　　　　　　　　　　　（中村艶子）

第Ⅱ部

働かせ方を展望する

第Ⅱ部では，雇用管理，賃金管理，人事考課，労働時間管理，キャリア開発，従業員支援といったわが国における個別具体的な人的資源管理の有り様が，最新の動向を踏まえつつ描かれている。すなわち，従来の日本型雇用慣行（これは，時として終身雇用ともいわれた長期雇用，属人的な賃金，曖昧な能力主義管理と結果としての年功主義，過酷な長時間労働，会社主導の教育訓練とキャリア展開，男性社員を前提とした職場環境等々を特徴としていた）が，バブル経済崩壊，経済・企業活動・企業間競争のグローバル化進展，情報通信技術（Information Technology）の発展・普及，日本における少子高齢化の急速な展開といった外部環境の激変を受けて「変容」しつつあることが明らかにされる。そして，従業員の多様性尊重，業績や発揮能力へのフォーカス，WLB 重視，従業員の主体的なキャリア形成支援，女性活躍推進を包含したこの「変容」は，基本的に本書が提唱する「従業員への価値創発的提案」（EVP）と親和性を有しているという点で評価に値するだろう。なぜなら，こうした「変容」は，より多くの従業員ニーズを満たし，人的資源管理の納得性を高め，従業員定着を促しうるものだからである。

しかしながら他方において，わが国では以上のような「変容」や EVP とは相容れない慣行が一部根強く残っており，そしてまた相容れない「改革」も新たに実現されている。前者についていえば，新規学卒一括採用中心の採用，賃金管理や人事考課における属人的要素へのこだわり，男性を中心とした長時間労働蔓延，正規—非正規間の様々な格差や双方向移動の困難さ等々を挙げられよう。後者についていえば，最近法制化された「働き方改革関連法案」の成立である。両者はいずれも，従業員や働き方の多様化あるいは WLB 実現を阻害する側面を有しており，EVP とも矛盾を来しうる。したがって，わが国において，EVP の萌芽を目にすることはできるが，その普及・定着はなお道半ばといわねばならないのである。

第6章

雇用管理の機能とその変容

　日本型雇用管理は，いわゆる終身雇用を軸にして，社会環境や時代背景と密接に関連しながら，一定の合理性をもつものとして展開されてきた。しかし今日，その姿は大きく変貌しつつある。本章では，日本型雇用管理の特質と変容を整理した上で，現在直面している課題を3点あげることによって，今後の雇用管理の方向性を示唆していく。

1　雇用管理の意義と本質

［1］　雇用管理のねらいと方向性

　雇用管理とは，企業経営にとって最も重要なヒトという経営資源の入り口から出口まで，すなわち採用から配置・退職までの一連の流れを管理するものである。また，調達した人的資源の能力を向上させ，その有効性を高めるために，必要に応じて教育訓練や能力開発が施される。広義の雇用管理には，このプロセスが含まれる。総じて，経営活動に必要な量・質の労働力を安定的に調達・確保するとともに，その資源としての価値を高めることによって，企業全体のパフォーマンス向上につなげようとするのが雇用管理の目的なのである。

　雇用管理の各局面についてもう少し詳しくみていこう。

(1) 採用管理

　採用管理の基本は，必要とされる労働力の質・量両面での調達・確保である。具体的には，離退職によって生じた空きポストの補充や，重点分野の人材調達，将来の中核的人材養成を見据えた新規人材の安定的確保等がこれに当たる。そしてその際，以下のような点が大きな課題となる。

　・短期的視点を重視するのか，それとも中長期的視点に立つのか

　　・外部労働市場と内部労働市場のどちらからの調達に主眼を置くのか

　　・どのような雇用形態をとるのか（正規雇用か，非正規雇用か，あるいはアウ
　　　トソーシングを活用するのか）

　たとえば，財務状況が厳しいときに人件費削減を意図して採用抑制やアウト
ソーシングの活用を無限定に行ったならば，長期的には，企業内の年齢構成に
著しいアンバランスが生じるだけでなく，人材育成の面でも大きな不都合が生
じる。また，内部労働市場の活用，すなわち現に雇用関係にある人材を空きポ
ストに積極的に充当していくことは，彼らのモチベーション向上に重要な意味
をもつが，他方で，戦略適合的な人材を即時的効率的に確保するとともに，絶
えずイノベーションが行われるような経営風土をつくっていくには，一定の
「新しい血」を入れていくことも重要である。さらに，即戦力となるかどうか
の判断が難しい新卒人材をどの程度確保していくのかは，かなり長期的な視点
からの判断が必要となる。つまり，これらのバランスをいかに保っていくのか
が採用管理の要点となるのである。

　なお，外部労働市場においては，雇用する側とされる側に著しい情報非対称
性がある。また，生活の糧を求めて求職する者にとって，自分を雇ってくれる
企業との雇用関係は，対等な契約関係にはなりえない。他方で，彼らは「雇わ
れた身」になっても人格や感情までをも企業に売り渡したわけではないため，
他の経営資源とは異なり，採用管理のあり方次第によっては，求める人材と求
められる人材のミスマッチや予期せぬ早期離職等が生じることにも留意しなく
てはならない。

(2) 配置管理

　配置管理（異動管理を含む）とは，ヒトと職務を適切に結びつけることであ
り，その基本原則は「適材適所」である。すなわち，職務が要求する「職務遂
行能力」と，そこに配置される人材の実際の能力の合致度が高いほど，望まし
い結果が期待される。そして，そのために必要なのは企業内のすべての職務に
ついての職務明細書および職務記述書である。一人ひとりの職務内容が明確に
規定されている場合，このようにして職務内容とそこに配置される人材のマッ
チングが行われる。

　　ただし，実際にはこのような基準のみ
によって配置管理が行われるわけではな
い。いわゆるゼネラリスト型人材を育成
しようとする場合，様々な職種・職務を
経験させ，「仕事の幅を広げる」ことそ
のものが，重要な機能を担う。また，異
動が昇進・昇格を伴う場合，当該ポスト
への適性よりも，それまでの業績評価が
主な判断基準とされることも珍しくない
だろう。すなわち，職務そのものの分析
や評価よりも，ヒトの過去および現在の

図6-1　典型的な雇用調整のパターン

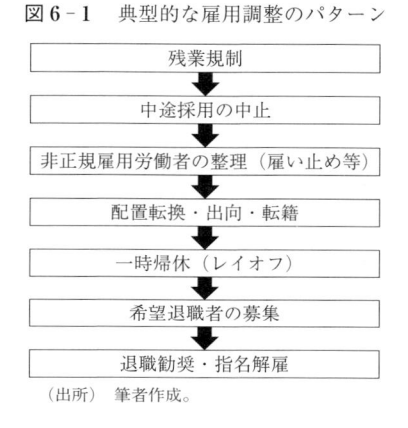

| 残業規制 |
| 中途採用の中止 |
| 非正規雇用労働者の整理（雇い止め等） |
| 配置転換・出向・転籍 |
| 一時帰休（レイオフ） |
| 希望退職者の募集 |
| 退職勧奨・指名解雇 |

（出所）　筆者作成。

評価や将来への期待度に応じて配置管理が行われるというパターンが存在する
のである。

(3) 離退職管理

　適正な質・量の労働力を維持するために離退職管理が必要となる。つまり，
それは採用管理と対をなすものと考えてよい。たとえば日本のように定期的な
新卒一括採用を主軸にした採用管理が行われる場合，並行して一定数の退職者
が出なければ，従業員数は無駄に増えてしまうことになりかねない。そのため，
定年制という制度が極めて合理的な意味をもつ。ただし，これは年齢差別とも
いえる制度であり，アメリカなどのように法律で禁じられている国もある。ま
た，定年年齢については，当該国の公的年金支給開始年齢やその他の社会保障
制度と深い関わりをもっており，必ずしも個別企業の思惑のみで決定されてい
るわけではない。

　定年制がある場合，毎年一定数の従業員の減（自然減）が見込まれるため，
採用計画も比較的立てやすくなるが，そうでない場合は，雇用調整や解雇とい
った，より積極的な退職管理がクローズアップされる。また，経済的事由や担
当していた職務がなくなることによる解雇（いわゆる整理解雇）は，定年制の
有無にかかわらず，企業の財務状況が逼迫しているときに実施される。ただし，
図6-1にみられるように，一般的には正規雇用労働者の退職勧奨や整理解雇

は，雇用調整の最終手段として位置づけられる。

［2］　日本型雇用管理とその変容

　以上みてきたように，雇用管理の各局面は相互に密接に関連し合っている。多くの日本企業の場合，それは概ね以下のような特徴をもつとされている。

①　採用面では，新卒者一括採用を基本とし，中途採用はあくまでこれを補完するものとなっている。

②　新卒採用者は企業にとって即戦力としての期待はできないため，長期的視点からの企業内教育訓練・能力開発によって，人的資源としての有用性を高めることが重視される。

③　配置管理は，個々のポストにおける厳密な職務分析等を基にするのではなく，教育訓練・能力開発の結果やそれまでの業績・経験を総合的に判断して柔軟に行われる。その際に重視されるのは，職務遂行能力（顕在的能力だけでなく潜在的能力を含む）である。

④　日本企業ではたびたび人事異動が行われるが，これも，様々な職場を経験させることによって，人材を「育てる」という意味をもつ。

⑤　正規雇用労働者については一般に「期間の定めのない雇用」契約によって，定年年齢までの雇用を保障する。それによって，彼らの企業への帰属意識を高めることができる。

⑥　他方で，非正規雇用労働者については，その多くが有期雇用であり，長期の雇用保障はされない。つまり，景気変動やその他の繁閑があっても正規雇用労働者の雇用保障を維持するための，バッファとして彼らが利用されることになる。

　日本企業においてこのような方針のもとで雇用管理が行われてきたのには，主として2つの要因が考えられる。そのひとつは，**図6−2**が示すように，職務遂行そのものが個人単位ではなく，職場単位あるいはチーム単位で行われる傾向が強いことである。

　「日本型」のアミかけ部分が，柔軟な職務分担が行われる領域を示している。つまり，日本型の柔構造組織では，個人の職務範囲は厳密に規定されるわけで

図6‑2 日本型組織と外国型組織の職務遂行のイメージ

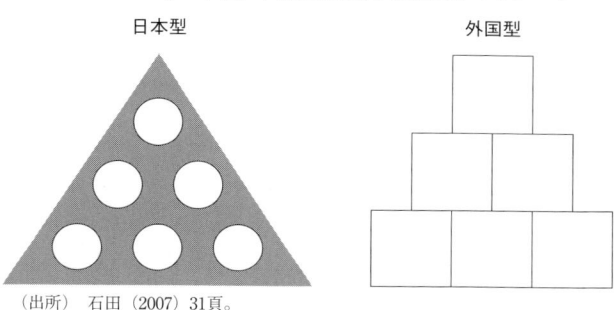

（出所） 石田（2007）31頁。

はなく，必要に応じて適宜職務分担が行われる。このため，配置管理を行うに
当たって，職務分析を基にすること自体，そもそも無理があるのであり，むし
ろ，職場の中での協調性やコミュニケーション能力といった点が重視される。
こうした点を捉えて，外国型雇用が「ジョブ型雇用」であるのに対して日本型
雇用は「メンバーシップ型雇用」であるとの整理も行われている（濱口,
2009）[1]。

　第二に，こうした雇用管理方針が確立された高度経済成長期における人材ニ
ーズとの関連である。1960年代を中心とするこの時代は，多くの企業で事業拡
大，海外進出等が期待された時代であり，これに対応できるゼネラリスト型人
材の育成・活用が必要とされていた。このような人材を外部労働市場から確保
することは困難であるため，必然的に企業内部で長期的な計画に基づく人材育
成が行われることとなった。それは組織文化を浸透させ，従業員の帰属意識を
高めることにもつながったため，長時間労働を伴う「無限定な働かせ方」を定
着させる要因ともなった。そしてそれが，企業発展を支える大きな力となった
のである。また，この時代は稼ぎ主＝男性という家族構造が主流であり，非正
規雇用であるパートタイム労働は女性や学生等，家計を補助する立場の人間が
担うことがほとんどであったため，その雇用の不安定性が大きな社会問題とさ
れることはあまりなかった。

　このように，日本企業の雇用管理は，「働かせ方」の構造，時代背景と合わ
せて考えると，一定の合理性をもつものとして展開されていたことがみてとれ

る。

　こうした雇用管理にはっきりした変化が表れはじめたのは1990年代中盤以降である。バブル経済の崩壊という大きな経済環境の変化を受けた各企業は，コスト削減圧力と経営スピード・付加価値の重視を強く意識するようになる。[2]コスト削減は，正規雇用の抑制と非正規雇用の拡大という形で現れ，スピードと付加価値の重視は，事業における「選択と集中」の徹底と大胆な組織再編，そしてそれに伴う「余剰人材」の整理の強化を進行させた。その結果，たとえ正規雇用であっても雇用保障は絶対のものではなくなり，他方で，ひとつの職場に様々な雇用形態・就業形態・労働意識の従業員が混在するという現象を生むこととなった。

　それまでの日本型雇用管理は，毎年一定程度の新卒者一括採用を行うというやや硬直的な採用管理を出発点としながらも，図6-2に示した「日本型」における「柔軟な働かせ方」を徹底することによって，組織全体の柔軟性を確保してきた。しかし，1990年代以降は，雇用の入り口と出口である採用管理と離退職管理においても柔軟性を推し進めることによって，経済環境や社会環境の激変に耐えうる構造を手に入れようとしはじめた，ということができよう。

2　雇用管理と教育訓練・能力開発

　雇用管理の各局面と教育訓練・能力開発は密接に関連している。しかし，教育訓練等の果実としての個人の職務遂行能力の伸長が生産性向上や競争力強化につながらなければ，企業にとってこうした活動に注力する意味はない。より具体的にいうならば，外部労働市場からの即戦力としての人材調達に重点を置いている場合や，従業員の平均勤続年数が比較的短い場合は，企業としてこれに積極的に投資することはない。しかし日本型雇用管理の場合，これまで述べてきたように，正規雇用労働者に関しては，「採用してから育てる」「比較的長期的な勤続が見込まれる」ことから，自前で人材を育てようとする姿勢が顕著になる。

　図6-3は中央職業能力開発協会（厚生労働省所管の特別民間法人）が示した

図6-3　企業内教育訓練・能力開発体系のモデル

区分	1．階層別教育	職 能 別 教 育		4．自己啓発
		2．総務・営業	3．技術・技能	
新入社員教育	1—1 ・新入社員基礎研修 ・会社の方針，諸規則，ビジネスマナー，接客応対技術等を理解する OJT，OFF-JT	2—1 ・総務・営業の基礎研修 日常業務の流れ 個別業務処理の理解 OJT，OFF-JT	3—1 ・技術・技能の基礎研修 入職時　安全教育，日常業務の流れ，個別業務処理の理解 現場実習 ・安衛法に基づく講習等（OFF-JT） 　・小型移動式・移動式クレーン，クレーン運転講習 　・玉掛技能講習，高所作業車運転講習 　・フォークリフト運転技能講習など	4—1 ○TV＆インターネット活用講習 ○ビジネス・キャリア検定試験 ○通信教育受講（ビジネス法務等）
一般・中堅社員	1—2 ・一般・中堅社員研修 （一般中堅社員としての役割を理解する） ・コミュニケーションスキル基礎，傾聴技法基礎，コーチング基礎レベル OJT，OFF-JT	2—2 ・総務・営業の専門研修 ・総務・営業についての専門知識の向上 ○総務 ○人事・労務 ○経理・財務 ○営業・営業技術 ・労働・社会保険管理実務 ・IT機器の管理実務など ・マネジメント，リスク・マネジメント OJT，OFF-JT	・新入社員，一般社員の専門知識，技術・技能講習・資格取得講習受講（OFF-JT） 施行技能，施行技術 2級建築施工管理技士，2級土木施工管理技士 1級建築施工管理技士，1級土木施工管理技士 技能検定など 積算・施工計画書の作成	4—2 社外の研究会参加
管理・監督者	1—3 ・管理監督者研修 （管理・監督者としての役割を理解る） ・コミュニケーションスキル応用，傾聴技法応用，コーチング応用レベル ・経営管理者養成，リーダーシップ強化 OJT，OFF-JT		3—2 ・専門知識，技術・技能向上のための研修（OFF-JT） （管理，監督者の講習） ○マネジメント，リスク・マネジメント	
経営者	1—4 ・経営者研修，雇用・人事労務管理研修 経営戦略，経営力強化 ・マネジメント，リスク・マネジメント OFF-JT			

（出所）　中央職業能力開発協会ホームページ　http://www.noukai.com/pdf/kaihatukeikakurei3-p.pdf　2018年3月28日アクセス。

企業内教育訓練体系モデルのひとつであるが，ここに示されているように，実際に職務を遂行しながら能力開発を図っていく OJT（On the Job Training），職場を離れた研修を通じ能力開発を図っていく OFF-JT（Off the Job Training），そして従業員の自発的な学びを援助する自己啓発の3種の手法を柱に，体系的・段階的に訓練を行うことによって，ゼネラリストとしての資質を身につけさせるのがその一般的な姿である。そしてその中でも特に重視されるのが OJT である。

　実際に職務遂行を通じて，上司や先輩から実践的な訓練を受ける OJT は，現場での対応力を吸収し，自らの職務遂行能力を向上させる，という直接的な目的のみならず，組織文化の浸透と受容（組織一体化），それをベースにした「かなりの程度無限定に仕事を任せられる」風潮の流布，プライベートな面も含めての「会社人間」醸成にも役立ってきた。つまり，メンバーシップ型雇用を支えてきたのが OJT なのである。

　ところが，人件費削減圧力が強くなり，正規雇用労働者の雇用保障が万全でなくなった1990年代後半以降，「エンプロイヤビリティ」（雇用されうる能力）強化の名のもとに，これまでのように企業が主体となった教育訓練から「従業員自律・企業支援型」への転換を促す風潮が強くなった（日本経営者団体連盟，1999）。それは，端的にいえば，企業側の経済的・時間的負担を軽くするとともに，労働者が企業内外で発揮できる能力を主体的に身につけさせることによって，労働市場の流動化を促すことを目的としていた。ただし，各種調査等をみると，その後，企業主導型能力開発からの顕著な変化はみられない[3]。これは，職場単位・チーム単位での職務遂行が重視される日本企業では，どの企業でも通用する「一般的能力」よりも当該企業での職務遂行パターンに合致する「企業特殊能力」への信望が厚いこと，そして，将来の中核的人材としての正規雇用労働者への期待が依然として強いことに起因しているものと考えられる。

3　雇用管理の新展開と課題

1　「入り口」と「出口」の多様化

　日本企業における非正規雇用比率は，1994年には20.3％であったのが，2017年には37.3％にまで急上昇している（総務省「労働力調査」による）。また，非正規雇用の中でも，パートやアルバイト等だけではなく，契約社員，派遣労働，請負労働等様々な雇用形態がとられるようになってきているのが近年の特徴である。そして，非正規雇用のほとんどは雇用期間があらかじめ定められているため，当然ながら，終身雇用の枠組みには入らない。また，たとえ正規雇用であっても，選択定年制，早期退職優遇制，出向・転籍等によって本来の定年年齢に達する前に勤務先企業から離職する労働者の数は年々多くなっている。さらに，図6‐1で示したように，従来は人員削減の最終手段として位置づけられていた解雇という手段についても，労働市場流動化促進の観点から，万が一これをめぐって紛争が懸念された場合でも，金銭によって解決する仕組みをつくろうとする動きが活発化している。すなわち，入り口と出口の一体的体系的運用をひとつの課題とする雇用管理は，その両方が多様化することによって，大きな岐路に立たされている。数的にも企業内の役割についても中核的な存在である正規雇用労働者について，入り口（新卒者の定期一括採用）と出口（定年制）を合わせて管理し，長期にわたる企業内教育訓練・能力開発を実施することによってなしえてきた「会社人間」の醸成，すなわち彼らの「同質化」を軸にして行われてきた雇用管理からの脱却を迫られるようになっているのである。

　このように様々なタイプの労働者を活用しようとする場合，企業側に求められるのは，第一に，それらの「使い分け」と「組み合わせ」（ポートフォリオ），そして第二に，それぞれの雇用形態に適合的な賃金・処遇体系の整備である。このうち「使い分け」についてはすでに種々のモデルが提示されている。しかし実際には，非正規雇用労働者に，正規雇用労働者とほぼ同じ内容の職務を遂行させるなど，「非正規雇用の基幹化」が進行しており，その使い分けルールが確立されているとは言い難い。また，厚生労働省調査によると，非正規雇用

95

を活用する理由として38.8％もの企業が「賃金節約のため」をあげていることから，もっぱらコスト節約の観点からこれを推し進めている企業が多いことがわかる。[7]

　以上のように，雇用形態の多様化が進行しているにもかかわらず，そこで行われている雇用管理は，従来の日本型雇用管理がめざしていた方向性を色濃く残しており，非正規雇用労働者の特性を十分に活かした管理方策が整備されているとはいえない。このため，経営戦略への適合性も十分に発揮されず，また，労働者の人的側面への配慮も欠くという，新たな矛盾を抱える結果となっているのである。

［2］　ダイバーシティマネジメントと雇用管理

　伝統的に経営学では，協働システムである組織を機能させるには，価値観の共有が必要であると認識されてきた。そのため，様々なタイプの労働者が存在することは，効率的経営にとって阻害要因となるとの見方も少なくなかった。しかし，人種・性別・年齢等が多様な人材の受容を前提とし，これを活用していくことを企業の競争優位に結びつけようとする動きが1990年代後半頃からみられるようになった。これがダイバーシティマネジメントである。たとえば，日経連は2000年にダイバーシティ・ワーク・ルール研究会を発足させ，その報告書（日本経営者団体連盟ダイバーシティ・ワーク・ルール研究会，2002）の中でこれを「従来の企業内や社会におけるスタンダードにとらわれず，多様な属性（性別，年齢，国籍など）や価値・発想を取り入れることでビジネス環境の変化に迅速かつ柔軟に対応し，企業の成長と個人のしあわせにつなげようとする戦略」（5頁）と定義している。

　その後，政財界から各種の報告・提言がとりまとめられているが，近年のものとしては，経済産業省（2017）が「多様な属性の違いを活かし，個々の人材の能力を最大限引き出すことにより，付加価値を生み出し続ける企業を目指して，全社的かつ継続的に進めていく経営上の取組」というように，より長期的な視点に踏み込んで定義づけるとともに，その推進のためには①中長期的・継続的な実施と，経営陣によるコミットメント，②組織経営上の様々な取り組み

と連動した「全社的」な実行と「体制」の整備，③企業の経営改革を促す外部ステークホルダーとの関わり（対話・開示等），④女性活躍の推進とともに，国籍・年齢・キャリア等の様々な多様性の確保が必要との認識を示している。また，その効果としては，①グローバルな人材獲得力の強化，②リスク管理能力の向上，③取締役会の監督機能の向上，④イノベーション創出の促進をあげている。[(8)]

　今後の少子高齢化・人口減少社会を見据えたとき，多様な人材の受け入れと活用は企業にとって必須となるだろう。しかし，ダイバーシティの推進は，組織成員間の知識・スキル・能力におけるばらつき，組織への忠誠心や仕事への志向の強弱など心的態度や価値観の隔たり等を生じさせるリスクを内包する。そこで必要とされるのが，多様な個性を受容した上で，それを包含する姿勢，すなわちダイバーシティ＆インクルージョン（Diversity & Inclusion：以下D&I）という概念である。[(9)] 企業が革新的で柔軟な組織になるには，組織が多様な背景をもつ人材によって構成されるとともに，その個性や能力が融合し，最大限発揮される文化が浸透しなければならない。それには，明確な意志をもつ経営幹部や管理者が自ら働きかけ，企業文化全体にD&Iの思想を普及させる必要がある。こうしたリーダーシップの育成なくしては，長期的な競争優位性を高めることはできないのである。D&Iを基軸に据える人的資源管理とは，企業組織内に存在する「異質性」を成果へと結びつけるという，これまで多くの日本企業が持ち合わせてこなかった組織能力[(10)]を高める管理方策なのである。しかし，そのような実践が十分に行われていないことは，前項で指摘した「同質化」を前提とした管理方針が根強く残っていることからもうかがい知れるだろう。

［3］　個人請負契約という働き方

　近年では，就業意識やライフスタイルの多様化に伴い，個人で企業と請負契約や業務委託契約を結ぶ者が注目されている。こうした人々は「フリーランス」「インディペンデント・コントラクター」等と称される。しかし，その中には，単一の企業とほぼ専属的な契約関係を結び，主な収入源をその相手方に依存している者も数多く，こうした者は，企業からの独立性に乏しい点を捉え

て「ディペンデント・コントラクター」「雇用的自営」「経済的従属ワーカー」等とも呼ばれている。その数は約110万人に達しているという資料もあるが[11]，公的な統計は現在のところほとんど存在しない。

　では，なぜ彼らの存在が注目されるのか。それは彼らを労働者とみなすのか，それとも自営業者とみなすのかについて，法律上の規定・区分があいまいであ[12]るためにその保護が十分ではないこと，雇用を伴わない契約であるならば，企業側には安全衛生等の管理や社会保障費負担が生じないため，安易な利用が助長される危険性が極めて高いことが問題視されるからである。企業側との交渉力が極めて弱く，またそのパイプすら持ち合わせていない彼らは，脆弱で不安定な立場に置かれたまま業務を遂行することになり，事故等を含めたあらゆる結果責任が彼ら自身に負わせられてしまいかねない。しかも，彼らがそのことを十分に認識しているのか，言い換えれば，利用企業側が十分な説明を行っているのかについても疑問視される[13]。結局それは，雇用契約にまつわる種々の負担や責任を軽減しようとする企業側の思惑をいっそう助長するものであり，雇用管理という機能そのものの放棄につながりかねないのである。

　この問題は，彼らの「労働者性」の有無を議論するだけで解決されるものではない。働く者の社会的権利とその保護を確立していくために，雇用形態や就業形態間の移動・変更があっても，職業人としてのステータスが守られ，それなりの社会的地位が継続的に保護されるようにするための枠組みの必要性を示唆しているのである。

4　現代における雇用管理の意義

　前節で紹介した動向を整理するならば，現代の日本型雇用管理に起きている変貌は以下の2点に集約される。

① 　企業内で働く人材の多様化に伴う，「異質な人材の受容と包摂」を前提とする管理方策への転換。

② 　他方で，間接雇用や個人請負労働利用の拡大による，「雇用や管理の負担軽減」。

　入り口と出口の多様化やダイバーシティ・マネジメントの進展は，企業組織内に多様な人材を受け入れることを必然化する。彼らの仕事や組織に対する意識，求める処遇等にはかなりの相違があると考えられるため，ひとつの基準で管理することは困難となる。すなわち，ひとつの企業に長期間勤続させることによって，組織へのコミットメントを強めさせようとする管理方策は必ずしも有効ではなくなる。雇用管理の変貌が人的資源管理全般のあり方に大きな影響を及ぼすと考えられる所以である。

　経営戦略適合的な人材の調達・確保を念頭に置くならば，これからの雇用管理には，従来以上の柔軟性・革新性が要求されるのであり，そのためには①は必然的な方向といえる。しかし，ヒトという経営資源の特質・多様性に配慮しながらこれを実現するには，人的資源管理が相当複雑化していく。そのため，少しでもこれを簡略化・省力化するために，②の方向性が模索されているのかもしれない。

　しかし，特定の企業で働く人間にとって，その現場での仕事は単なる収入獲得手段ではない。時間的にも，そして精神的な意味においても，それは生活の最も重要な部分を占めるのであり，同時に，その後のキャリア形成にも大きな影響をもたらす。したがって，他の経営資源に対する扱いと同様の発想でヒトに対する管理を安直に簡略化することが大きな問題をはらむことは明らかであろう。安定的に仕事を行わせるための基盤をなすものとして，ヒトとしての側面への配慮も含めて行われるのが雇用管理という機能である。現代企業がその原点を忘れたならば，真に有用な人材の確保・育成は困難をきわめることになるだろう。

注
(1)　メンバーシップ型雇用とは，担当する職務内容，働く場所，労働時間を明確にすることなく，当該組織の正規メンバーとなる権利のみを確約し契約を結ぶ雇用慣行を指す。
(2)　こうした傾向に多大な影響を与えたのが，日経連（当時）による以下の報告書である。
　　　ここでは，企業が活用する人材を「長期蓄積能力活用型グループ」「高度専門能力活用型グループ」「雇用柔軟型グループ」に分類し，これらを効果的に組み合わせる「雇用ポートフォリオ」の必要性が提唱されている。日本経営者団体連盟（1995）。
(3)　たとえば，厚生労働省「能力開発基本調査」（各年度版）を参照されたい。

(4) いわゆる正規雇用（正社員）の他，パート労働者やアルバイト，契約社員など，雇用している企業と実際に労働者を働かせている企業が同一の場合を直接雇用，派遣労働や請負労働など，雇用主と労働力利用企業が異なっている場合を間接雇用と呼んで区別するが，近年では，利用する企業にとって採用コストが大幅に軽減される間接雇用が大きな注目を浴びている。

(5) たとえば，2015年には，政府の規制改革会議や日本再興戦略において，これが喫緊の課題としてあげられ，これを受けて厚生労働省内に「透明かつ公正な労働紛争解決システム等の在り方に関する検討会」が設置され，その準備が進められている。

(6) 詳細は，澤田他（2016）第4章を参照されたい。

(7) 厚生労働省（2014）「平成26年就業形態の多様化に関する総合実態調査」。ただし，この数値は4年前の同調査より約5％減少している。これは政府の「働き方改革」の中で「同一労働同一賃金」が政策課題となっていることから，こうした理由をあからさまにあげることへのためらいが生じていることと関係しているのかもしれない。

(8) 経済産業省（2017）「ダイバーシティ2.0行動ガイドライン」3頁。

(9) D&Iが注目されているのは，企業経営の現場だけではない。教育や保育の現場でも，多様な立場の子どもたちが同じ場で共に学ぶことをめざす取り組みが大きな注目を集めている。たとえば，大阪市にある聖愛園という保育園では，約40年前からインクルーシブ保育に取り組んでいる。年齢や能力，体力が異なる子どもたちをグルーピングし，それぞれ特定の課題に取り組ませることにより，自分で考える力を身につけさせると同時に，相手を尊重する力を育成する保育を実践している。また，それを適切にリードし，マネジメントしていく保育士の養成にも注力している。

(10) 庭本（2014）によれば，組織能力とは「経営目的達成に向けた経営機能を遂行する組織（＝協働）の力量であり，それを生成し変革する調整力」である。

(11) 山田（2015）。また，労働政策研究・研修機構（2007）ではその数を約125万人と試算している。

(12) 労働法の分野では，これを「労働者性をめぐる問題」と称している。たとえば脇田（2011）を参照のこと。

(13) 厚生労働省（2010）「個人請負型就業者に関する研究会報告書」では，現に生じている問題点を，①労働者性をめぐるトラブル，②求人に関するトラブル，③契約履行に関するトラブルという3点に分けて整理している。

引用参考文献

石田英夫（2007）「日本型経営に関する覚え書き——人的資源からの考察」『東北公益文科大学総合研究論集』第13号，27-40頁。

澤田幹・谷本啓・橋場俊展・山本大造（2016）『ヒト・仕事・職場のマネジメント——人的資源管理の理論と展開』ミネルヴァ書房。

日本経営者団体連盟（1995）『新時代の「日本的経営」——挑戦すべき方向とその具体策』。

日本経営者団体連盟（1999）『エンプロイヤビリティの確立を目指して——「従業員自律・企業支援型」の人材育成を』。

日本経営者団体連盟ダイバーシティ・ワーク・ルール研究会（2002）『原点回帰——ダイバーシティ・マネジメントの方向性』。

庭本佳和（2014）「組織能力への学説的考察」『甲南会計研究』第8号，29-70頁。

濱口桂一郎（2009）『新しい労働社会——雇用システムの再構築』岩波書店。

山田久（2015）「働き方の変化と税制・社会保障制度への含意」（2015年9月3日政府税制調査会資料）。

労働政策研究・研修機構（2007）『多様な働き方の実態と課題』（プロジェクト研究シリーズ No. 4）。

脇田滋（2011）「個人請負労働者の保護をめぐる解釈・立法の課題──2006年 ILO 雇用関係勧告を手掛かりに」『龍谷法学』第43巻第 3 号，1024-1061頁。

推薦図書

濱口桂一郎（2009）『新しい労働社会──雇用システムの再構築』岩波書店。

　　メンバーシップ型雇用とジョブ型雇用それぞれの特徴について簡潔にまとめながら，雇用システムの再編について論じている。

澤田幹・谷本啓・橋場俊展・山本大造（2016）『ヒト・仕事・職場のマネジメント──人的資源管理の理論と展開』ミネルヴァ書房。

　　主として日本企業を対象に，人的資源管理の新たな展開について理論・実践の両面から論じている。本章と関連するのは，主に第 4 章および第 5 章。

谷口真美（2005）『ダイバーシティ・マネジメント──多様性を活かす組織』白桃書房。

　　ダイバーシティ・マネジメントの基本的文献。豊富な理論紹介に基づいて，その必要性を論じている。

（澤田　幹）

第7章

賃金管理の大改革

　賃金制度は，働く人々に安心かつ安定した生活を保障するものでなければならない一方で，社会経済状況や働く人々のニーズの変化に応じて対応し続けなければならない面ももっている。そこで，本章では，全従業員の心身の健康を保ちつつ，やりがいをもって働き続けられるような賃金制度はどのようなものかについて考えたい。

1　賃金管理の必要性

　現在の日本では，様々な財やサービスを買うために，基本的に「お金」が必要である。では，私たちはその「お金」をどのように手に入れているのだろうか。実は，現在の日本では，働いている人の8割以上が，会社，団体，官公庁または自営業主や個人家庭に雇われ給料・賃金を得て[1]，必要な財やサービスを購入している。このように考えると，働く理由の中に「働いて生活に必要なお金を稼ぐ」ことが含まれるのは確かである。その上で，たとえば，やりがいや自己成長・自己実現等を念頭に置きながら仕事を選ぶ人が多いことはいうまでもないだろう。一方，企業が利益を上げるという観点からみると，法律順守を前提として，自社で働く人々の生活を支えるだけでなく，従業員の社内での処遇のあり方を明示し，各人が生き生きと仕事に取り組み，企業に貢献してもらえるように促す重要な仕組みのひとつとして，賃金を適切に管理する必要が生じてくる。

　具体的に賃金管理についてみると，大きく「総額賃金管理」と「個別賃金管理」の2つに分けられる。総額賃金管理は，自社の売上や経常利益等の会社の儲けの中から，退職金の積み立てやボーナス支払い等を含めた広義の賃金にい

表7-1　常用労働者1人1カ月平均労働費用

（単位：円）

	産業，企業規模				
	30～99人	100～299人	300～999人	1,000人以上	調査産業計
労働費用総額	350,911	379,210	411,721	477,136	414,428
現金給与額	296,013	313,841	335,680	379,854	337,849
毎月きまって支給する給与	261,991	266,264	274,900	298,484	278,575
賞与・期末手当	34,022	47,577	60,780	81,370	59,274
現金給与以外の労働費用	54,898	65,369	76,041	97,282	76,579
法定福利費	39,939	43,315	44,000	49,130	44,770
法定外福利費	4,587	5,579	7,017	13,042	8,316
現物給与の費用	279	431	661	855	595
退職給付等の費用	8,795	14,469	22,034	31,509	20,813
教育訓練費	691	736	984	1,469	1,038
募集費	404	488	717	581	549
その他の労働費用*	202	351	630	696	497

（注）　＊「その他の労働費用」とは，従業員の転勤に際し企業が負担した費用（旅費，宿泊料等），社内報・作業服の費用（安全服や守衛の制服のように業務遂行上特に必要と認められている制服等を除く），表彰の費用等をいう。

（出所）　平成23年就労条件総合調査。

くら振り分けるか，という原資の管理を指す。一方，個別賃金管理は，原資をどのように個別の従業員に配分するかを管理するものである。上述のような賃金の多面的な役割を鑑みながら，たとえば，自社の賃金水準をどのように設定するか，月給，日給，時間給といった賃金形態の中からどれを選択するか，住宅手当や家族手当等の支給対象や金額をどう設定するか，各人が担当している仕事と賃金とのバランスが取れる賃金体系はどのようなものか[2]，福利厚生費や教育訓練費等を含めた労働費用をいかにつくりあげていくか等，多くの点に心を砕きながら，賃金制度を設計・運用していくことになる。実際に，常用労働者1人1カ月平均労働費用を確認すると，表7-1のような内訳になっている。

　もちろん，適正な賃金制度は企業毎に異なってくるし，同じ企業であっても企業の成長あるいは主な事業内容や従業員構成の変化等に応じて，賃金制度も変化していくものである。とはいえ，大括りにみれば，時代によって，いわゆる「流行り」の賃金制度が存在する。そこで，次節ではこれまでの賃金制度の

トレンドの変化について概観しよう。

2　日本企業における賃金制度の変遷：「年の功」から「年と功」へ

　経済・経営の分野に興味関心がある方であれば，日本的雇用システムの特徴として，「終身雇用慣行」「企業別労働組合」とともに，「年功賃金慣行」があげられることをご存知かもしれない。一般に，年功賃金慣行とは，主として年齢あるいは勤続年数の上昇に伴って定期的に賃金額が上がっていくような賃金制度の総称と捉えられる。

　年功賃金慣行は，(A)ライフサイクルに合わせて変化する生計費を賄うのに適合的である，(B)業務内容の変更を伴う配置転換を妨げないことから，日本企業の多くが正社員に対して採用する長期雇用慣行に依拠した企業内熟練形成プロセスに馴染みのよい賃金体系である，(C)労使関係の安定にも一定程度寄与する，といったいくつもの強みがある。しかし，(a)いわゆる「横並び賃金」が個々の従業員の努力や企業への貢献を反映しづらく，悪平等に陥りがちであり，技術変化による熟練のあり方の変化にも対応しづらい，(b)初任給相場が高騰すると全体の給与水準も引きあがってしまう，(c)中途採用の増加や企業内労働力構成の中高年齢化の進行といった状況変化に対応しづらい，といった弱みを指摘され，第二次世界大戦後から現在に至るまで，幾度も「年功賃金慣行」からの脱却が俎上に上げられてきた。

　とはいえ，たとえば，「賃金構造基本統計調査」の学歴・年齢階級別[3]に男性正社員の平均賃金をプロットすると右肩上がりの賃金カーブを描くことからもうかがえるように，個別企業レベルではともかく，全体平均からみれば「年功賃金慣行」の完全な払拭に至ったとはいいがたい。実際，日本企業のこれまでの賃金制度改革の方向性は，おおまかに，「終身雇用慣行」の前提のもとに実施される働かせ方や人材育成のあり方等を大きく妨げない範囲で，生計費原則を一定程度保ちつつ，いかに「仕事」要素を取り入れていくか，であったと整理できよう。

　そもそも，第二次世界大戦直後に多くの日本企業が採用したのは，電産型賃

金体系と称されるものであった。これは，戦後直後の厳しい窮乏状況の中で結成された労働組合が，企業の一員として働く人々にとってより良い労働条件を獲得しようとした激しい運動の中から生まれたものである[4]。電産型賃金体系は，基本賃金の70%程度が年齢・勤続年数・家族数を基に決定される生活保障型の賃金で[5]，1950年代半ばまでのおよそ10年間に多くの企業に普及した。

だが，1950年代前半頃から，電産型賃金体系の賃金決定において仕事の質・量との関連性が希薄である点を捉えて，見直しの動きが高まってくる。当時，日本の人事・労務管理分野に大きな影響力をもっていた経営者団体である日本経営者団体連盟（日経連）は，企業内に存在する多種多様な職務内容を分析・分類し，それぞれの職務の相対的価値に応じて賃金を支払う職務給の導入を推進した[6]。このような動きを受けて，八幡製鉄，富士製鉄，日本鋼管といった鉄鋼メーカーの賃金体系の一部にも[7]，職務給が取り入れられた。また，十條製紙や松下電器，東芝，三洋電機等でも仕事別賃金が導入された[8]。しかし，職務給は当時の日本企業が採用していた雇用戦略の方向性と馴染まず，必ずしも生活の必要に応じた賃金のあり方でもなかったため，職務給に代わる賃金制度が模索された。

そこで脚光を浴びたのが，職能給である（日経連能力主義管理研究会編，1969）。職能給は，ライン役職上の階級とは別に各社が定める職能資格基準によって労働者の社内序列を定め，個別の賃金額を決定する点を特徴とする。社内における役職位の上昇（＝昇進）と，個別労働者の職務遂行能力の伸長を反映した職能資格昇格およびそれに付随する昇給とを分けることで（「資格と役職の分離」あるいは「昇格と昇進の分離」），課長・部長といった役職位につけなかった者も自らの能力の伸長が評価されると同時に，職能資格昇給によって相対的に高い賃金水準を提示されることで不満が抑制され，比較的長期にわたってモチベーションを保つことを可能にした。一方で，一定の職能「資格」を有する者の中から若手を抜擢「昇進」させることが可能な仕組みでもあった。また，職能給は，職務遂行能力に応じて賃金が決まるため，職務内容の変更を伴う配置転換が行われても賃金額が変わらないという強みを備えていた。

これらの特徴をもつ職能給は，年功賃金慣行について「年の功」システムか

ら「年と功」システムに舵を切ることを可能にする賃金制度として，多くの日本企業に普及した[9]。だが，メリハリのある処遇が難しいこと，年功的な運用に流れやすいこと，高い職能資格を有するものの役職に就かず比較的難易度の低い業務に従事する者の賃金水準が高止まること等が，問題視されてきた。さらに，平成不況下において，企業から賃金の支払余力が失われていく中で生き残りをかける企業にとって，職能給を全面的に維持することが困難になってきた。このような状況の中で注目されたのが成果主義賃金である。

3　「成果主義賃金」から得られた教訓

　成果主義賃金は，特定の賃金制度を指す語というわけではなく，従来の年功的な賃金のあり方の限界を乗り越え，成果や業績といった企業への顕在的な貢献を重視した賃金を支払おうとする仕組みの総称として捉えられる[10]。また，日経連は『新時代の「日本的経営」』（新・日本的経営システム等研究プロジェクト編，1995，4頁）で，これからの賃金決定システムは「職能・業績をベースに，職務内容や職務階層に応じた複線型の賃金管理を導入するとともに，現在の昇給カーブについても見直しが求められている」と提し，この流れを後押しし，バブル崩壊後の不況にあえぐ多くの日本企業は，1990年代前半から成果主義賃金を導入した[11]（**表7-2**）。

　しかし，2000年代前半辺りから，成果主義賃金の課題が明らかになってきた[12]。高い評価を得るために安易な目標を設定したり，あえて低い目標を立てたりする者が現れたのだ。また，評価目標となりづらい業務を担当したがらなくなったり，短期的な評価期間内に結果が出づらい中・長期的な課題に取り組まなくなったり，失敗を恐れて挑戦的な仕事をしなくなったりするケースもみられた。他にも，個人プレーに走る者が続出してチーム内での情報共有や部下・後輩の育成が滞ったり，数字で測りやすい業績として結果が見えづらい業務を担当する者のモチベーションが下がったりするといった事態が生じた。そのため現在は，主としてチームプレーの維持・向上や，部下の教育・育成，組織への貢献に対する評価，結果に至るプロセスの評価といったことに目配りしながら，制

表7-2 グループ別にみた処遇の主な内容

	雇用形態	対象	賃金	賞与	退職金・年金	昇進・昇格	福祉施策
長期蓄積能力活用型グループ	期間の定めのない雇用契約	管理職・総合職、技能部門の基幹職	月給制か年俸制 職能給 昇給制度	定率+業績スライド	ポイント制	役職昇給 職能資格昇給	生涯総合施策
高度専門能力活用型グループ	有期雇用契約	専門部門（企画、営業、研究開発等）	年俸制 業績給 昇給なし	成果配分	なし	業績評価	生活援護施策
雇用柔軟型グループ	有期雇用契約	一般職、技能部門、販売部門	時間給制 職務給 昇給なし	定率	なし	上位職務への転換	生活援護施策

（出所）新・日本的経営システム等研究プロジェクト（1995）32頁。

度の見直しが行われている。

この試行錯誤の中で、役割給・仕事給等と称する制度を導入する企業が現れはじめた。ここで用いられている役割・仕事等は、単なる職務ではなく、ある職務を担当するに際して発生する役割責任を指していると解されよう。役割給・仕事給等は、役割責任に応じて給与を決定することで、職務のみをみる場合と異なり、終身雇用慣行を前提とした働かせ方や人材育成のあり方等に親和的であると同時に、実際に割り当てられた仕事内容に即した賃金を支払うことで職能給が抱える課題の是正を可能にしている。さらに、企業がグローバルに展開し、外国人・女性・高齢者といった多様な人材の活躍に資するような賃金制度設計・運用を試みる企業も出てきている。[13]

4 「働き方改革」に資する賃金制度の導入例

とはいえ、現在、企業が対応を迫られている課題は、表面的な賃金制度の改定のみで解決できる類のものばかりではない。現在のわが国では、少子高齢化が進展する中で、企業にとって人材の確保・維持が大きな課題のひとつとなっている。女性や高齢者といった多様な人材が活躍できるように、賃金格差の是正、育児・介護に携わる人を中心に働く人々が抱える様々な制約への対応、[14]

長時間労働の改善等を視野に入れた対策を講ずること等が求められている。この動きは，政府が推し進める一連の「働き方改革」の中で展開されており，個別企業の処遇制度改定やワーク・ライフ・バランスに配慮した人材育成・人材配置等の取り組みも徐々に拡大しつつある。そこで，以下では，「働き方改革」に資する賃金制度改定を行った企業の事例を概観し，示唆を得たい。

今回事例として取り上げる SCSK 株式会社（以下，SCSK と記す）は，従業員 1 万1910名（2017年 3 月31日現在　連結）を有するコンピュータシステムの開発を行う企業である。同社は2011年10月の合併によって誕生したが，当時の社長が自社従業員の厳しい労務環境の実態を目の当たりにして，「社員の健康なくして，企業の発展はありえない」と改革の必要を強く意識し，翌2012年度より「健康経営」の実現をめざして抜本的な働き方の改善に取り組みはじめた（表 7 - 3 ）。これは，休みもとらずに昼夜を問わず長時間働き続ける社員を「良い社員」と考えてきた同社が，その「良い社員」像を全面的に改めることを前提に，仕事の質を高める働き方を構築するという取り組みであった。

一連の取り組みは，徹底的な業務改革と並行して，時間外労働の削減に主眼が置かれた。フレックスタイムの全社適用や裁量労働や「どこでも Work」等の導入によってメリハリのある働き方に向けた環境整備を進める一方で，残業半減運動にはじまって，「スマートワーク・チャレンジ20」（以下，スマチャレ20），長時間残業の撲滅施策として勤怠の月次認証ルールの変更・長時間残業や休日出勤への賦課金制度の導入，所定就業時間の短縮，バックアップ休暇の導入・拡大等を精力的に行い，時間外勤務時間の大幅な削減と平均有給休暇取得日数および取得率の向上を実現している。さらに，健康わくわくマイレージも確実に成果を上げている。

実は，SCSK の取り組みの一つひとつをみると，会議の効率化，日次・週次での業務内容確認を通じた無駄な業務の洗い出しや優先順位の明確化，業務負荷の分散，有給休暇の完全取得の奨励，時間外労働時間管理の徹底，ノー残業デーの推進等，他社においてすでに実施されているものも少なくない。にもかかわらず，同社の取り組みが実を結んでいるのには，いくつかの理由がある。

第一に，経営のトップが「社員の健康を守ることが最優先で，長時間残業し

表7-3　働き方の改善に向けての主な取り組み

時　期	施　策	内　容
2012年4月〜7月	フレックスタイム制・裁量労働制の導入	メリハリのある働き方に向けた環境整備
2012年7月	残業半減運動	4〜6月の平均残業時間からの半減をめざす
2012年11月〜2013年3月	有給休暇の取得促進	有休取得率「90％」を当期の目標として設定
2012年12月	新しい休暇制度の導入	不測の事態に備えたバックアップ休暇（年間3日）[1]を導入
2013年4月	スマートワーク・チャレンジ20[2]	有休取得日数20日（100％消化）や，平均残業20時間／月以下等を目標に掲げた取り組みを開始
2013年5月	スマチャレ20の浸透と推進	勤怠実績の月次報告（月2回全役員へ→全社へメッセージ発信）
2013年10月	在宅勤務制度の拡充	入社1年未満を除く全正社員へ適用範囲を拡大
2014年4月	長時間残業の撲滅施策を追加	勤怠の月次認証ルールを変更（社長認証有）長時間残業や休日出勤への賦課金制度を導入
	所定就業時間の短縮	所定就業時間を10分／日短縮（7：40→7：30へ）
	休暇制度の拡充	バックアップ休暇を年間3日から5日へ
2015年4月	健康わくわくマイレージ[3]	健康リテラシーを高め長期的な健康維持・増進をめざす
2015年7月	働き方の推進・定着に向けての人事制度改定	スマチャレ・インセンティブの廃止→固定残業手当への移行裁量労働制対象者の拡大
2015年10月	どこでも Work[4]	いつでも，どこでも働ける新しい働き方をめざす
2017年4月	長時間残業の削減目標を追加	80時間／月超，平均60時間／通期超0人，有休取得率50％以下0人を目標として設定

（注）　1）　有給休暇の100％取得を躊躇しないように，病気などの不測事態に利用できる年5日の特別有給休暇。
　　　　2）　この名称は，より効率的（スマート）に働き（ワーク），目標（有給休暇20日取得，平均月間残業20時間未満）に挑戦する（チャレンジ）ということからつけられた。
　　　　3）　60歳代以降も健康的に働き続けられるよう，健康に良い行動週間の定着化，健康診断結果の良化を図る取り組み。
　　　　4）　「いつでもどこでも働ける」新しい働き方の実践・定着をめざし，自宅やサテライトオフィスでの勤務を推進する「リモートワーク」，リモートワークの阻害要因となる紙を印刷と保管の両面から削減する「ペーパーダイエット」，フレックスアドレス制や多様な働き方スペースの導入などオフィスのあり方を変える「フレキシブルオフィス」の3つの施策を一体として展開している。
（出所）　SCSK社内資料をもとに筆者作成。

なければ達成出来ない予算があれば未達成でもよい」ことを全社に伝え，客先に常駐して仕事を行う従業員の計画的有給休暇取得実現をお願いする手紙を社長が認め，それを携えて SCSK 役員が顧客である企業の担当役員に説明とお願いにあがる等，本気で改革に取り組んだことがあげられる。トップが本気で覚悟を決めてぶれずに一連の施策をやりきる姿勢が浸透するにつれ，組織全体に改革の機運が高まっていった。

　第二に，残業削減と並行して，トップ・マネジメントが主導して抜本的な業務改革を進めたことである。単に時間外労働を禁止したところで，業務量が変わらなければ時間外労働はなくならず，従業員の心身の負担が増えることになる。SCSK は，時間外労働が多く発生するのは業務がうまく回っていないことを示す異常事態と捉え，従来の業務の進め方を一新した[21]。さらに，月当たりの時間外労働時間が20時間未満の場合は課長に，20〜40時間の場合は部長に，40〜60時間の場合は本部長，60〜80時間の場合は社長に残業申請をして承認されなければならない仕組みとしたことで，現場に業務の質・量をコントロールする動機を与えるとともに，役員を含めたマネジメントによる素早いリカバリーによるリスクコントロールが可能になったことで，生産性の向上にもつながっている。

　第三に，一連の取り組みで削減された時間外労働分の残業手当原資を，会社の利益とするのではなく，すべて従業員に還元したことである。おかげで，従業員の時短へのモチベーションの維持・向上を促すと同時に，就業時間内に効率よく仕事を終わらせるよう業務をコントロールできる社員が「良い社員」であるという価値観の変革を促す一助となった。

　具体的には，まず，全社・全部署が対象であるスマチャレ20で，目標を達成した部門のメンバー全員に，達成度合いによって「ゴールド」「シルバー」「ブロンズ」の3段階から成るインセンティブを夏季賞与に特別加算する形で支給したが，その原資として削減された時間外労働分が充てられた。その後，2015年7月にはスマチャレ・インセンティブを廃止し，固定残業手当へと移行した（図7‐1）。これは，20時間または34時間の残業手当相当額を手当として，従来の所定月額給与に一律上乗せ支給することで，時間外労働をしない社員にも

図 7 - 1　報酬の構成

総合職 A・B

予定賞与	基本支給部分
	貢献度反映部分
	会社業績部分

例月給与	業務手当（総合職）	
	地域加算給	
	基本給	本　給

基幹職 C・D・E

予定賞与	基本支給部分
	貢献度反映部分
	会社業績部分

例月給与	原則，以下のいずれか ①管理職手当（ライン職） ②裁量労働手当 ③業務手当（基幹職）	
	地域加算給	
	基本給	本　給

基幹職 A・B

予定賞与	基本支給部分
	貢献度反映部分
	会社業績部分

例月給与	管理職手当	
	地域加算給	
	基本給	本　給

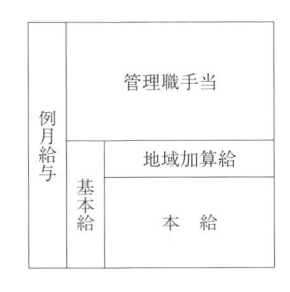

（注）　「業務手当」：1 カ月の健康手当（割増賃金）の固定払い分。
（出所）　SCSK 社内資料。

残業代を支払うという新たな仕組みである。具体的には，入社直後に格づけられる総合職 A・B[22]に対しては業務手当として時間外勤務20時間相当分の健康手当相当額[23]が，基幹職 C・D・E に対しては各々が割り当てられた部門や短時間勤務・出向等の勤務形態に応じて「管理職手当」「裁量労働手当」「業務手当」と名称は異なるもののいずれも時間外勤務34時間分の健康手当相当額が，管理監督者である基幹職 A・B に対しては管理職手当として時間外勤務34時間相当の健康手当相当額[24]が，それぞれ支給される。この措置によって，残業が減ると給料が減るという従業員の不安・不満を取り除くとともに，残業をしない従業員ほど得をすることになった。

　このように，SCSK では，「健康経営」の実現をめざして抜本的な働き方改革を推進することで，育児・介護等の制約を抱える者だけでなく，制約がない者を含めた全従業員の心身の健康を保ちつつ働くことができる体制の整備を進めた[25]。今では，就業時間内に業務を遂行して定時に帰るのが「良い社員」という見方が社内で共有され，30代半ばまでの比較的若い従業員の中で，自己啓発に取り組む者が増えている。さらに，社が実施した従業員満足度調査では，80％以上の従業員が自社で働くことに誇りをもっていると回答している。

5　今後の賃金制度のあり方

　SCSK の例に表れているように，全社をあげてこれまでのやり方から思い切って舵をきらなければ，抜本的な働き方改革は困難である。求められるのは，働き方改革を残業代削減による人件費削減策と捉えるのではなく，業務の効率化・業務量のコントロールによる労働時間短縮と生産性向上の同時達成をめざす人材への投資と捉える視点であり，改革で得られた成果はそれを実行した当事者である従業員にも十分に分配されるべきという認識を全社で共有することであろう。いたずらに外形的な時間外労働時間削減を謳っても，業務の割り当て方や徹底的な効率化といった業務の質・量のコントロールが伴わなければ，一時的に時間外労働時間削減が達成されたとしても長続きしない。改革案を出すことで，働きがいも働きやすさも改善し，自らにも成果が還元されることが明確に示されてはじめて，従業員は改革に身を投じられるからだ。賃金制度の設計・運用は，社の人材戦略の方向性と本気度を従業員に知らしめる極めて重要な役割をもつものである。真の働き方改革に資する賃金制度とは何かについて，この機会に深く考えてほしい。

注
(1)　総務省統計局（2018）『労働力調査（基本集計）平成29年（2017年）平均（速報）』によれば，2017年平均の雇用者は5819万人，就業者に占める雇用者の割合は89.1％である。
(2)　個別の従業員に支払う賃金がどのような構成要素から成るか示したもの。わが国の賃金体系は，基本給に多様な諸手当を加えたものが一般的である。
(3)　勤続年数でみた場合も，類似の賃金カーブを描く。
(4)　1946年の産別十月闘争で，日本電気産業労働組合（電産協）という労働組合が，働く人々の生活の必要に基づき，労働者のライフサイクルに適合した賃金体系の実現を求めて企業と交渉して勝ち取ったものである。詳細は河西（1999，2007）を参照されたい。
(5)　当時の電産型賃金体系は，従業員の年齢・勤続年数や家族状況といった客観的状況に応じて固定的に支払われる生活保障給部分と比較して，本人の働きぶりを査定される部分や企業の生産性によって決定される部分が小さい，という特徴があった。
(6)　日経連は，当時，たとえば，日本経営者団体連盟編（1955，1964，1966，1967），日本経営者団体連盟事務局編（1960，1965）といった具合に，次々に職務給導入を後押しする書籍を発行している。

(7)　関心がある方は，田口（2017）を参照されたい。

(8)　詳細は，石田（1992a，1992b），田口（2017），労務行政研究所編（1967）を参照されたい。

(9)　たとえば，厚生労働省「平成21年就労条件総合調査結果の概況」で，基本給の決定要素として「職務遂行能力」を使用している企業の割合をみると，管理職の場合は規模計で68.5%（1,000以上規模で77.3%），管理職以外で67.5%（1,000人以上規模で80.0%）にのぼる（いずれも複数回答）。

(10)　具体的な制度をみると，年齢給の縮小・廃止や職能給の廃止，家族手当等の基本給組み入れ，定期昇給の縮小・廃止といった年功的な要素の縮小・廃止のみならず，成果給・業績給の導入や査定昇給の拡大や年俸制の導入や昇格昇給の拡大といった個人間賃金格差の拡大や賃金の業績連動化も含まれている。なお，本章では主として基本給について説明しているため割愛したが，この時期に，目標管理制度（MBO）導入による評価の厳格化・精緻化や，ボーナスの業績連動化進等も進められている。

(11)　たとえば，厚生労働省（2004）「就労条件総合調査」で「個人業績を賃金に反映する企業の割合」をみると，企業規模1,000以上の企業の場合は管理職で82.2%，管理職以外でも78.8%にのぼっている。

(12)　成果主義賃金めぐる議論は膨大であるが，ここでは働く人からみた成果主義の課題について分析を行っている立道・守島（2006）を紹介したい。

(13)　導入事例として，日立製作所や味の素があげられる。

(14)　賃金格差については昔から現在に至るまで多様な議論が積み重ねられているが，近年，注目されているのが同一（価値）労働同一賃金という考え方である。もともと，「同一価値労働同一賃金」という語は，男女間の賃金差別を是正する概念として使われ始めたものである。男女間の賃金格差の存在を捉え，格差改善のために，同一価値の労働について性別にかかわりなく同一の報酬を与えなければならない旨が記載されている ILO100条条約を，日本も批准している（1967年）。一方，同一価値労働同一賃金法導入に向けた作業が進められているわが国の議論では，雇用形態間格差是正に力点が置かれており，実際に正規労働者と非正規労働者間の処遇格差について合理的理由のない処遇格差の禁止等について定めた働き方改革関連法案が，2018年6月の参院本会議で可決，成立した。しかし，雇用形態間の職務の異動をどのように比較していくかといった課題の解決に向けて，今後の議論の蓄積が待たれている。この問題は賃金制度にも大きな影響を与えるものではあるが，本章は正規労働者の賃金制度に焦点を当てているため，分析・考察については他日を期したい。なお，「同一価値労働同一賃金」に関心がある方は，まず ILO（2016），森・浅倉編（2010），水町（2018）を参照されたい。

(15)　「働き方改革」の詳細については，首相官邸 HP「働き方改革の実現」 https://www.kantei.go.jp/jp/headline/ichiokusoukatsuyaku/hatarakikata.html　2018年3月24日アクセスを参照されたい。

(16)　文中，特に断わらない限り，SCSK に関する情報は，2018年1月22日に同社人事グループを対象に実施したヒアリング調査で伺った内容および頂戴した資料に基づいて執筆している。個人のお名前は記さないが，調査に快くご協力いただいた皆様に感謝の意を表したい。なお，本章におけるありうべき誤謬は，すべて著者の責めに帰するものである。

(17)　従業員数は，SCSK 株式会社ホームページより参照（https://www.scsk.jp/　2018年5月2日アクセス）。

(18)　健康経営とは，「企業の財産は"人"そのものであり，個人の成長こそが企業の成長につながるという理念のもと，一人ひとりの健康に経営責任として取り組む」というものである（日本ネ

　　ットセキュリティ協会〔2016〕「インタビュー連載『日本の人事と内部不正』　第7回　SCSK株
　　式会社」http://www.jnsa.org/result/2016/surv_soshiki/07_scsk.html　2018年4月18日アク
　　セス）。実際，同社の就業規則には「健康経営」の章が設けられている（2015年新設）。

⑲　今回のヒアリング調査によれば，平均時間外労働時間（年平均）は2008年度実績の35時間19分
　　であったが，2016年度実績は17時間47分に減少している。また，有給休暇取得日数（取得率）は，
　　2008年度実績の13.0日（66.6％）から2016年度実績は18.7日（95.3％）に増加している。

⑳　2014年と比較して2016年には毎日のウォーキング（8000歩，1万歩）実施率が34％→74％，朝
　　食摂取率が71％→88％，休肝日実施率が82％→90％，歯科検診受診率が31％→75％，喫煙率が36
　　％→19％と，成果を上げている。

㉑　具体的には，従業員が属人的なスキルを用いて進めていた業務プロセスを統一した。その仕組
　　みを全員が使用し，同じタイミングで進捗をチェックすることで，開発中のシステムと顧客のニ
　　ーズとの齟齬に起因するやり直し（いわゆる「手戻り」）を減らし，品質向上と突発的な追加作
　　業の発生の減少を実現した。

㉒　最短で入社7年目に基幹職に昇格できる制度設計になっている。

㉓　想定した残業時間数を上回る所定外勤務があった場合，「残業手当」ではなく「健康手当」と
　　いう名称で，法令に従って割増手当が支給される。

㉔　もちろん，所定勤務時間を超える勤務に対しては，法令に定める割増手当が支給される。

㉕　一連の取り組みは，同社における女性の活躍にも良い影響を与えている。以前は約7割の女性
　　が出産手前（30代前半）までに離転職しており，その「根本的課題は長時間労働体質にあるとい
　　う結論」に達していたが，2012年以降の徹底的な長時間労働是正をはじめとする「働き方改革」
　　に加え，女性の継続就業に資するものとして「キャリア支援プログラム」，出産育児期の社員向
　　け「職場復帰支援プログラム」，さらに管理職まで徹底した勤務時間管理や，課長候補者の女性
　　向け「マネジメント力養成プログラム」や「マネジメントフォローアッププログラム」，新任課
　　長の女性向け「新任女性ライン職支援プログラム」の実施等の施策を講じることにより，女性の
　　入社10年前後離職率が約7割から約3割に減少したり，女性管理職比率が上昇したりするといっ
　　た結果につながっている。なお，上述の施策以外にも，育児休業や勤務時間短縮，介護休業手当
　　の支給，両立支援休暇等の両立支援制度や，職場環境整備が充実していることはいうまでもない。

引用参考文献

ILO（2016）『同一価値労働 同一報酬のためのガイドブック』。

石田光男（1992a）「十條製紙の職務給の変遷（上）」同志社大学人文学会編『評論・社会科学』第
　　44号，37-98頁。

石田光男（1992b）「十條製紙の職務給の変遷（下）」同志社大学人文学会編『評論・社会科学』第
　　45号，43-89頁。

河西宏祐（1999）『電産型賃金の世界──その形成と歴史的意義』早稲田大学出版部。

河西宏祐（2007）『電産の興亡（1946年～1956年）──電産型賃金と産業別組合』早稲田大学出版
　　部。

新・日本的経営システム等研究プロジェクト編著（1995）『新時代の「日本的経営」──挑戦すべ
　　き方向とその具体策』日本経営者団体連盟。

田口和雄（2017）『戦後 賃金の軌跡』中央経済社。

立道信吾・守島基博（2006）「働く人からみた成果主義」『日本労働研究雑誌』第554号，69-83頁。

日本経営者団体連盟編（1955）『職務給の研究』日本経営者団体連盟弘報部。

日本経営者団体連盟事務局編（1960）『日本経済の安定成長への課題と賃金問題』日本経営者団体連盟弘報部。

日本経営者団体連盟編（1964）『日本における職務評価と職務給』日本経営者団体連盟弘報部。

日本経営者団体連盟事務局編（1965）『アメリカの職務給』日本経営者団体連盟弘報部。

日本経営者団体連盟編（1966）『ホワイトカラーの職務給』日本経営者団体連盟弘報部。

日本経営者団体連盟編（1967）『管理職の職務給』日本経営者団体連盟弘報部。

日経連能力主義管理研究会編（1969）『能力主義管理——その理論と実践』日本経営者団体連盟弘報部。

水町勇一郎（2018）『「同一労働同一賃金」のすべて』有斐閣。

森ます美・浅倉むつ子編（2010）『同一価値労働同一賃金原則の実施システム——公平な賃金の実現に向けて』有斐閣。

労務行政研究所編（1967）「仕事別賃金による賃上げはどう配分されたか——松下電器，三洋電機の仕事別賃金配分額と最低保障賃金」『労政時報』第1895号，29-43頁。

推薦図書

八代充史・牛島利明・南雲智映・梅崎修・島西智輝編（2015）『新時代の「日本的経営」オーラルヒストリー：雇用多様化論の起源』慶應義塾大学出版会。

　　『新時代の「日本的経営」』が発表されて四半世紀を経た今，当時の議論や報告作成側の意図と現状とを照らし合わせながら思いをめぐらせてみよう。

山口一男（2017）『働き方の男女不平等——理論と実証分析』日本経済新聞出版社。

　　本書は，社会学者である筆者が，豊富なデータと最新の統計分析手法を用いて，男女間賃金格差や，WLB推進の効果といった男女間の不平等について分析したものである。専門書であるが，この分野に興味・関心がある方はぜひ挑戦してほしい。特に賃金や所得に係る章は，一度読んでみてほしい。

玄田有史編（2017）『人手不足なのになぜ賃金が上がらないのか』慶應義塾大学出版会。

　　本書は，22名の専門家が，人手不足なのになぜ賃金が上がらないのかについて，様々な角度から議論している。賃金に関する多くの論点がわかりやすくあげられているので，初学者のみなさんも，手に取ってみてはどうだろうか。

（鬼丸朋子）

第8章

人事考課制度とコンピテンシー

競争が激しく収益性が低い状況下にあっても，人事考課を有効に機能させ，従業員の能力とモチベーションを引き出すためには，コンピテンシーにせよ，ノーレイティングにせよ，評価に時間とお金を費やし，従業員とコミュニケーションを取りながら同時に従業員の能力開発をしていくことが大切である。

1　人事考課とは

1　人事考課をめぐる議論

日本企業が経営近代化を進め発展を遂げていた1950年代，人事考課の導入をいかに規制するかという点に労働組合の関心があったことがある（吉田，2007）。こんな話を聞くと隔世の感があるが，当時の労働者は人事考課制度について半信半疑であった。それには，経営者都合の評価で自分たちはより競争させられ，こき使われるようになるのではないか，上司によるえこひいきや差別が生じるのではないか，労働者間で納得のいくよう評価基準が本当に共有できるのだろうか等の様々な理由がある。

そういう不安があったにもかかわらず，人事考課制度は各企業に浸透していった。導入が進んだ背景として，労働組合運動が徐々に衰退し労働者の発言力が弱体化したという要因もあるが，働きに応じた評価制度にすることでより生産性を高めたいという企業の意図や，会社に対する自らの貢献を正当に評価してほしいという従業員の声，経済が右肩上がりで賃金も年功的に上昇し続けたため，賃金や昇進昇格で従業員間に差がつく制度であっても比較的導入されやすかったという時代状況も関係している。

　それから半世紀が過ぎ，現代の日本企業においては人事考課の規制という声はあまり聞こえなくなり，労使双方の関心は，どうすれば人事評価制度をより満足のいくものに改良できるかという点に移っていった。

　では，現代の日本企業において人事考課はどのような役割を果たしているのか。本格的な議論を始める前に，まずこの点に触れておきたい。

２ 　人事考課とは何か

　現代の日本企業において人事制度の中核をなすのは，職能資格制度と呼ばれる社内における従業員の格づけ制度である。格は各社独自の「級」によって定められるが，この級をものさしとして利用し，各労働者の昇進や賃金額が決まっている。正社員は入社時，同期一律の低い級からスタートし，企業がその後の働きぶりを見て，誰をいつ昇進させるかを判断する。その材料となるのが個々の従業員を評価する仕組み，つまり人事考課である。

　人事考課は大きく能力考課，情意考課，業績考課の３つの部分から構成される。それらの総和が本人の評価結果となる。

　能力考課は，本人が有する業務に関する潜在的な能力を計測するものである。日本の人事労務管理では，新人から管理職層に至るまで，どの層においても業務遂行能力が重視されており，その思想は能力主義管理と呼ばれる。

　情意考課は，業務遂行における従業員の態度や行動をみるもので，態度考課ともいう。具体的には業務に取り組む際の規律性，協調性，積極性，責任感といった側面が評価の対象となる。新入社員はまだ業務能力も高まっておらず成果も出にくいので，人事考課全体の中でこの情意考課の占める比重が先輩社員よりも高くなる。

　業績考課では，業務遂行の結果として生み出された成果の質と量が評価される。職位が上位になればなるほど，この業績評価が重要視されるようになる。

　企業は，各従業員に対して実施した考課結果を判断材料として，配置や異動，昇進昇格，報酬を決定し，追加的な教育訓練を施す。人事考課は職能資格制度を支える重要な制度であり，従業員のモチベーションにも大きな影響を与える。

［　3　］　人事考課の普及と課題

　2002年に厚生労働省が行った調査で，人事考課制度があると答えた企業は，従業員5000人以上で98.3%，1000～4999人で96.5%，300～999人で89.1%，100～299人で73.7%となっており（厚生労働省大臣官房統計情報部編，2002），一定以上の規模を有する企業において，人事考課は一般的な人事制度となった。

　制度普及の一方で課題も多い。同調査によると人事考課制度がある企業における制度・運営上の問題点（複数回答）として，「質の異なる仕事をする者への評価が難しい」（51.7%），「考課者訓練が不十分である」（49.4%），「考課基準が不明確又は統一が難しい」（42.8%），「考課の寛大化のため格差がつかない」（29.8%），「仕事の内容に精通していないと評価が難しい」（25.0%）等があげられており，問題点がないと答えた企業は8.5%しかなかった。

　1990年代以降の経営環境の悪化の中で，各企業は総額人件費の抑制を念頭に成果主義的な人事賃金制度改革を実施した。その中で，処遇の基準は勤続年数や年齢，家族構成といった従来の属人的な性質から，能力や成果，さらには行動へと重心を移し，結果として従業員間の賃金格差を広げることになった。そのため，従業員は自分の評価に今まで以上に強い関心を寄せるようになったのである。

2　人事考課に求められるもの

［　1　］　必要な3つの視点

　では，人事考課にはどのような観点が必要か。制度として十分機能し，労使双方に受け入れられるために必要な性質が3つある。

　まず第一は客観性・公平性である。上司も人間であり，人が人を評価するのであるから，主観が混じるとえこひいきやすれ違いなどが生じ，適切な評価を阻害してしまう。企業目標が達成されるべく各項目は企業目標がブレイクダウンされたものに設計することが前提となる。評価項目は拡大解釈や誤解がないよう，またその項目を使えば誰が評価者であっても差が出ないようにすることが不可欠である。同時に，各項目は従業員が内容的に了解できるものに仕上げ

なくてはならない。ただ，実際の運用ではなかなか当初の意図通りいかない場合もあるので，評価者が的確な評価を下せるよう考課者訓練を実施して制度を補完する。

　第二は透明性・公正性である。客観的な制度がひとまず完成したとしても，自らのあずかり知らぬところで評価が決定されているという疑念をもたれてしまうと，従業員満足度の低下を招いてしまう。評価の結果をただ受け入れろといわれても納得がいかない。なので，明白な手続きにしたがって公正に評価が行われていることが人事考課の信頼性を向上させる。産労総合研究所が2016年に実施した調査では，評価制度の仕組みなどについて従業員に公開していると答えた企業は85.0％あったが，一方で「評価結果」を公開している企業割合は65.5％にとどまっている（産労総合研究所編，2017）。人事考課が普及して時間が経過したものの，透明性の確保はまだ十分ではない。

　第三は結果の納得性である。第一，第二の性質に配慮しながら人事考課制度を運用したとしても，企業経営には様々な変動要因やリスクがあり，当初想定した業務遂行能力以外のスキルの発揮が必要とされたり，成果につながる前に評価の時期がきてしまったりすることも当然ある。それらに対処しながら，他方で会社が支払える賃金原資，配置できるポストの数等の制約も考慮しなくてはならないため，当初の計画通りに進まない場合もある。むしろ進まないことの方が多い。そこで，評価結果全体に対する全社的な調整が行われ，その結果が個人に評価結果として下りてくる。その場面で，結果の納得性が重要になる。従業員の側からすれば，人事考課制度の完成度も気になるが，それ以上に自分の評価が結果的に上がったか下がったか，想定より上だったか下だったか，他の従業員と比較してどうだったかということへの関心の方が強い。評価結果に対する不満が放置，蓄積されていけば，従業員のモチベーションや企業に対する信頼感を損ないかねない。あまりに予想からかけ離れている場合は，評価に対して意見を述べたり，疑義を申し出たりする場所が必要だが，上述の産労総合研究所調査では，「異議申立て制度がある」とした企業の割合は39.8％と半数に満たない。

　これらの視点は目新しいものではなく，以前から指摘されてきたものばかり

だが，時間が経過してそれらが十分制度の中に組み込まれて人事考課が機能しているのかと問われれば，機能していると断言はできない。2016年労務行政研究所調査で，成果・業績の評価に関する現状の課題・問題を複数回答で尋ねたところ，「評価者による視点・判定のバラつきが大きい」（一般社員67.3%，管理職59.8%），「評価基準があいまいなため，判定がメリハリに欠ける」（一般社員39.8%，管理職40.2%），「評価の判定が標準評価寄りに中心化する傾向がある」（一般社員49.6%，管理職42.0%）等，近年になっても問題点を指摘する声は消えていない（労務行政研究所編，2016）。また，同調査では成果・業績の評価に関する見直しの要否についても尋ねているが，「見直しが必要と思う」と答えた割合は一般社員は59.3%，管理職は59.8%と決して低くない。では，企業はどのような解決策を模索しているのであろうか。

［ 2 ］　人事考課制度における新たな流れ

　近年，人事労務管理の潮目が大きく変わったのは1990年代である。バブル経済崩壊にはじまり，経済のグローバル化，規制緩和，IT 化の浸透，経済の成熟化により産業構造が変化し，変化のスピードは加速し，不況の長期化と相まって企業間競争が激化した。企業は変化に対応するために，総額人件費の膨張を抑制し，非正規従業員やアウトソーシングの比率を増やす一方，正社員に対してはより高い付加価値を求め，1990年代以降，成果主義や目標管理制度等の新たな人事賃金制度改革を実行した。その流れの中で，人事考課については，これまでとは質的に異なる 2 つの方法が採用されることになった。

　第一は，人事考課へのコンピテンシーの導入である。能力主義管理のもと，従来型の人事労務管理は業務遂行能力を重視してきた。しかし，能力考課で測られるのはあくまで潜在的な能力に対する評価であり，その能力が実際の職場で発揮されることなく眠ったままの状態であれば，たとえ有していたとしても企業への貢献は小さい。そこで，逆算的な考え方を取り，社内の高業績者に注目し，彼らが実際に取っている行動をコンピテンシー（competency，「行動特性」あるいは「顕在能力」）として把握しリスト化をしたものを共有し，その行動が取られているどうかを評価に追加した。

　労務行政研究所が2016年に係長レベルの社員について，現行の評価制度でどのような要素について評価を行っているかを尋ねたところ（複数回答），いわゆる業績考課，能力考課，情意考課に当たるものがそれぞれ，「個人の成果・業績」（98.3％），「業務遂行能力」（80.0％），「情意・態度」（68.7％）と上位を占めている。一方で，「行動プロセス」（遂行プロセスでの行動事実，望ましい行動の実践度など）が78.3％，「コンピテンシー」（発揮能力や行動特性モデル等に基づき，自社で「コンピテンシー」と定義して評価を行っているもの）が27.0％と，約8割の企業がいわゆる行動プロセスまたはコンピテンシーに基づいた評価を行っている[2]（労務行政研究所編，2016，26頁）。業務上必要となる能力と成果の因果関係を深く分析し，制度をより精緻化したものと位置づけることができる。

　第二は，ノーレイティング（no rating）という改革の方向である[3]。年次評価を廃止し，代わりに日常的に上司によるフィードバックを行う新しいタイプのマネジメントである。まだ発展途上で今後を注視していく段階ではあるが，同じ人事考課制度改革であっても，コンピテンシーがシステムの精緻化を志向したのとは逆に，むしろ大括り化の方向に向かっている。

　アメリカが先行している改革で日本における導入例はまだ多くはない。出発点は従来型の評価制度の反省にある。これまでの人事考課は1年を評価のタームとし締めくくりに年に一度評価を行っていたが，そのサイクルや年度末ごとの評価を取りやめている。背景には制度に対する不満がある。過大な時間と手間をかけて評価を行ってきたものの，従業員間の選別に重点が置かれ大多数のやる気を失わせている，評価における客観性が保たれておらず評価エラーが多いと感じている，過度な社員間競争でチームワークが弱化している，特にアメリカの場合は低評価を受けるとその後解雇されるケースも珍しくないため心理的安全が保てない，等の問題が背景にある。環境変化が激しい中にあって年に一度という時間軸はあわないので，定期的評価ではなく日常的に上司が業務の進行を見ながらリアルタイムに目標設定と評価を行い，従業員の成長を支援しようとする動きである。ノーレイティングが大切にしているのは評価そのものや社員間競争よりも，従業員のモチベーションの維持向上や社内のチームワークである。

　両者に視角の違いはあるが，いずれの改革も従来型の人事考課制度に対する問題意識からスタートしている。そこで，次節からは導入から年月が経ち，その効果と問題点がみえてきたコンピテンシーに焦点を当て，有効性を検証したい。

3　コンピテンシーの導入

［１］　コンピテンシーとは

　コンピテンシーの起源は1970年代にさかのぼる。アメリカの心理学者マクレランド（D. C. McClelland）が，外交官の採用試験の成績とその後の外交官としての業績を研究したところ相関がなく，高業績者には知識や学歴よりも，その仕事に必要な高いコンピテンシーが備わっていることを発見した。それがコンピテンシー研究に火を付け現代に至っている。コンピテンシーは経営コンサルタント主導で日本企業に導入されたが，本格的に普及したのは1990年代後半から2000年代以降にかけてである。この時期に日本企業でコンピテンシーに対する期待が集まったのは，市場が短期で成熟し自社の付加価値を付けづらい厳しい経営環境の中で，より高い付加価値を生み出すイノベーティブな人材を発掘したい，社内の人的資源をより有効活用したいという狙いがあったためである。

　コンピテンシーの導入は，一般的に次の手順で進んでいく。まず人事部を中心に社内にコンピテンシーの委員会を立ち上げ，高業績を上げている社員を抽出する。ヒアリングや観察などの手法を用いて彼らの行動から全社的，職群別それぞれのコンピテンシーをリスト化し，社員としてやるべき行動，企業が求めていることの見える化を行う。それらを整理してまとめたものがコンピテンシー・モデルとして社内で共有される。職能資格制度における潜在能力は必ずしも成果に結びついていない，そこで高業績者の行動に注目すれば，同じような高い成果が生まれるだろうというのがコンピテンシーの発想である。いわば動ける人材，実際に動いている人材の創出をめざしたものである。

　コンピテンシーは人事考課に限定して利用されているわけではない。新規採用時の判断基準や，空席ポストへの任用あるいは人材配置のための決定要素，要件となるコンピテンシーと比較し不足した部分を補おうとする教育訓練や能

力開発，コンピテンシーの達成度を報酬に結びつける賃金管理等，人事労務管理のあらゆる場面に応用されている。

　また，用法に多少の差はあるが，コンピテンシーは学校教育や医療の現場など果たすべき役割が明確に規定できる分野では，企業以上に利用されている。

［2］　コンピテンシーに期待されたもの

　では，コンピテンシーは従来型の人事考課とはどう異なるのか。

　比較対象としてまず当時の経営者団体である日経連（現在の経団連）が提示したひな形をみてみる。

職種別「職能資格基準」3等級の例（人事職種の場合・抜粋）

1．所得・住民税の納付手続きができる

2．労災保険の手続きができる

3．………………………………………………………（以下，略）

（日経連職務分析センター編，1989，99頁）

　各社が実際導入するときにはさらに具体的な内容で書かれるものの，能力や職能要件は非常に包括的表現で解釈の幅が広い書き方となっている。

　次にコンピテンシーについて同じ日経連発行の書籍から抜粋する。

〈マーケティング部門のコンピテンシー（化学系日本企業・抜粋）〉

レベル2：仮説にもとづき情報収集，分析手法を工夫，応用している

〔具体的発揮行動例〕

・お客さまニーズをできるかぎり的確に把握できるよう調査手段，手法を工夫している

・市場調査を行なうときは，調査の狙いを明確にし自分なりの仮説を想定している

・自分の仮説に対応して分析手法を工夫している

・時系列の観点も含め情報分析している

（本寺，2000，57頁）

「○○できる」ではなく「○○している」と記述がかなり具体的である。能力主義管理に基づく能力評価と比べると，行動特性や顕在能力と呼ばれるコンピテンシーにはいくつかの特徴がある。

相原はハイパフォーマー（高業績者）に共通にみられる特徴点として「無駄なことをしない」「強い使命感をもっている」「先々の結果にまで目が向いている」の3点をあげる（相原，2002，92-99頁）。高業績者の行動を利用したコンピテンシーがうまく他社員にも浸透すれば，余分な人件費を省くことができるし，やらなくていいことも共有できれば，労働時間も短縮でき，根性論に無用な努力を強いる職場の雰囲気をなくす糸口にもなる。また，コンピテンシーには従業員の視野を拡張，転換させる役割もある（古川編著，2010，83頁）。コンピテンシーの実践がきっかけとなり，気づきが生まれれば，従業員が主体的に行動することも期待できる。加えて，コンピテンシーはもともと心理学研究から派生して生まれ，行動の背後に隠れた達成動機の高い人ほど常に物事を上手く行えるよう行動するものだと考えられており，まさに日本企業が欲しがる人材像に合致している。

職場レベルでは，従業員がやるべきことが明快になる利点がある。職務給制度における職務記述書は what を明らかにするものだが，コンピテンシーは how を明らかにするもので，業務遂行の具体的な手助けとなる。企業が従業員に何を求めているかは企業理念や経営方針という形で伝達されるが，コンピテンシーには各従業員が何をやるべきかが明示されており，経営管理を補完する役割も果たす。

評価の現場レベルでみると，コンピテンシーは顕在能力・行動特性という目に見える形で表現されているため，評価ポイントが明確になり，評価の納得性・客観性を高める効果をもち，結果に対する評価者からのフィードバックもやりやすくなる。また，コンピテンシーは行動において仕事に対する姿勢も問うているので，明確で現実に行われた行動を見て判断が行われれば，恣意性の入り込みやすい情意考課よりも差別を生みにくい。

従来の人事考課が処遇や選別のための手段としての意味合いが強かったのに対して，コンピテンシーは，その具体性ゆえに社員の能力開発に大きく貢献で

きる可能性をもつ。達成度評価に偏りがちだった目標管理が，これまで見落としがちだった原因分析や成果に結びつく人材育成にも効果的である（大滝，1996，55頁）。

　導入当初コンピテンシーには従来型の職能資格制度に取って代わるものになるかもしれないという期待もあった。果たして，その期待に応えられたのであろうか。

4　日本の職場におけるコンピテンシーと人事考課のこれから

［1］　コンピテンシーの抱える難しさ

　導入から約20年が経過し，コンピテンシーが人事労務管理の様々な面で活用されるのをみる一方で，使いにくい，複雑すぎる等の否定的な声も少なくなく，90年代のようなブームの状態にない。なぜであろうか。

　第一に，コンピテンシーという制度の主旨を理解するのが簡単ではないという点がある。他の人事制度に比べると，コンピテンシーは論者による解釈もかなり多様でわかりづらい(4)。評価する側の上司，される側の従業員ともに多忙な日常業務をこなしながら，同時に制度を理解し実践することが求められるので，内容がこみ入ってくると社内にうまく浸透しない。細かすぎる制度は評価者に大きな負担となるし，逆に粗すぎるとコンピテンシーの意味をなさない。

　第二に，丁寧なメンテナンスが必要である。経営環境の変化が激しい現代では，業務の内容も日々変化している。コンピテンシーが明確であればあるほど，環境変化にあわせて適宜内容を更新していかないとコンピテンシーの利用価値を維持できない。

　第三に，コンピテンシーは人事部主導でトップダウンであるという性質がある。コンピテンシーのモデルは実在する高業績者という従業員であるとはいえ，最終的なコンピテンシー・モデルを定義するのは人事部を中心としたスタッフ部門である。

　第四に，高コストな点があげられる。委員会を立ち上げるなどして，社内で十分研究しコンピテンシーをつくり上げ，各従業員がそれぞれのコンピテンシ

ーのどのレベルに位置するかを丁寧に確認しようとすれば，フィードバックにおける従業員との対話まで含めて，相当の時間がかかる制度であり，決して安価に効果を期待できるものではない。

　なお，コンピテンシーが何を目的にしているかによって，そのありようは異なる。もともと優秀な人はいわれなくても効率的な業務運営のコツを会得している。できる人間にとっては，コンピテンシーが体系的に明示されれば，差分を補うだけでさらに効率的な業務運営が可能になるであろう。ただ，コンピテンシーの求める水準が高すぎる，あるいは評価する項目数が分量的に多すぎれば，低評価の従業員にとっては，さらに仕事が増え，業務効率を阻害しかねない。目標管理制度において目標設定が高すぎ，あるいは低すぎた場合にうまく機能しないのと同様の難点をコンピテンシーも抱えている。

［2］　日本的職場環境とコンピテンシー

　日本企業では長時間過密労働が強いられ，ハイストレスな状態にある。その職場に対してコンピテンシーが導入された後に，従業員の行動をコンピテンシー・モデルと照らし合わせて点検するのは，プレイング・マネジャーとして多忙な中間管理職である。コンピテンシーの項目を増やせば，経営者は多様な行動を従業員に要求することができるが，当の管理職は多すぎれば把握できなくなる。労働政策研究・研修機構が2010年に行った調査で，賃金制度見直しにおけるデメリットについて聞いたところ，「人事評価・考課のための作業が煩雑化した」点をあげた企業が33.9％存在した（労働政策研究・研修機構編，2010）。企業には既存の人事考課制度や目標管理制度，成果主義賃金制度，役割給制度といったものが存在しており，コンピテンシーがそれらと重複する部分は少なくない。取捨選択を行わずにただ併存させ，コンピテンシーも含め賃金を総合的に決定する方式を採用すれば，人事制度が複雑化しボリュームが増え，何を重視するのかの焦点がぼやけてしまう。多忙な業務に追われ，評価の時期に落ち着いて振り返る時間が取れなかったら，せっかくのコンピテンシーも効果を得られないままに終わってしまう。

　もう一点注目すべきは，現代の若者世代における指示待ち的な性向である。

所属する組織に対する帰属意識が弱いという点は多くの論者が指摘するとおり
である。自ら向上心をもち，努力を続けるハングリー精神旺盛なタイプの従業
員に対してならコンピテンシーは有効であろうが，指示待ち型の若者がコンピ
テンシーを「何をやれば OK ですか？　評価されますか？」というような消極
的な義務遂行のように捉えると，コンピテンシーは創造的な仕事を生むのでは
なく，低評価を受けないためにこなさなくてはならない最低限度のラインと化
してしまう。そうならないために，人事部や上司のフォローがとても重要にな
る。優秀者を真似るというやり方は，従業員層の業務遂行レベルのボトムを揃
えるという効果はあるが，業務遂行が没個性的になり，主体性を育まない事態
を招きかねない。個々の従業員に業務に対する当事者意識を期待したはずのコ
ンピテンシーは，やり方を間違えると逆効果を生むこともありうる。

［3］　人事考課の今後

　本章では，人事考課制度における新たな流れとして，制度の精緻化に傾倒し
たコンピテンシーと大括り化を進めたノーレイティングという一見すると逆方
向にみえる改革を取り上げた。だが，両者はいろんな部分で通底している。
　第一は，人事考課と教育訓練・能力開発の融合である。これまで日本の人事
考課では，評価・処遇・能力開発の 3 側面のうち，3 つ目の能力開発が軽視さ
れている点が課題として指摘されてきた。コンピテンシーは高業績者を手本と
することによって，ノーレイティングは日常的に上司が指導することによって，
それぞれ教育訓練・能力開発を重要視している。相原は多くのハイパフォーマ
ーは何らかの経験をきっかけとしている点を強調する（相原，2002，100頁）。
他人の成功体験を模倣学習して自らのものにするというのがコンピテンシーの
原理だが，本来的なハイパフォーマーを生み出すためには，企業が従業員に失
敗を経験させ成長させる余裕を与えられるかどうかがカギになってくるであろ
う。
　第二は，両者はともに手間と時間をかけているという点である。専門家の多
くは，コンピテンシーはだいたい 2 年前後で見直す必要があると説く。従来の
人事制度改革で 2 年といえばまだ様子見の時期であり，それに比べると圧倒的

に見直しの期間が短く，かつ常に見直しが必要である。コンピテンシーは委員会を立ち上げるだけでも従来の人事制度と異なり時間をかけているのに，さらに手間がかかる。これはノーレイティングでも同じで，日常的に課題を与え評価しフィードバックを行うには，1回当たりは短時間であっても多頻度の対話という手間がかかっている。

　第三は従業員とのコミュニケーションの大切さである。ノーレイティングでは評価よりも上司と従業員の日常的なコミュニケーションを重要視する。相原は，コンピテンシー導入において人事部主体で進み，なぜ制度導入するのかについて十分なコミュニケーションが従業員との間で取れていないとうまく機能しないという（同上，194頁）。できるだけ多くの従業員にコンピテンシーの構築作業への参加を促せば，評価制度に対する当事者意識を醸成することができるであろう。

　上記の3点に注意を払っていけば，従業員の人事考課制度に対する納得性は自然と高まり，従業員のモチベーションも向上する。他社がやっているからというだけで，表面上，形だけ真似ただけなら，コンピテンシーもノーレイティングも機能しないであろう。

　本章の冒頭で，人事考課導入に戸惑う労働者の様子を紹介した。どんなに精緻化したとしても，完璧な評価制度をつくることはできない。成長が鈍り，付加価値を生みにくい現代の企業経営において，従業員から信頼され，付加価値を上げ続けることができるかどうかは，収益性が低くても従業員とのコミュニケーションに手を抜かず，評価に時間と金をかける覚悟がトップマネジメントにあるかにかかっているといえよう。

注
(1)　人事考課については，能力・情意・業績の3要素で評価するのが一般的だが，近年は「行動評価」を4つ目の要素と捉える定義もある（上林，2016，第11章）。
(2)　他の役職では，「行動プロセス」を評価対象としている割合は課長73.0％，部長67.0％，「コンピテンシー」が課長23.5％，部長22.6％である。
(3)　新しい動向で研究途上の分野であるが，詳細は松丘（2016）や鈴木（2017）を参照されたい。
(4)　コンピテンシーについては実に多様な解釈がある。本章では深く立ち入らないが，その議論については，加藤（2011）が丁寧に整理している。

引用参考文献

相原孝夫（2002）『コンピテンシー活用の実際』日経文庫。

上林憲雄編著（2016）『人的資源管理』中央経済社。

大滝令嗣（1996）『営業プロフェッショナル高業績の秘訣』ダイヤモンド社。

太田隆次（1999）『コンピテンシー――アメリカを救った人事革命』経営書院。

鹿嶋秀晃（2008）「成果主義賃金制度における客観性」『駒大経営研究』第39巻第3・4号，19-34頁。

加藤恭子（2011）「日米におけるコンピテンシー概念の生成と混乱」日本大学経済学部産業経営研究所『産業経営プロジェクト報告書』。

厚生労働省大臣官房統計情報部編（2002）『平成14年版雇用管理の実態』労務行政。

産労総合研究所編（2017）「2016年評価制度の運用に関する調査」『賃金事情』2732号，2017年1月5，20日。

鈴木良始（2017）「アメリカ企業における業績評価制度（ノーレイティング）の変革運動」『同志社商學』第69巻第3号，17-34頁。

日経連職務分析センター編（1989）『職能資格制度と職務調査』日経連広報部。

原井新介（2002）『キャリア・コンピテンシー・マネジメント』日本経団連出版。

古川久敬編著（2010）『人的資源マネジメント――「意識化」による組織能力の向上』白桃書房。

松丘啓司（2016）『人事評価はもういらない』ファーストプレス。

本寺大志（2000）『コンピテンシー・マネジメント』日本経団連出版。

吉田誠（2007）『査定規制と労使関係の変容』大学教育出版。

労働政策研究・研修機構編（2010）「今後の企業経営と賃金のあり方に関する調査」。

労務行政研究所編（2016）『労政時報』第3903号。

[推薦図書]

高原暢恭（2008）『人事評価の教科書』労務行政。

　　企業で働く実務家向けの本であるが，事例も豊富で具体的なひな形などもあり，人事考課全般を学ぶのによい。

松丘啓司（2016）『人事評価はもういらない』ファーストプレス。

　　本章ではあまり触れられなかったノーレイティングについて，導入の経緯やアメリカの事情などがまとまっている。

相原孝夫（2002）『コンピテンシー活用の実際』日経文庫。

　　コンピテンシーを単体で扱った本が少ない中，功罪どちらかに偏らず，基本的考え方から導入時の注意点までバランスよく学べる。

（鹿嶋秀晃）

第9章

労働時間管理の変貌

　この章では，「働き方改革関連法案」成立に至る流れとその法案から，労働時間管理の変貌をみてみたい。労働時間管理をめぐる労使の考え方も明らかになる。

1　労働時間管理と現代日本の様相

1　労使にとっての労働時間

　労働時間管理とは，企業が従業員（労働者）の就労を時間単位で管理するものである。歴史的にみて，企業は労働時間を延長することで資本の収益性を高めようとする性質があるが，労働運動の高まりと労働力確保の必要性から労働時間は法律によってルール化されるようになった。現代の日本では，労働基準法により，使用者は労働者に「1日8時間，週40時間」を超えて働かせてはならない（第32条）。労働基準法で示されている基準は，「人たるに値する生活を営むため」の「最低基準」というのが原則である（第1条）。

　労働者にとって，労働時間は最も基本的な労働条件のひとつである。労働時間が無制限に延長されると，労働に伴う心身の疲労が回復できず，「命と健康」を脅かされることになる。また，労働時間が長いと生活や余暇に充てる時間が確保できなくなるため，生活上の困難を抱えることになる。まさに，労働時間はワーク・ライフ・バランス（Work Life Balance：WLB）や働き方に通じるテーマだ。

　労働時間管理は，法令によるルールのもとで行われる。使用者（経営者）側にとってみれば，法令は労働時間管理の枠組みであって，組織を通じた指揮命令のもとで行われる具体的な業務量や職場のマンニング（要員数），管理の仕

方によって，労働者一人ひとりの労働時間は変わる。また，労働時間が所定労働時間を超えると，残業代や割増賃金が発生する。つまり，労働時間は企業や職場単位の予算（人件費），労働者の賃金とも関係する。

　厚生労働省「毎月勤労統計調査」によると，2017年の「常用雇用者（パートタイム労働者を含む）」一人当たりの平均年間総労働時間は1781時間と推計される（30人規模以上，調査計）。1996年の年間総労働時間は1919時間であったから，年間138時間の時短が進んだことになる。その間，年間出勤日数は240日から224日に減少している。だが，総務省「労働力調査」によって男性一般労働者の一人当たり平均年間総労働時間を推計すると，2017年は2340時間であり，1996年の2370時間と比べても高止まりしている状況である。賃金未払残業だけでなく，「過労死・過労自殺」もなくなったわけではない。

　労働時間法制の規制緩和が進むことで，使用者側は労働時間を管理するための選択肢が増える。時季や業務量の変動による労働時間の増減を年間ベースでならすとともに，残業代を一定額で管理したり「ゼロ」にすることも可能になる。特にホワイトカラー労働者の場合は，使用者の管理責任は軽減され，管理の仕方や労働者個々人の裁量によって労働時間の実態がみえにくくなる。その分，労働者側は長時間労働につながる危険性を伴う。

［2］　「働き方改革関連法案」にみる労働時間をめぐる議論

　2018年6月29日，「働き方改革関連法案」が参議院で可決成立した。「働き方改革」の名のもとに行われようとしている法改定は，今後の労働時間管理の変貌を見通すために参考になるだろう。公平な企業間競争を確保しつつ，WLBや働き方に関わる様々な問題の解決につながるような公正な労働条件を実現するために，長時間労働を抑制できる労働時間法制を整備できるか。それとも企業や職場，労働者個々人の「裁量」ということで長時間労働の実態を是認してしまうものになるのか。社会的な「改革」や企業の労働時間管理の変貌を評価するためには，この点がひとつのポイントになるだろう。労使の考え方やその先に展望されるものを含めて，「働き方改革」に関わる議論を追ってみよう。

　2016年1月22日，安倍晋三総理大臣は施政方針演説で「『一億総活躍』への

挑戦」を始めるとした。一連の会議を経て，2016年6月2日に「ニッポン一億総活躍プラン」が，閣議決定された。なかでも「最大のチャレンジは働き方改革」だとして，「同一労働同一賃金の実現」と並んで「長時間労働の是正」が取り上げられている。この「プラン」によると，36協定における時間外労働規制について検討を開始して，「時間外労働時間について，欧州諸国に遜色のない水準を目指す」としている。[2]

　2016年8月の内閣改造で「働き方改革担当大臣」が新設され，9月から「働き方改革実現会議」が開催された。[3] 使用者側の有識者は，企画業務型裁量労働制の見直しや高プロ制度の創設を含む，「労働基準法等改正法案」の早期実現を求めた。一方，労働者側，連合の神津里季生会長は36協定の適正運用とあわせて時間外労働の上限規制を強く求めた。

　2017年3月13日，経団連の榊原定征会長と連合の神津会長は，安倍総理を交えた会談をもち，時間外労働の上限規制について労使合意に至ったことを発表した。[4] この合意内容は，「働き方改革実行計画」に反映され，労働政策審議会に付されることとなった。

　「働き方改革実行計画」は，2017年3月28日に決定された。この「計画」には，上限規制に加え，「雇用型テレワーク」を促進するための事業場外みなし労働時間制の活用，クラウドソーシングの拡大を背景とした個人請負労働というべき「非雇用型テレワーク」の増加とその支援策，副業・兼業の推進に向けたガイドラインづくり等も「柔軟な働き方がしやすい環境整備」ということで取り上げられている。[5]

　「働き方改革実行計画」を受けた労働政策審議会労働条件分科会（以下，分科会）での議論は，2017年4月7日（第131回）からはじまっている。分科会（第133回）で上限規制の実質的審議がはじまった2017年4月27日，「過労死等防止対策推進会議（第8回）」が開催され，「働き方改革実行計画」が議論されている。そこでは，医師，自動車の運転業務，建設事業，研究開発業務を「上限規制」の適用除外とすることに強い危惧が示されている。たとえば，専門家委員として出席している川人博弁護士は，「オリンピック関連工事の過重業務に従事して亡くなった方」の事案は「過労死」が強く疑われることを紹介し，

今後の建設業を中心とする業務量の増大と「過労死」発生の危険性を懸念している。同じく専門家委員，森岡孝二教授は，もともとの法定労働時間である「1日8時間，週40時間を超えて働かせてはならない」という「労働基準法の原点がほとんど感じられない，志の大変低い基準」だ，単月「100時間未満というのは，むしろ過労死多発時間外労働」であって，これが「実行計画」で示されることで，「36協定の協定時間の上限がその線まで引き上げられる危険性」が否めないと指摘している。当事者代表委員である「全国過労死を考える家族の会」代表の寺西笑子氏は，労働時間の適正把握が本当に大事だということに加えて，上限規制の内容が単月100時間未満，複数月で80時間とされていることに対して，「こうした過労死ラインを……法律に明記するということは，……過労死をゼロにする，ワークライフバランスという方針に反するのではないか，矛盾するのではないか」「これも濫用するような形で使われると，いつ倒れても不思議ではない，命を脅かされる働き方がまかり通」るのではないかと切実な懸念を示している。そして，1日，1週間の上限も明記すべきであることと，この会議での意見が労政審での議論に反映されることを要望している。寺西氏は「かけがえのない命より大切な仕事はない……。過労死をゼロにし，健康で充実して働き続けることのできる社会へというこの協議会の目指す方向に向けて，矛盾のない形で今後も進めていっていただきたい」と訴えている。[6]

　同日の第133回分科会では，このような「実行計画」に対する「かなり厳しい意見」があったことも紹介されてもいる。だが，2017年6月5日の分科会（第136回）で「報告書」が取りまとめられ，今回の上限規制の内容となっている。[7] この「報告書」による建議は，分科会での一連の議論を踏まえてはいるが，労働者側委員の要望や「過労死等防止対策推進会議」での議論が反映されているとはいえない。

　続いて分科会では，2017年8月30日（第138回）より，これまでの議論を一括した法律案にするための審議をはじめている。法律案を「一本化する必要がある」との事務局の認識に対して，労働者側委員は全員，「一本化」に反対している。高プロ制度の創設と裁量労働制の拡充には反対しているためだ。労働者側委員は，上限規制を評価するとともに，月60時間超の時間外労働に伴う法

定割増率（50％）の中小企業向け猶予措置の廃止と年休の取得促進について法案に盛り込むことを求めている。使用者側委員は「一本化」に賛成している。労働者の健康確保措置を前提としながらも，高プロ制度の創設と裁量労働制の拡充を求めている。使用者側委員が労働時間制度の柔軟化を求める根拠は，それまでとあまり変わりはない。「企業間競争の激化を踏まえてイノベーションと生産性向上を図るために必要だ」というものだ。そして，いずれも「働き方の選択肢を増やす」ためという文脈で語られている。その一方で使用者側委員は，上限規制の適用や法定割増率の中小企業向け猶予措置の廃止には，十分な準備期間をとることを要望している。

　分科会では，労働者側委員から裁量労働制適用労働者の労働時間が長い傾向があるとの調査結果が示されている。労働者側委員は「企画業務型裁量労働制の対象労働者のケースでも，過労死が発生して」いることについても言及している。企画業務型裁量労働制の適用者に「過労死はない」とした衆院予算委員会での厚生労働大臣発言を，事実でもって訂正している[8]。使用者側委員からも「労働時間が短いものもいる」などとの反論はない。

　労使双方の委員は，上限規制そのものには原則賛成している。答申では「労働基準法70年の歴史の中での大改革」と評価されている。しかし，高プロ制度の創設と企画業務型裁量労働制の拡充については，労使で意見はまとまっていない。労使の意見が分かれるテーマに対して公益代表委員は，議事録を見る限りほとんど発言していない。唯一，日本大学の安藤至大准教授だけが，「全て不要かというと，必ずしもそうではない」とし，大学教員の場合を例にあげている。その上で，労働者側からの懸念に一定の理解を示しつつも，懸念を払拭するための仕組みづくりや適用範囲の限定が大切だとしている（第138回）。

　労使の意見の隔たりにもかかわらず，2017年9月15日の分科会（第141回）で荒木尚志分科会長は，「これまでの審議の到達点を……取りまとめる」とした。答申では「おおむね妥当と認める」が先にあり，企画業務型裁量労働制の拡充と高プロ制度の創設は「長時間労働を助長するおそれがなお払拭されておらず，実施すべきではないとの考え方に変わりはない」との労働者側委員の意見が併記されている。これをもって，働き方改革関連法案の法律案に関わる議

論も，「全体としておおむね妥当」ということで答申された[9]。

2018年1月29日の衆議院予算委員会で，立憲民主党の長妻昭議員の質問に対して，安倍総理は労働法制のさらなる規制緩和に意欲を示しつつ，「裁量労働制で働く方の労働時間の長さは，平均的な方で比べれば一般労働者よりも短いというデータもある」と発言した。安倍総理は，厚生労働省「平成25年度 労働時間等総合実態調査」をもとにこのような発言をしたが，データの理解が誤っているとの指摘が続き，精査を約束せざるを得なくなった。2月19日に厚生労働省がデータの検査結果を公表すると，データの誤りが多数見つかり，「ねつ造」を指摘されるに至った。2月28日，安倍総理は「働き方改革関連法案」から企画業務型裁量労働制について全面削除するよう指示した[11]。しかし，高プロ制度を含む「働き方改革関連法案」は，「アベノミクス最大のチャレンジ」「必ずややり遂げるという強い決意を持って取り組んで」いくと明言している。ここでも高プロ制度は，「高度プロフェッショナルな方々がその意欲や能力，創造性を存分に発揮できるようにするための制度であり……，年間104日の休日確保の義務づけなど健康確保措置を強化しつつ，希望する方には柔軟な働き方を選択していただけるようにしていくもの」であると答弁している[12]。

2018年4月6日，安倍内閣は「働き方改革関連法案」を閣議決定し，国会に提出した。2015年4月，「労働基準法改正法案」を国会に提出してから3年間が経過している。

2 「働き方改革関連法案」による労働時間管理の様相

「働き方改革関連法案」は，2018年4月27日の衆議院本会議で審議入りした。立憲民主党など野党6党は一連の政治的スキャンダルで審議拒否を続けたものの，同法案は，6月29日，参議院で可決成立した。

ここでは，その法案の内容から労働時間管理に関わる部分をみてみよう[13]。

1 時間外労働の上限規制

法定労働時間（1日8時間，週40時間）を超える時間外労働の限度が，現行

の厚生労働省告示から法律に格上げされる。その上限は，月45時間，年360時間が原則となる（1年単位の変形労働時間制の場合は，月42時間，年320時間）。36協定はこの上限を超えないよう締結するとともに，使用者はこの上限を超えて働かせてはならない。

　ただし，「通常予見することのできない業務量の大幅な増大等に伴い臨時的に」この上限を超えて労働させる必要がある場合は，年720時間が上限となる。この場合も1カ月単位で100時間未満，複数月にわたっても平均80時間を超えてはならない。1カ月単位で45時間の上限を超えることができるのは，6回（6カ月）に限られる。

　なおも，「新たな技術，商品又は役務の研究開発に係わる業務」，つまり特定の研究開発業務は，上限規制の適用除外となる。「医業に従事する医師」も適用除外となる。さらに，建設事業と自動車運転業務への上限規制の適用は，法律の施行（2019年4月）後5年間猶予される。適用後も，建設事業は「災害時における復旧及び復興の事業」について適用除外となる。自動車運転業務は，45時間の上限を超えることのできる月数（6カ月）が適用除外になり，その場合年960時間が上限となる。

　上限規制は，「労働基準法70年の歴史の中での大改革」とされているが，まずは枠組みだけといった体で，その内容は現行の限度基準やいわゆる「労災（過労死）認定基準」の労働時間の目安を踏襲したものにすぎない。使用者にとって，36協定や限度基準は労働時間管理の総枠であって，具体的な労働時間を定めるものではない。それでも，上限を超えて働かせた場合，使用者に罰則が適用されることになるため，36協定の運用が不適切な場合と同様，年間3000時間労働に及ぶようなケースには歯止めになるだろう。

　しかし，特別条項付36協定の協定時間が長い事業場ほど一般労働者の「最長の者」「平均的な者」いずれも平均的な労働時間の実績は長い傾向にあることは，すでに明らかにされている。また，上限規制の内容を整理すれば，「欧州諸国に遜色のない水準」どころか，適用除外のケースも合わせて「長時間労働の是正」効果は疑わしくなる（表9-1）。

表 9 - 1　時間外労働の上限規制による労働時間の総枠

期　　間	本来の制限 (労働基準法第32条)	告示による限 度基準 [2]	上限規制 (一般則)	上限規制(臨時的特別 な事情がある場合) [3]	労働時間の 総枠
1 日	8 時間	なし	なし	なし	なし
1 週間	40時間	15時間	なし	なし	55時間～なし
1 カ月 [1]	171～177時間	45時間	45時間	100時間未満	216時間～277 時間未満
(複数月)		2 カ月81時間 3 カ月120時間		平均80時間	平均254時間
1 年	2,085時間	360時間	360時間	720時間	2,805時間

(注)　1)　週40時間の原則を基にして，対象期間の労働時間は，40時間×対象期間の暦日数／7 で計算でき
　　　　　る。
　　　2)　「労働基準法第36条第 1 項の協定で定める労働時間の延長の限度等に関する基準」2009年厚生労働省
　　　　　告示第154号。
　　　　　本表では， 2 週間， 4 週間の限度時間を省略している。
　　　3)　1 年につき 6 カ月以内。
(出所)　筆者作成。

2　中小企業における月60時間超の時間外労働に対する割増賃金の見直し

　労働基準法の改正によって，2010年 4 月から 1 カ月当たり60時間を超える時間外労働については，法定割増率が「25％以上，50％以下」から「50％以上」に引き上げられている（第37条）。改正の際，小売業・サービス業では資本金5000万円以下，従業員数50人以下など，一定の条件に該当する中小企業は，割増率の引き上げが適用猶予となっているため，いわゆる「ダブルスタンダード」が問題視されてきた。この猶予措置は，法施行後 3 年経過後にあらためて検討するとされていたが，2018年現在も適用猶予が続いている。

　今回，この「ダブルスタンダード」を解消するため，中小企業向け猶予措置の廃止が法案に盛り込まれている。だが，その施行は法案成立から 5 年後とされている。

　月60時間超の時間外労働に対する割増賃金は，労使協定締結を条件に割増率の引き上げ分を代替休暇を与えることで代えることができる（第37条③）。つまり，時間単位年休でもって割増率を法定25％に据え置くことも可能である。

［3］　使用者による年次有給休暇の時季指定

　使用者は，10日以上の年次有給休暇（年休）が付与されている労働者に対して，5日分，毎年時季を指定して年休を取らせなければならない。労働者本人が時季を指定して年休を取得した日数や，計画的年休で取得する日数が5日以上あればこの限りではない。

　近年，年休の取得率は，50％を下回る状況が続いている。厚生労働省「平成29年度就労条件総合調査」（2017年12月27日発表，第5表）によると，2016年の労働者1人平均年次有給休暇の取得率は49.4％となっている。使用者による時季指定が義務化されることで，取得率が向上するのではないかと見込まれている。

［4］　労働時間の状況の把握の実効性確保

　労働安全衛生法を改正し，労働者の労働時間の状況を客観的な方法によって把握しなければならないこととする。特に長時間労働に従事し，省令で定められた労働時間を超える者に対して医師による面接指導を実施することが使用者に義務として課せられることに絡み，労働時間を把握しておかなければならないという立てつけになっている。

　しかし，たとえば「46通達」（2001年4月6日 厚生労働省労働基準局長通達 基発第339号）でも，使用者による労働時間の把握義務は確認されてきたことである。その「実効性」が確保できるかどうか，法的効果が実際に現れるかどうかは，引き続き見定めるしかない。

［5］　フレックスタイム制の精算期間延長

　フレックスタイム制の精算期間を現行の1カ月単位から3カ月単位に延長できるようにする。ただし，精算期間が1カ月を超える場合は，1カ月単位で週当たりの労働時間が平均50時間を超えないよう定めなければならない。

　フレックスタイム制は，精算期間中の所定労働時間を定めておいて，出退勤の時刻，つまり各日の労働時間を労働者に委ねるため，WLBの確保に適した労働時間管理制度だと評価されている。しかし，精算期間が延長されることで，

使用者にとって労働時間の「貸し借り」が容易になる。その点では，普及促進に効果的かもしれない。なお，賃金全額支払いの原則（労働基準法第24条）があるため，この改定で使用者にとっての「労働時間の借り」，つまり当月に所定労働時間を超えて働かせた部分を「残業代」として支払う代わりに，翌月か精算期間内に早く帰らせるなどの形で相殺することはできない。逆に，当月に所定労働時間相当分の労働がなされない場合は，その分を翌月か精算期間内の所定労働時間を超えて働かせた部分で精算することはできるようになる。使用者にとっての「労働時間の貸し」は可能になるため，業務の繁閑に応じて残業代をコントロールしやすくなる。

6 　勤務間インターバル制度の普及促進

「労働時間等設定改善法」を改正して，深夜業の回数および前日の終業時刻と翌日の始業時間の間に一定の休息時間が確保できるように定めることを使用者の努力義務とする。

労働者の健康確保措置とすれば，勤務間インターバル制度は効果のある制度だと評価されている。ただ，法案では努力義務にとどまる。

7 　高度プロフェッショナル制度の創設[15]

法案では「特定高度専門業務・成果型労働制」という名称が与えられている。事業場に委員会を設置し，委員の4/5以上の賛成決議と，一定の職種と年収要件（少なくとも1000万円以上とされている）に該当する労働者本人が書面等で同意した場合，健康確保措置を講じた上で，労働時間，休憩，休日，深夜割増に関する労働基準法の規定を適用除外にする制度である。創設を主張する人たちは，本人同意と健康確保措置の充実をアピールする。それでも，法的効果としては，使用者の労働時間管理責任を緩和するとともに，「残業代ゼロ」のホワイトカラー・エグゼンプションに他ならない。労働時間の歯止めが実質的になくなるため長時間労働，場合によっては健康や生命にも危険が及ぶことが懸念される。そのため，労働組合や「過労死」問題に取り組む団体，弁護士会などの反対意見は多い。

　だが，高プロ制度は独立自営業者のアナロジーで語られているため，その導入を好意的に捉える人も一定数いる[16]。言い換えると「会社員でありながら，フリーランスのように働ける」というイメージだ。すでに労働時間管理の適用除外になっている管理監督者（深夜割増は適用される）からすれば，部門で責任を負うことも多い「残業代」のかからない「管理職候補」としての働かせ方もできる。同じく事業場外みなし労働時間制で働く営業マンからみても，年収要件と職種ゆえ「残業代ゼロ」でも違和感はないのではないか。

　高プロ制度は，上限規制など「長時間労働の是正」のための法改正とセットで提案され，法案化されている。①労働時間の量的上限規制，②休日・休暇取得に向けた取り組み，③高プロ制度創設の3点セットは，2013年12月の規制改革会議での意見や産業競争力会議の政策文書ですでに提案されている。「それぞれが個別に議論されると，使用者側／労働者側いずれかから反対を受け，議論が進まない」と認識されていたためだ。その認識はずっと堅持されており，法律の改正による長時間労働の是正が進まない事態を招いている。

3　企業の取り組みと労働時間管理の展望

　2018年3月9日付の『日本経済新聞』は，2018春闘で「働き方改革」が労使交渉の主要テーマになっていることを伝えている。この記事では，「19年4月の施行を目指す政府の残業規制を先取りして」，主要電機各社が残業時間の上限や勤務間インターバル制度を労使交渉のテーマにしているという[17]。他にも，『日本経済新聞』は「働き方改革」に向けた各企業の取り組みを伝えている。たとえば，すかいらーく，ビックカメラ，イトーヨーカ堂，ドラッグストアのウエルシア薬局で勤務間インターバル制度を導入しようという動きがみられる（2018年4月7日付）。クボタでは，2019年をメドに生産現場で蓄積された生産性改善のノウハウを事務部門に応用し，本社勤務の150名を対象に残業を半減する取り組みをはじめた（2018年4月5日付）。京王電鉄など首都圏の鉄道各社が時差出勤を可能にする勤務体系構築に乗り出した（2018年3月18日付）。伊藤忠商事では，「朝型勤務」導入などの取り組みを進め，残業代などの経費を約

６％減らした。同社の岡藤正広社長（当時）は「効率と生産性を高めた結果，給料が増え残業も減る。……『あんなに残業をするのは格好悪い』という風土や企業文化を作っていかなければ……」と語る（2017年1月30日付）。

　これらは，企業の取り組みとしてごく一部に過ぎない。それでも，法改正以前に労使の取り組みによって長時間労働を是正したり，業務の見直しによって生産性を向上させることは可能だということを教えてくれる。

　その一方で危惧すべきは，高プロ制度にも関わるフリーランス的な働き方の拡大である。政策文書から新聞報道まで，テレワーク，在宅勤務，副業・兼業も注目されているが，これらは「ギグエコノミー」拡大への布石にもなりうる。フリーランスは，労働基準法や最低賃金法などの労働法が適用されない。そのため，本来のフリーランスを保護する制度の検討は必要だろう。その一環として，2018年2月，公正取引委員会は，「不利な取引条件の押しつけ」などは「独占禁止法上問題になる場合がある」との考えを示している。[18]

　ホワイトカラー労働者のフリーランス化の促進，その前段階として副業・兼業の容認が進むならば，長時間労働の是正や働きやすさに向けた取り組みも個別企業での労使では限界がある。一応，労働基準法は，事業場を異にする場合も労働時間は通算され，法定労働時間のルールが適用されるものとしている（第38条）。この規定は，使用者（企業）を異にする場合も適用される。だが，その場合労働時間の実態を把握するのは，より困難になる。「イノベーションの促進」「起業の活性化」という美名のもと，政策的に副業・兼業が進められたり，個別企業における労働者の処遇改善が進まないなど労働者側の事情によっては，長時間労働問題は新しいステージに進むかもしれない。

注
(1)　首相官邸HP「第190回国会における安倍内閣総理大臣施政方針演説」2016年1月22日（2018年4月25日アクセス）。「一億総活躍社会」とは，2015年10月に発足した第三次安倍改造内閣で「アベノミクスの第二ステージ」とされ，安倍総理自身の宣言に由来する政治目標である。
(2)　首相官邸HP「ニッポン一億総活躍プラン」（2016年6月2日閣議決定），8-9頁。この施政方針演説を受けて，塩崎厚生労働大臣（当時）の肝いりで「働き方の未来2035：一人ひとりが輝くために」という懇談会が設置され，2016年1月から7月にかけて12回の会合が開催されている。この懇談会の「報告書」（2016年8月2日発表）は，もっとドラスティックに20年後の「働き方」

を予想している。つまり，AI など技術革新を活用し，時間や場所，雇用形態に関係なく働く働き方。多くの人が副業・兼業を進めた先に「企業の内外を自在に移動する働き方」である（9頁）。

(3)　一連の会議の議事録は，首相官邸 HP で公開されている。https://www.kantei.go.jp/jp/headline/ichiokusoukatsuyaku/hatarakikata.html　2018年3月21日アクセス。なお，この会議に参加している有識者は，使用者側の代表者が多い。労働者側代表といえるのは，生稲晃子氏（女優）を除くと，連合の神津里季生会長だけである。

(4)　日本経団連 HP「時間外労働の上限規制等に関する労使合意」http://www.keidanren.or.jp/policy/2017/018.html　2018年3月21日アクセス。

(5)　働き方改革実現会議「働き方改革実行計画」2017年3月28日12頁。首相官邸 HP　URL，前掲2018年3月21日アクセス。この「実行計画」は，「同一労働同一賃金など非正規雇用の処遇改善」への社会的関心も高い。他にも様々な政策が記載されているが，本章では労働時間に関する部分だけを取り上げている。

(6)　「第8回過労死等防止対策推進会議議事録」2017年4月27日。厚生労働省 HP　http://www.mhlw.go.jp/stf/shingi2/0000164855.html　2018年4月2日アクセス。

(7)　労働政策審議会「時間外労働の上限規制等について（建議）」2017年6月5日（労審発第921号），別紙「報告」。分科会の議事録と関連資料は，厚生労働省 HP。http://www.mhlw.go.jp/stf/shingi/shingi-rousei.html?tid=126969　2018年4月2日アクセス。

(8)　それぞれ，柴田謙司情報労連書記長，八野正一 UA ゼンセン副会長の発言。「労働政策審議会議事録第138回」（2017年8月30日）。柴田情報労連書記長は，同組織の調査を紹介して，IT エンジニアのうち「裁量労働制適用対象者の方が労働時間が長い傾向」にあることを指摘している（第139回）。大臣発言とは，第193回国会衆議院予算委員会（2017年1月26日）における民主党，大西健介議員の質問に対する塩崎恭久厚生労働大臣（当時）の発言。

(9)　同答申（案）は，「第141回労働条件分科会議事録」（2017年9月15日）。

(10)　「第196回国会衆議院予算委員会議事録」2018年1月29日。

(11)　『日本経済新聞』2018年3月1日付。

(12)　「第196回国会参議院予算委員会議事録」2018年3月2日。

(13)　厚生労働省「働き方改革を推進するための関係法律の整備に関する法律案要綱」および同「概要」2018年4月6日発表。

(14)　厚生労働省「平成25年度　労働時間等総合実態調査」（2013年10月）をもとにしたクロス集計表による。「第105回労働政策審議会労働条件分科会」（2013年11月18日）提出資料 No. 2-1。9-12頁「特別条項付き時間外労働に関する労使協定において定める特別延長時間別の法定時間外労働の実績」を参照。ただし，この調査結果は2018年4月現在，厚生労働省がデータを再精査している。

(15)　高プロ制度については，山本（2015）を参照されたい。

(16)　2018年1月，日本経済新聞とテレビ東京の世論調査では，「脱時間給制度」＝高プロ制度を導入することに賛成が42%，反対が39%と賛否が拮抗している。『日本経済新聞』2018年1月29日付。

(17)　『日本経済新聞』2018年3月9日付。

(18)　公正取引委員会「人材と競争政策に関する検討会報告書」2018年2月15日。

引用参考文献

山本大造（2015）「ホワイトカラー・エグゼンプションの論理─その批判的検討」『労務理論学会誌』第25号，37-54頁。

推薦図書

澤田幹・平澤克彦・守屋貴司編著（2009）『明日を生きる 人的資源管理入門』ミネルヴァ書房。

　　人的資源管理と明日のキャリアを展望するために役立つ。

澤田幹・谷本啓・橋場俊展・山本大造（2016）『ヒト・仕事・職場のマネジメント』ミネルヴァ書房。

　　日本の労務管理の変容を踏まえて人間性を重視したマネジメントを考えるための本。

日本労働弁護団（2015）『働く人のための労働時間マニュアル　Ver. 2』日本労働弁護団。

　　専門家がよく携行している。今後，バージョンアップも見込まれる。

（山本大造）

第10章

ライフデザインと自律的キャリア開発
──多様なキャリアを自ら選び取る──

　あなたが仕事に就くとき，就労形態や職種・業種，企業規模や企業方針によってキャリアとその開発方法は大きく変わる。本章はこれから社会に出ていくあなたが現代の急速な変化に飲み込まれないように，覚悟をもって自らのキャリアと向き合い，自らキャリアを切り拓き，ワーク・ライフ・バランスを充実させる準備をするための基礎知識を提供する。

1　キャリアの概念と理論：キャリア研究の到達点

　本章の目的は，読者がこの瞬間から職業能力を蓄えていく必要に気づき自律的にキャリア開発に取り組んでもらうことである。①業種，企業規模，企業の伝統や個性（単純作業の職場，新技術・新製品等のアップデート対応として知識習得が必要な職場，また昇進に厳しい競争が伴うか，企業がサポート体制を整えているかなど），②キャリアの段階（大学までの各種学校におけるキャリア教育，入社後の新入社員・中堅・経営幹部の段階，ニートなど無業からの入職，中途採用・転職，失業，起業など），③キャリア開発の方法（OJT，Off-JT，企業内教育プログラム，昇進・昇格とセットになった試験，自己研鑽，福利厚生制度としての教育補助など）により千差万別で，個別企業のキャリア開発事例を紹介しても実践で役立つ情報には成り難い。そこで，以下の先行研究整理からキャリア理論の流れを理解し，あなた自身のキャリアデザインを行う基礎知識にしてほしい。

　キャリアに関する先行研究は膨大で，心理学，教育学（学校から職業への移行としての職業選択理論：Parsons, 1909；Holland, 1973，生涯発達理論：Ginzberg, 1951，学校からの移行，ある職業から別の職業へ，雇用から失業や引退へと人生の中で幾回も遭遇する移行期に主体的な選択と意思決定を繰り返すキャリア発達理

論：Super, 1957；Erikson, 1963；Levinson, 1978）など，学際的に研究が積み重ねられてきている。

　キャリアを構成する 7 ～ 9 種類のライフロール（life-role）の重なり合いを虹にたとえたライフキャリアレインボー理論では，キャリアを「人生のある年齢や場面でのライフロールとの組み合わせとその連続」と定義し，豊かな人生を送るためのキャリア形成には職業上の志向や能力だけでなく，ライフロールとのバランスを重視する（Super, 1957）。

　組織行動学では「キャリアとは，ある人の生涯にわたる期間における，仕事関連の諸経験や諸活動と結びついた態度や行動における個人的に知覚された連続」と定義し，キャリアを「①昇進・昇格，②専門職，③生涯を通じた職務の連鎖，④生涯を通じた役割経験の連鎖」に分類している（Hall, 2002）。つまり，キャリアには職業に限定する「職業キャリア」と「人生の歩みを示すライフキャリア」とが混在しており，幅がある。

　また，キャリア発達理論を基礎としたキャリアサイクルモデル，個人が選択を迫られたときに最も放棄したくない価値観・能力をアンカーとするキャリアアンカー理論が提唱された（Schein, 1978）。これらの研究をもとに，教育界では進路指導からキャリア・ガイダンス，職業カウンセリングへと変化し，産業界でも人を管理する人事・労務管理理論から，人は企業の経営上最も大切な資源であるという視点に立つ人的資源管理理論へと変化し，付加価値を高める Career Development Program（CDP，キャリア開発プログラム）が導入された。

　日本では内部労働市場の形成を前提としてキャリア研究が進んできたが，今日の高失業率や産業構造の変化を背景に非正規従業員の活用が注目され，雇用・就業形態の多様化が進展し，内部労働市場の形成自体に疑問が投げかけられている。その結果，企業内部での教育からエンプロイアビリティの向上を支援するという動きに変化してきている。つまり，キャリア形成の主体が企業中心から個人中心へとシフトしつつある。

2　あなたのライフデザインとキャリアデザイン

　1　生涯を通しての生き方（ライフデザイン）とキャリアデザイン

　「あなたの夢は何か？　どんな生き方をしたいか？」「誰と，どこで，何をして過ごしていきたいか？」「どうしても（いつか）やってみたいことは何か？」「何を成し遂げて人生を締めくくりたいか？」「世の人々にどんな人だったと思い出してほしいか？」

　これらの問いに答えるためにはまずライフデザインを行い，そしてライフイベントに合わせた働き方を考えキャリアデザインを行わなければならない。働くことはあなたや大切な人の生活の糧を稼いだり，潤いのある生活を送るための金銭調達手段であり，自己実現を果たしたり充実感を得る手段であり，社会やコミュニティで人と出会い，仲を深めていく接点であり，自らの労働を通して生み出した価値を社会に還元する手段である。就職して一人暮らしを始める，結婚をする，マイホームを購入する，子どもをもち育てる，親の介護をする。こうしたライフイベントをいつ，誰と，どこで，どんなふうに迎えるのかは職業面でのキャリアと収入を得ることと絶対に切り離せない。

　2　家庭・学校・公的機関における職業指導とキャリア開発

　働かせる側としての企業の方針，学生の将来を応援する大学の方針，日本の将来を見据えた国力増強のための政府方針が相まって，三者が協力体制を築きつつ，地元企業への就職や，将来も存続が期待される有名・有力企業への就職支援が行われている。

　家庭では，両親が自らの仕事について話すことで子どもが将来の職業観の軸を形成したり，職業の多様性を書籍，キッザニア（KidZania）の利用などを通して伝えたりすることで職業選択を意識づけることができる。どこでどんな仕事をして誰と生きていくかを決めるライフデザインにおいて，両親や家族との将来の生活を思い描くことは重要である。

　学校，特に高校や大学では school to work としてキャリアガイダンス，キ

ャリアカウンセリング，そしていわゆる職業指導が行われているが，「学校教育の職業的レリバンスの低さ」も指摘されているように，学校だけでは職業教育は不十分（本田，2005，2009）であり，公的機関や地域との連携が求められ，実際に動き出している。

　経済産業省が2006年に提唱した「社会人基礎力」では，「現代社会は環境の変化が激しく，どんな状況でも応用できる基礎的なスキルを身に着けることが重要」と指摘している。職場や地域社会で多様な人々と仕事をしていくために必要な基礎的な力を，「前に踏み出す力」，「考え抜く力」，「チームで働く力」の3能力と細分化された12の能力要素にまとめている。近年の社会環境の変化に適応するために，「①外（異）への対応（異国，異地域，異業種，異分野など），②学び直しへの対応（技術や製品のライフサイクルの短縮化による学び直しのサイクルの高速化），③主体的行動（若者に求められる業務の質の高度化と，一人で仕事を進める場面も多くなることで，ますます自らが主体者となって仕事をデザインし，周囲に働きかけ，巻き込んでいく行動）」が求められている（経済産業省，2014，2頁）。さらに企業の視点からも新卒／中途採用正社員ともに採用選考時に求めるのは主体性で，自ら考えて動く労働者が求められている（マイナビ，2017，4，29-33頁）。

　一方，文部科学省は2013（平成25）年度から「COC事業」，2015（平成27）年度からは「COC＋事業」により，地域社会との連携強化による地域の課題解決や地域振興策の立案・実施を視野に入れた取り組みを進めている。大学が地方公共団体や企業等と協働して学生にとって魅力ある就職先を創出するとともに，地域が求める人材養成に必要な教育カリキュラム改革を断行する大学を支援し，地方創生の中心となる「ひと」の地方集積を目的としている（文部科学省，2013）。

　このように，若者のキャリア開発は家庭・学校・公的機関に組み込まれ，社会に出るかなり前からキャリアを意識せざるをえない環境は用意されているが，施策の性質上，地元企業や名の知れた大企業で正社員として働く以外の働き方，就労形態，キャリアの選択肢は示されることが少ない。NPOなどの各種法人，ベンチャー企業の立ち上げ（自営業）も選択肢のひとつである。優秀な「人

財」流出は日本にとって大きな損失ではあるが，海外や外資系企業で就労する道もある。そこで得た知識やスキルを基に，帰国後に新ビジネスをはじめるのも新しい風を呼び込むキャリアのあり方として若者にチャレンジしてほしい方法のひとつである。

　たとえばイギリスでは，大学卒業後就職までの1年余りの猶予期間（Gap Year，ギャップイヤー）を使ってフランスに行き，生活費の足しにフルーツもぎりのアルバイトをしながら異文化体験をして，その後の人生を考える若者がいる。一方日本では新卒一括採用・一斉教育の慣例により，大学卒業の3月から期間を置かず4月に入社する。大学入学前や卒業後に長期的に留学やボランティア，就労体験，旅行，あるいはただ心穏やかに人生の寄り道をすることは特例で，「学校から労働市場へのゴールデンチケット」を逃すことは不利である。こうした考えを打ち破るかのように，文部科学省は大学・短大・高専の人材養成機能の抜本的強化を目的とし，学生が国内外で多様な長期体験活動を経験できる「長期学外学修プログラム」（ギャップイヤー）を公募し，12事業が選定された（文部科学省，2015）。ギャップイヤーが日本でも普及して一般的に認められるようになれば，ライフデザインに基礎を置いたキャリアデザインを行うことにつながるだろう。

3　エンプロイアビリティの獲得

［1］　エンプロイアビリティを可視化する

　就労上，企業・業界・労働市場横断的に求められる一般的技能を「エンプロイアビリティ」（employability，雇用されうる能力）という。厚生労働省は，「A 職務遂行に必要となる特定の知識・技能などの顕在的なもの，B 協調性，積極的等，職務遂行に当たり，各個人が保持している思考特性や行動特性に係るもの（ここまでが見える部分），C 動機，人柄，性格，信念，価値観などの潜在的な個人的属性に関するもの（見えない部分）で，C は個人的かつ潜在的なもので具体的・客観的に評価することは困難と考えられるため，評価基準は A，B を対象につくることが適当」という（厚生労働省職業能力開発局，2001）。け

れども，むしろ見えない部分こそ就活時の面接や入社後にアピールしなければ
ならない部分で，就活生・新入社員はＣを可視化・エピソード化し，具体的
に相手に伝える努力が必要である。労働力獲得後，企業がコスト負担しエンプ
ロイアビリティを高めるとその労働者の転職可能性が高まり流出の危険性が増
すため，企業は転職防止のためにも企業特殊能力として自社内部での専門性を
高めることに積極的になる。

　企業は長期的な企業戦略に基づいた戦略的人的資源管理（SHRM）に基づい
て人事施策とキャリア開発を行うとともに，名称は「自己申告制度」「フリ
ー・エージェント制度」「社内公募制」など様々であるが，労働者のキャリア
選択希望を取り入れる動きに出ている。優秀な人財を雇用できる企業の能力，
労働者から選ばれる能力を「エンプロイメンタビリティ」（employmentability，
雇用する能力）といい，新たなキャリア開発に乗り出している企業がこれをも
つとされる。

2　新入社員に求められるエンプロイアビリティ：コミュニケーション能力と主体性

　経団連が企業会員に実施した調査（新卒選考に当たって特に重視した点，n＝
687）によると，上位はコミュニケーション能力（87.0%）と主体性（63.8%）
であった（日本経済団体連合会，2016，2-3頁）。4位以下の項目が軒並み前回調
査からポイントを下げているのに対し，コミュニケーション能力は13年連続第
1位，主体性は7年連続第2位で，学生が最も早く獲得すべきエンプロイアビ
リティといえる。多様な就労スタイルから自らにあったキャリアを選び取り，
ロールに合わせたライフデザインを実現できるキャリアを形成し，自分自身の
価値を高めていくために，企業や社会が求める能力としてあがるコミュニケー
ション能力と主体性の具体的内容に注目したい。

　バブル経済崩壊による若年層の不安定就業や企業の人事機能の強化の背景か
ら，職場が求める労働者像，若手労働者育成のための取り組みから課題とその
政策的対応検討のために実施された調査によると，企業がこれまで育成・確保
することを重視してきたのは，職場でチームワークを尊重することのできる人
材（76.2%），指示を正確に理解し行動できる人材（62.6%），担当する職務の

基礎となる技能や知識を十分身につけた人材（58.8％）である。一方，今後重視するのは，指示されたことだけでなく自ら考え行動することのできる人材（78.0％），リーダーシップをもち，担当部署等を引っ張っていける人材（68.2％），部下の指導や後継者の育成ができる人材（67.2％）である。若手人材でも転職者や既卒者の採用に当たり今後重視することは，コミュニケーション能力が高いこと（65.7％），業務に役立つ専門知識や技能，経験があること（62.4％），仕事に対する熱意があること（62.3％）の順となっている（JILPT，2012，6-7頁，n＝3392，複数回答）。企業は，指示されたことだけでなく自ら考え行動することのできる主体性をもち，さらに集団の中でも力を発揮することができる人材を重要視していることがわかる。

　では，企業の求めるコミュニケーション能力とは何か。「他者に何が課題かを説明し，課題解決の必要性について理解を得て，協働していくための双方向での対話力である。価値観の異なる相手とも双方向で真摯に学びあう対話力とは，単に友人と楽しく会話ができることではなく，企業内外の公の場で，上司や部下，同僚あるいは顧客等，相手の主張を正しく理解して円滑に対話できる力，また，臆することなく自らの考えを明確に述べ，説得することができる力である（交渉力も含む）。営業職はもちろん，技術職であっても，一人で仕事が完結することはありえないため，時には意見が違う相手の協力も得て仕事を進めていかなければならない。円滑なコミュニケーションを図るためには，個人として信頼される人間力の豊かさ，価値観の異なる相手と相互に認め合い，学び合う姿勢（協調性），相手を良く理解して自己の考えを明確に伝えるための知識や教養が不可欠である」（経済同友会，2016，5-6頁）。

　さらに「仕事の場面で要求される実務コミュニケーション能力は，①理解力：相手が言っていることを正確に理解できる。②説明力：自分の考えを相手に的確に理解させることができる。③連絡能力：相手への連絡（報告）を怠らず適時適切に行うことができる。④要件纏め力：さまざまな要件を纏め体系化して文書とすることができる。⑤提案能力：会話を通じて相手の要望を正確に把握し，さらに止揚し，ひいては格段に高めた価値を提案できる必要がある」（松本，2006，2頁）。コミュニケーション能力は企業が求める基礎能力を一言

表10-1　企業が若年者の就職に関して特に重視している就職基礎能力

コミュニケーション能力	意思疎通，協調性，自己表現能力
職業人意識	責任感・主体性，向上心・探求心（課題発見力），職業意識・勤労観
基礎学力	ビジネス文書の作成・読解，計算・計数・数学的思考力，社会人常識
ビジネスマナー	基本的なマナー
資格取得	情報技術関係，経理・財務関係，語学力関係

（出所）厚生労働省（2009）「YES-プログラムの概要」(http://www.mhlw.go.jp/houdou/2009/03/dl/h0313-4a.pdf　2018年 3 月28日アクセス）より筆者作成。

で表すものの，その内容は高度で多岐にわたる関連スキルも必要としている。入社試験等でその能力が身についていることを人事担当者に示すためにはグループディスカッション等で実務を想定した状況や，面接において他者と対話する中でこれらの能力をもっていることを具体的に示す必要がある。

　厚生労働省が創設した Youth Employability Support Program（若年者就職基礎能力支援事業：「YES-プログラム」）事業では，企業が若年者の就職に関して特に重視している就職基礎能力の修得支援を目的としている。コミュニケーション能力修得の目安として，意思疎通（自己を主張するとともに，他者の意見も聞き入れ，効果的にコミュニケーションを取る能力），協調性（互いの主張のバランスをはかり，調和を保つ能力），自己表現能力（状況に応じたプレゼンテーションを行う能力）をあげている（表10-1）。

4　ジョブホッパーとキャリアビルダー：米日転職事情

1　キャリアアップを目指す転職者「キャリアビルダー」

　アメリカでは次々と転職を繰り返すことを job-hopping，繰り返す人を job-hopper(s) と呼び，両極端の労働者を指す。一方のジョブホッパーは，待遇や労働環境の悪さなど企業側の問題，あるいは能力やモラール不足，人間関係トラブルや健康上の理由など労働者自身の問題により仕事が長続きせず，転職を繰り返すものである。一般的には 4 ～ 5 回を超える転職経験があるか 1 社での就労 2 ～ 3 年未満の転職を繰り返し，転職大国アメリカにおいてさえネガティブに捉えられることが多い。正反対に，キャリアアップ・待遇向上をめざす

ポジティブなジョブホッパーは，ハイテク産業が集積するシリコンバレーにおいてスキルを武器により良い労働環境を求めて転職するような者のことで，近年ではキャリアビルダー（career builder）と呼び分けるようになっている。こうした優秀な「人財」が高待遇を求めて他企業に流出してしまわないように，企業はリテンション・マネジメント（retention management）を行っている（第4章参照）。

　キャリアビルダー的転職は，①同業職種内でのキャリアを積み上げ前職で成果を上げており，さらなるチャレンジをする，②異業種への転向だが，ライフ／キャリアデザインを十分に行った上で，これまでの知識や経験を活かせる将来展望をもったキャリアチェンジをするケースである。両者とも，転職先の人事担当者に納得してもらえる建設的な転職理由，すでに身につけていて転職後に発揮できる知識やスキル，経験の一貫性を伝えることができるからこそ採用につながる。キャリアアップ実現の準備としてだけでなく，企業の将来も，業界の未来も，あなたや家族を取り巻く環境や条件も移ろいやすく不確実であることを常に忘れてはならない。リスクマネジメントとして転職や起業の可能性を意識してキャリアデザインを適宜更新していこう。

［2］　転職大国アメリカ

　アメリカの転職状況を確認すると，「1957～64年のベビーブーム以降世代は18～50歳間に平均11.9もの職に就いた。うちおよそ半数5.5職が18～24歳間，25～34歳間に4.5，35～44歳間に2.9，45～50歳間に1.7職」に就いた（米国労働省労働統計局（BLS），2017）である。年齢を重ねると転職回数が少なくなるとはいえ，かなり頻繁に行われている。

　また，自らのもつ専門的スキルをもとに，期限付きで業務単位の請負契約を場合により複数企業と同時に結ぶインディペンデント・コントラクター（Independent Contractor，独立業務請負人）が一般的になっている（2015年：1930万人，フリーランサーの36％，Ederman Berland, 2015, p. 9）。労働者の約3分の1（2017年：5370万人）がフリーランサーで，この増加率が持続すれば2027年には労働人口の半数を超える（Edelman Intelligence, 2017, p. 5）。次の仕事を得るた

めにも専門性を陳腐化させないようにスキルを磨き続ける必要が生じ，未払い
リスクや請負契約がない期間のための生活基盤を確保しなければならないが，
雇われ人として給与を得ているよりも高い報酬が見込め，就労時間のコントロ
ールが効く働き方である。日本でも2003年にNPO法人インディペンデント・
コントラクター協会が発足し，雇われない，雇わない働き方の認知・普及に向
けて活動中である。

［3］　日本の転職状況

　2017年平均の役員を除く雇用者5460万人のうち，正規職員・従業員は前年比
56万人増の3423万人，非正規職員・従業員は13万人増の2036万人である。これ
らのうち，男女計「転職者数」は311万人，同「転職者比率」は4.8%であった。
年齢階級別にみると，15〜24歳（57万人，11.1%），25〜34歳（79万人，7.0%），
35〜44歳（67万人，4.6%），45〜54歳（50万人，3.4%），55〜64歳（42万人，3.7
%），65歳以上（15万人，1.9%）であった（総務省統計局，2018）。

　表10‑2の各表を総合すると，30〜50代の転職回数が多く（**表10‑2‑2**），
学歴が高くなるにつれて転職回数は少なくなる傾向（**表10‑2‑3**）がある。日
本において転職は少ないイメージがあるかもしれないが，実際の転職数はそれ
を覆すほど多い。

　職場内外で起こる想定外の環境変化により自らのもつ専門性やスキルが陳腐
化する危険性を背景に，労働者側の職業観にも影響が現れ，働く意味と目的を
考え直し，転職に対する意識にも変化が生じている。一方では大企業男性正社
員を典型とし，労使双方の暗黙の了解事項である終身雇用を前提にコア・コン
ピタンスの醸成と発揮，社内での継承を期待され，継続的にキャリア開発／支
援を施されて「わが社」に報いようとする層と，他方では転職等で入社時から
すでに獲得しているスキルを活用しプロフェッショナルとして能力を発揮しよ
うとする層，定形業務をミスなく遅延なく実行して円滑な企業運営を支える層，
新卒・外国人・非正規など自助努力と自律化によりキャリアは自分自身で形成
することが期待される層などの複層化・多様化が起こっているのである。

表10‐2‐1　転職回数別一般正社員の転職者割合と
平均転職回数

（単位：％）

	2006年調査			2015年調査		
	総数	男性	女性	総数	男性	女性
合計（転職回数）	2.6	2.5	2.8	2.8	2.7	3.0
1回	31.5	33.5	27.3	28.8	32.1	24.2
2回	22.6	23.9	29.1	19.1	20.3	17.5
3回	21.1	19.8	23.6	20.0	18.3	22.5
4回	12.1	11.0	14.6	12.5	11.7	13.6
5回	6.1	5.7	6.9	8.4	7.5	9.6
6回以上	6.5	6.0	7.4	10.2	9.1	11.6

表10‐2‐2　年代別の平均転職回数

（単位：回）

	2006年調査	2015年調査
19歳以下	1.5	1.2
20～24歳	1.7	1.4
25～29歳	2.1	1.9
30～34歳	2.5	2.8
35～39歳	2.8	3.0
40～44歳	3.2	3.3
45～49歳	3.4	3.6
50～54歳	3.0	3.5
55～59歳	2.7	3.4
60～64歳	2.5	2.9
65歳以上	3.0	3.0

表10‐2‐3　学歴別の平均転職回数

（単位：回）

2006年調査		2015年調査	
―	―	中　学	3.7
中・高等学校	3.0	高　校	3.2
専修学校（専門課程）	2.8	専修学校（専門課程）	2.9
短大・高専	2.6	高専・短大	3.1
大　学	2.1	大　学	2.2
大学院	1.6	大学院	2.0

表10‐2‐4　今の会社での仕事内容別転職回数

（単位：回）

2006年調査		2015年調査	
専門的・技術的な仕事	2.5	専門的・技術的な仕事	2.7
管理的な仕事	2.3	管理的な仕事	2.5
事務の仕事	2.4	事務的な仕事	2.7
販売の仕事	2.5	販売の仕事	2.6
サービスの仕事	2.8	サービスの仕事	2.9
保安の仕事	2.2	保安の仕事	3.6
運輸・通信の仕事	3.4	生産工程の仕事	2.8
生産工程・労務の仕事	2.7	輸送・機械運転の仕事	3.7
その他の仕事	2.8	建設・採掘の仕事	3.0
不　明	3.5	運搬・清掃・包装等の仕事	3.1
		その他の仕事	3.1

（注）　1：一部地域を除く日本国全域で調査。事業所調査は日本標準産業分類に基づく14大産業に属する常用
労働者30人以上を雇用する民営事業所から抽出した約6700事業所，個人調査は上記事業所就業中の一
般正社員の転職者から抽出された転職者が対象。不定期調査で2015（平成27）年調査が最新。転職者
割合（％表示のもの）は調査より引用，転職回数（回表示のもの）は転職者割合の1～6回を用いて
（不明を除いて）筆者が計算。2006年と2015年で調査項目名が異なるものはそのまま表記した。
　　　2：転職者とは就業者のうち前職のある者で，過去1年間に離職を経験した者。
　　　　転職者比率（％）＝転職者数÷就業者数×100（総務省統計局，2018）
（出所）　厚生労働省（2015）「雇用の構造に関する実態調査（転職者実態調査）」「第6表　転職者実態調査の性，
年齢階級・学歴・今の会社での仕事内容，転職回数別一般正社員の転職者割合」http://www.mhlw.
go.jp/toukei/list/6-18.html　2018年3月30日アクセス。両年度の統計表は e-stat　https://www.e-stat.
go.jp/stat-search/files?page=1&toukei=00450074&tstat=000001015534。

5　ダイバーシティ時代の自律的キャリア開発

［1］　正規労働者のキャリア開発

　内部労働市場では，企業にとって最も重要な経営資源である人財を育て，同時に教育訓練にかけるコストを転職した他社にフリーライドされないよう企業特殊能力を獲得させるために，①効率的訓練としての OJT，②メンタリングを含む職場でのキャリア開発，③幅広い視野やスキルを身につけさせる Off-JT を行っている。これらには職場限定的な特殊能力を高め，人財流出を防ぐメリットがある。企業がこのコストを負担する最大の理由は，労働者の能力上昇により昇給・昇任の可能性や就業の継続性が高まることによる生産性向上を労働者と分かち合えるからである。ただし，労働者にはライバルとの競争に負けて出世街道から振り落とされないようにスキルとキャリアを開発し続けなければならないプレッシャーがつきまとう。裏を返せば，結婚・出産を機に職場を去る可能性のある女性，長期雇用を前提としない有期雇用者，外部労働市場から調達する派遣労働者などのキャリア開発はコストに見合わないことが予見されるために関与しない企業が大半となる。

　コース別管理により予め総合職と一般職を分けて転勤の有無・昇進可能性やそのスピードに差をつけ，エリートを育成する手法は人事部のある企業であれば必ず行っている。昇進・出世枠が少なくなっているからこそ，仕事を優先する生き方とそれ以外のことを優先する生き方は企業への応募時点で選んでおく必要がある。

［2］　就労先に頼らない自律的キャリア開発

　労働者派遣は契約成立時点で派遣先が求める能力をもつ者を派遣元責任で選定し派遣するビジネスモデルである。技術者派遣は派遣元常用型である場合が多く，教育訓練投資の回収が比較的期待できるため能力開発やキャリア形成が行われている実態があるが，登録型派遣では自助努力によっている現状がある。

　2015（平成27）年 9 月30日の改正労働者派遣法施行により，派遣元事業主に

派遣労働者のキャリア形成支援を課し，派遣先にも派遣労働者の職務遂行状況や能力の向上度合いなどのキャリア形成支援に必要な情報提供努力義務が定められた。けれども，一時的・臨時的雇用と位置づける労働者のキャリア形成という難しい状況を派遣元に要請することになっている。派遣労働者は，①概して勤続年数が短く，教育訓練投資の未回収リスクがあること，②職場（派遣先）と雇用主（派遣元）が異なるため計画的 OJT が難しく，派遣元で供給可能な教育訓練は一般的技能中心の Off-JT で転職可能性を高めること，③特に登録型派遣では労働者が複数派遣元に登録し，教育投資した派遣元と雇用関係を結ぶとは限らず派遣料金で投資額を回収できない可能性があることの３点から教育訓練投資を忌避されがちである。とはいえ，登録型派遣労働者は金銭的余裕も自己投資するための時間も少なく，正社員希望が叶わず非自発的に派遣になった場合には自己効力感の低さからスキルアップを諦めるという負のループに陥ることは想像に難くない。

　勤続年数の短さと教育投資の回収可能性の低さは，直接雇用である中小企業にも同様の傾向がみえる。人材育成にコストがかけられないこと，従業員の移動（離職）率が高いことが原因である。ハローワークやポリテクセンターなどでの職業訓練制度が活用できる。

　労働力人口の減少が明白な中で，女性，高齢者，外国人，障がい者雇用といったダイバーシティが一般化し，加えて限定正社員，正社員以外の多様な就労形態の労働者が同じ職場に複数存在するダイバーシティも進んでいる。労働者本人がワーク・ライフ・バランスをはかるための職業的キャリアとライフキャリアを自律的にコントロールするために，自分自身が「こうありたい姿」を確立する必要がある。こうして多様な人財が画一化せずに個性を発揮して自らの価値を高めていくことができる。

　企業は，人財が多様であることから新たな組織文化が生まれ，新アイディアやビジネスチャンスが生まれることを踏まえ，新卒採用の一括の人材育成プログラムでキャリア開発を行うことの限界に立ち向かう必要がある。

　キャリアは自ら切り開くものであり，生涯を通じて発達する・させるものであり，ライフデザインやライフロールに合わせて変更していくものである。企

Column　AI と雇用，バウンダリレスキャリア

　工業化をめざしていた時代には，安定した企業でスキルやキャリアを高めて定年まで勤め上げる職業人生像があった。21世紀に入り産業構造が大幅に変化し，突如出現した新技術や新サービスによりコア・コンピタンスを失う企業が現れ始め，とりわけ AI の進展によって将来的にはヒトの知能を超える Technological Singularity（技術的特異点）を突破し，AI に置き換わるといわれる職業（例えば電話営業，文書管理，データ入力，金融機関窓口，融資与信分析）まで出てきている。世界最大級の投資銀行ゴールドマン・サックスでも株取引の AI 自動化を進め，2000年に600名いたトレーダーは2017年にはわずか 2 名に減り，200名のコンピューターエンジニアが自動株取引プログラムを運用して補っている。

　日本でも金融と IT を組み合わせビッグデータを活用する FinTech の実用化が進んでいる。モバイルやクラウドコンピューティング技術の台頭も相まって，仮想通貨やスマートフォン決済に乗り出し，労働者は対応を迫られている。人口減少の中で労働力不足が現実化する傍ら，スキルやタレントの争奪戦が起こり，それをもたざるものは席の少ない職を奪い合う大競争時代は近い。雇用流動化も同時進行する現在，職務，部門，役職，組織，産業，国家の境界を超えて展開する Boundaryless Career ＝境界のないキャリア（Arthur and Rousseau, 1996）を視野に入れキャリア開発する時代はすでに到来しているのである。

業の提供するキャリア開発プログラムであってもあなた自身が主体的・能動的に学び取り，身につけていかなければならないし，自律的キャリア開発の時代にあっては生き方を軸にしたあなた自身の選択によって変更が効き，描く未来を勝ち取ることができるものである。社会に出る直前の皆さんには将来の希望を実現するために今何を準備すべきかを考え，活かしてほしい。

引用参考文献

経済産業省（2014）『「社会人基礎力を育成する授業30選」実践事例集』 http://www.meti.go.jp/policy/kisoryoku/25fy_chosa/Kiso_30sen_jireisyu.pdf　2018年 3 月29日アクセス。

経済同友会（2016）「これからの企業・社会が求める人材像と大学への期待」 https://www.doyu-kai.or.jp/policyproposals/articles/2015/pdf/150402a_02.pdf　2018年 4 月 7 日アクセス。

厚生労働省職業能力開発局（2001）「エンプロイアビリティの判断基準等に関する調査研究報告書」 http://www.mhlw.go.jp/houdou/0107/h0712-2.html　2018年 3 月31日アクセス。

総務省統計局（2018）「労働力調査平成29年平均（速報）結果」http://www.stat.go.jp/data/rou dou/sokuhou/nen/dt/　2018年 3 月30日アクセス。

日本経済団体連合会（2016）『2016年度　新卒採用に関するアンケート調査結果』http://www. keidanren.or.jp/policy/2016/108_kekka.pdf　2018年 3 月30日アクセス。

本田由紀（2005）『若者と仕事——「学校経由の就職」を超えて』東京大学出版会。

本田由紀（2009）『教育の職業的意義——若者，学校，社会をつなぐ』ちくま新書。

マイナビ（2017）『2016年マイナビ企業人材ニーズ調査』https://saponet.mynavi.jp/wp/wpcon tent/uploads/2017/01/2016needs0125.pdf　2018年 4 月 8 日アクセス。

松本正雄（2006）「コミュニケーション能力」『九州産業大学情報科学会誌』第 5 巻第 1 号 http://www.is.kyusan-u.ac.jp/journal/0610/kantogen.pdf　2018年 4 月 1 日アクセス。

文部科学省（2004）『キャリア教育の推進に関する総合的調査研究協力者会議報告書』http:// www.mext.go.jp/b_menu/shingi/chousa/shotou/023/toushin/04012801/002/010.pdf　2018年 3 月 1 日アクセス。

文部科学省（2013）「地（知）の拠点大学による地方創生推進事業（COC＋）」「地（知）の拠点整 備事業 COC」http://www.mext.go.jp/a_menu/koutou/kaikaku/coc/　2018年 3 月29日アクセ ス。

文部科学省（2015）「平成27年度『大学教育再生加速プログラム』の選定状況について」http:// www.mext.go.jp/a_menu/koutou/kaikaku/ap/1360493.htm　2018年 3 月29日アクセス。

労働政策研究・研修機構（JILPT）（2011）『JILPT 調査シリーズ　入職初期のキャリア形成と世代 間コミュニケーションに関する調査』「企業が重視する人材（n＝3392，複数回答）％」No. 97 http://www.jil.go.jp/institute/research/2012/documents/097.pdf　2018年 3 月31日アクセス。

Arthur, M. B. and Rousseau, D. M.（1996）*The Boundaryless Career*, Oxford University Press.

Bureau of Labor Statistics, "Number of Jobs, Labor Market Experience, and Earnings Growth Among Americans at 50: Results from A Longitudinal Survey," *News Release*, August 24, 2017.

Edelman Intelligence（2017）"Freelancing in America: 2015" https://www.slideshare.net/ upwork/freelancing-in-america-2017　2018年 4 月 1 日アクセス。

Erikson, E. H.（1963）*Childhood and Society*, 2nd ed., W. W. Norton & Co.

"Freelancing in America: 2017" https://www.slideshare.net/upwork/freelancing-in-america-2017/1　2018年 3 月29日アクセス。

Ginzberg, E.（1952）"Toward a Theory of OCCUPATIONAL CHOICE", *Occupations : The Vocational Guidance Journal*, Volume 30, Issue 7, pp. 491-494, American Counseling Association.

Hall, D. T.（2002）*Careers In and Out of Organization*, Sage.

Holland, J. L.（1973）*Making Vocational Choices*, 2nd ed., Prentice-Hall Inc.

Levinson, D. J.（1978）*The Seasons of a Man's Life*, The Sterling Lord Agency, Inc.

Parsons, F.（1909）*Choosing a Vocation*, Houghton Mifflin.

Schein, E. H.（1978）*Career Dynamics : Matching Individual and Organizational Needs*, Reading Addison-Wesley Publishing Company.

Super, D. E.（1957）*The Psychology of Careers*, Harter & Row.

推薦図書

武石恵美子（2006）『キャリア開発論』中央経済社。

　　キャリア開発の基礎理論，近年の動向と注目理由に幅広く触れ，キャリア自律の重要
　　性を説く本である。

高橋俊介（2012）『21世紀のキャリア論』東洋経済新報社。

　　専門性を深めつつ，想定外変化が起きても通用する普遍性の高い成長により可能性を
　　広げるキャリア，自分らしい成長を促す本である。

経済協力開発機構（OECD）編著／菅原他監訳（2017）『若者のキャリア形成──スキル
の獲得から就業力の向上，アントレプレナーシップの育成へ』（OECD スキル・アウトル
ック2015年版訳書）明石書店。

　　本章で触れることのできなかった若者の教育やスキル改善政策，労働市場への統合の
　　トレンドなど各国事例が豊富な本である。

（佐藤飛鳥）

第11章

職場環境の転換期
—女性活躍推進の観点から—

　　グローバル社会の進展の中で従業員の真価発揮が求められている。女性もさらなる躍進をめざす時代となり，即戦力としての能力発揮が求められている。日進月歩する情報社会の中で労働状況や育児・介護ニーズなどのワーク・ライフ・バランス上の課題が山積し，企業は従業員の価値創発のために，従業員ニーズに合わせた働き方管理や職場環境整備を求められている。日本社会は国策として女性活躍推進を掲げ，意識変革，キャリア形成，および保育問題を課題として一層の取り組みを行っていく方向にある。そこで本章では，女性活躍と意識面の転換，福利厚生としての企業の保育所導入に注目して，女性活躍の観点から職場環境の大転換を考察する。

1　グローバル社会の中で

［1］　女性活躍推進と社会情勢

　グローバル社会が進展する中，従業員たちは自己が有する価値を発揮するよう求められ，女性も躍進をめざす時代となった。しかしながら，日本の政治・経済・意思決定分野における女性参画率や指導的地位への登用度は低く，世界経済フォーラムの男女格差を測るジェンダーギャップ指数ランキング（World Economic Forum, 2017）でみても，日本は144カ国中114位（2017年）と低迷している。日本は生活物資に恵まれ，医療・教育レベルで質の高さを誇る経済大国であるにもかかわらず，男性が社会で活躍し，女性が支えるという強い性別役割分業体制から未だ脱却していない。雇用分野での男女格差は大きく，女性活躍の阻害要因となっている。

　進展するグローバル社会の中で，女性活躍は重要な成長戦略として捉えられている。これまでの画一的な人材のみでは国際競争力を維持することができな

い。女性活躍はこれまでの数々の研究に裏づけられてきたように，労働力確保や国内外競争力維持の観点からみても不可欠である（山口，2011など）。高学歴女性の増加やグローバル社会における女性活躍の潮流に伴い，優秀な人材を確保するには，社会情勢に見合った人的資源管理が必要である。そのため，男女雇用機会均等法（以下「均等法」）（1986年施行）および男女共同参画基本法（1999年施行）によって，男女共同参画が教育，職場，地域のあらゆる角度から推進されてきた。各自治体においても性別役割分業意識を払拭するためのセミナーやシンポジウムが繰り広げられ，改正均等法によるポジティブアクションも，女性プロフェッショナルや女性管理職数の増加に寄与してきた（川口・西谷，2011）。

　1990年国連ナイロビ将来戦略では「指導的地位に就く婦人の割合を30％に増やす」との数値目標が掲げられ，日本でも2003年，男女共同参画推進本部において同数値目標の30％が定められ，「第二次男女共同参画基本計画」（2005年12月閣議決定）ではこの目標が明記された。安倍政権の成長戦略では女性登用推進が掲げられ，2020年までに管理職などの指導的立場に占める女性の割合の30％を目標とする国策としてコンセンサスを得ている。この数値目標は2015年12月25日より達成可能な民間企業15％，国家公務員7％（課長級以上）と下方修正を余儀なくされたものの，女性管理職比率は過去最高の12.1％（2016年度）[1]となり，徐々にではあるが目標値に近づいている。

［2］　企業支援：求められる福利制度

　日本における職場環境の転換を考える上で，女性活躍の観点から考察するならば，上述の性別役割分業体制の現存を踏まえて，子育て支援との関連から考察することが有効である。それは継続就業が可能な職場環境を整えること，特に子育て支援が女性活躍推進上，喫緊の課題であることからもいえる。ここでは女性活躍の視点から企業支援としてどのような福利制度が求められているのかをまず理解しておきたい。

　企業における子育て支援は福利厚生の一方策として捉えることができる。福利厚生（fringe benefits）は，『経営学大辞典』掲載の伊藤健市（1999）による

と以下のように定義されている。

　　「企業が，従業員および家族を対象に，経済的・社会的状態の改善を図る
　　ことで，労働力の確保・維持，労働能率の向上，そして労使関係の安定を
　　図ることを目的に，任意的・自発的もしくは労働協約や法的規制によって
　　費用を負担して実施する，金銭・現物・サービス給付を含む諸活動」。

　福利厚生は企業・組織によって提供される内容が異なるが，例としては，住
居，保険，年金，勤労者財産形成貯蓄，子育て支援，資格支援，福利厚生施設，
娯楽，活動費補助などがある。従業員が活躍するためには，内部要因のキャリ
ア意識と外部要因の職場環境が大きな要因となる。

　女性の雇用機会を増やすために女性が強化すべきだと考え，国や自治体に期
待する取り組みは，第1位が「保育・介護サービスを充実させる」（72％），第
2位は「育児や家事は女性がするものという社会通念を変える」（60％），第3
位は「長時間労働をなくす施策をとる」（51％）である（エン・ジャパン株式会
社，2017a）。この結果から保育支援への要求度が極めて高く，女性に対する社
会通念の変化を求めていることがわかる。日本では保育支援については国家政
策に期待するところが大きいが，同調査では，企業に期待することの第1位は
「産休育休や時短勤務の制度を利用しやすくする」（75％），第2位は「時短や
残業なしのポジション・求人を増やす」（64％），第3位は「保育・介護サービ
スの費用を負担・サポートする」（46％）となっており，企業に対しても育
児・保育面での支援期待があることがわかる。

　日本企業が行う保育関連の福利厚生は保育料の支援，提携保育所の紹介にと
どまり限定的なものであった。それは子育て支援が行政の範疇にあり，企業経
営の枠組み外にあるという通念があったためである。しかしながら企業の保育
支援は，上記ニーズからも示唆されているように，少子化対策や女性活躍推進
の枠組みの中で注目されている。ゆえに，ここでは女性活躍に最も密接に関係
する外部要因の子育て支援，特に保育支援に焦点を当てて考察を行う。

2　企業内保育所：女性活躍推進の戦略

1　企業による保育支援

　企業の福利厚生は従業員が活躍できるよう提供され，家庭生活と仕事生活のバランスを取る方策として存在している。なかでも子育て支援はニーズが高く，子育て期にある従業員の活躍をいかに企業が念頭に置いているかが顕著に表れる。子育て支援の中でも保育支援，特に企業内保育所を提供する企業は限られているため，この種の福利厚生は企業の支援マインドを測る大きなバロメーターである。

　企業内保育所は厚生労働省の規程では，認可外保育所の範疇に入る。企業が提供する保育所には大きく分けて「企業内保育所」と「企業主導型保育所」の2種類がある。前者は企業が独自に出資するか，政府の助成金を利用して設立・運営するもので，企業独自の運営を行う場合と，保育事業を担う保育コンサルタント企業などの専門業者に委託する場合がある。後者は，政府の「仕事・子育て両立支援事業」の枠組みにより助成金を受けて設立・運営する。

　待機児童問題がクローズアップされ，保育の受け皿を整備することが喫緊の課題となっている。企業主導型保育所についてはそれまでの企業内保育所よりも規制緩和された形で設立することが可能となり，多くの保育コンサルタント業者が参入して設置数も一挙に増加した。そのような状況で，企業による保育支援は職場環境の重要要因としてひとつの転換期を迎えるに至った。企業による保育支援は，従業員ニーズに対応した形態で女性活躍の重要な一面を呈する。それゆえ，以下では従来男性が多数を占め活躍する業界において女性活躍を意図しつつ，男女問わず従業員全体の福利厚生として企業が提供している企業内保育所をケーススタディとして考察する。そして，男性が従来多数を占めてきた企業において何が顕著であり，どのような転換があるのかをみる。また，企業主導型保育所の動向を，この種の保育形態が導入された経緯，企業の保育支援にみる転換と意義についてまとめる。

写真11‐1　X社の企業内保育所

（出所）　X社資料提供。

［2］　ケーススタディ　X社

　X社は東京都心に本社を置くメディア業界の大手企業である。この業界は締切りと闘う極めて多忙な業界で，高生産性かつ競争的な業務内容を担うことで知られる。従来男性が伝統的に多数を占めるこの業界において，X社は企業内保育所を設立した。厳しい業務を担い，男性が多数を占めるこの業界において，女性活躍を推進し，企業内保育所設置に至った点でX社の支援は象徴的である。

　従来，企業内保育所設置にみられる主たる特徴には，①女性が多い職場であることと②郊外にあり車通勤が可能という点がある。しかし，これらの特徴はX社には該当しない。X社の従業員数は2018年4月時点で3003人（男性2492人，女性511人）で，数の上では男性が優位を占める。実際，この業界は元来，男性優位の業界として知られている。また，②の地理的特徴としては，本社は東京の都心に位置し地下鉄の駅に直結しており，従業員は原則，公共交通機関（地下鉄，バス）で通勤している。そのような大都会の真ん中に，X社の保育所は2014年4月に設立された（写真11‐1）。

　X社が企業内保育所を導入する契機となったのは，新社屋の建設であった。建設に伴うスペース活用を考えた中での福利厚生としての保育所設置であり，導入に至った理由は主として「キャリア支援」である。認可保育所の待機児童問題が深刻な東京において，保育ストレスを軽減できるこの福利厚生は従業員にとって大きなメリットをもたらすものである。そこでは保育コンサルティング委託業者の運営により，保育士と栄養士が常駐し，午前8時よりきめ細やかな保育が提供されている。22時までの延長保育が可能で，また事前登録をすれば一日のみのスポット利用もできる。すなわち，この業界のワークスタイルに

合わせた形で，かつ保育のストレスを軽減して働きやすさを高める保育が提供されている。親に保育の協力が得られない核家族にとって，そのような企業内保育所の強力な支援体制は画期的な福利厚生である。従業員は安心して仕事に集中できる。就業継続を望む社員にとって保育所への入所は不可欠である。子どもが待機児童となってしまえば，キャリア中断につながってしまう。ゆえに保育所は働く親にとって実に「セーフティネット」である。X 社においては，従業員のキャリアを妨げない企業支援として，男女問わず企業内保育所を利用することができる。その意味において，企業内保育所の恩恵は大きい。実際にX 社の企業内保育所は以下のような意見がある。

（X 社の採用担当）　事業所内保育所に関する学生の関心は非常に高い。（この業界は）厳しい働き方をイメージする学生も多いが，保育所があることで，仕事と生活の両立を尊重する社の姿勢が伝わり，事前のイメージも変わるようだ。

（X 社の利用者の声）　「とても利用しやすく，安心してあずけさせていただき，家族で心から感謝しています」「社内保育園がなければ職場復帰もできなかったので，本当に救われました」

（法人契約社の声）　「施設や環境はもちろん，先生方の質の高さに大変満足しています。勤務する会社から近くて，とても便利です」

（他社人事担当者の声）　「地元園を不承諾になった社員が，救われました」

（X 社ヒヤリング調査，2017年9 月）

　上記のように，利用者からは「救われた」という声が反復して表れている。それは保育問題が大きな課題であり，職業生活を送る上では大きなプレッシャーになっているためである。待機児童問題は継続就業を望む従業員にとっては死活問題である。3 歳児未満の保育をみつけることは容易ではない。それゆえ，安心して子を預けられ，通勤もともにでき，勤務時間にも柔軟に対処してもらえる利便性を備えた企業内保育所は従業員にとっては実に救いであり，大きな恩恵をもたらす。それは認可保育所には担えない，ニーズの高い保育の受け皿としての様相を呈している。

　X 社における「女性の出産者数」は毎年コンスタントで，育児休業取得率[3]

表11-1　X社の女性活躍関連データ

女性労働者割合	19.0%（2018年3月現在）
採用した労働者に占める女性割合	32.0%（2017年度入社）
平均勤続年数	男性19.4年 女性14.5年（2018年3月現在）
男女別10年就業継続率	男性93.7% 女性75.0%（2006～2008年度入社）
男女別育休取得率	男性　5.6% 女性　100%（2016年度）

（注）　2016年の女性活躍推進法の施行に伴い，女性労働者割合や男女別の育児
　　　休業取得率などのデータは厚生労働省所管の専用サイト　http://positive-
　　　ryouritsu.mhlw.go.jp/positivedb/search_res を参照（このデータはおおむ
　　　ね一年に一度，更新）。
（出所）　X社データ（2018年3月公開）。

は女性100％（2016年度）である。認可保育所に入所できなかった従業員も，X
社の企業内保育所に入所できることにより，スムーズに復帰できている。また
男性の育児休業取得者は5.6％（2016年度）と取得者数は少数ながらも毎年コン
スタントに輩出されている[4]（表11-1）。X社保育所を利用しているある男性従
業員は，すでにX社保育所を利用している女性従業員の評判によって利用す
ることに決めた。自らが子どもと通勤し，出勤時に企業内保育所に預け，共働
きの妻が帰宅時に子どもを迎えに行き帰路に着くという協力体制で子育てと仕
事をこなしている。

　このように，X社の従業員は子どもが生まれた後も安心して仕事に集中す
ることができる。同社の企業内保育所は従業員の仕事と生活の両立面で大きな
プラスであり，このような福利厚生支援によって，X社は「意欲ある社員が
存分に能力を発揮できる環境づくりにいっそう力を入れて取り組んでいく[5]」と
いうスタンスを誇り，社員のキャリア形成に寄与している。

［3］　企業内保育所の転換点：企業主導型保育所

　上記ケーススタディでも示されたように，企業内保育所は従業員にとって認
可保育所で補えない受け皿としての役割を担い，大きな「救い」となるセーフ
ティネットとして機能している。しかしそれにもかかわらず，従来の企業内保

育所は数の上では多く普及してこなかった。それは，日本が政府主導の認可保育所に重きを置いてきた政策および国民の認可保育所への信頼と要望に起因している。また，費用面の負担や保障面の問題に加えて，実践時の保育所設置基準の高さや助成金申請の煩雑さなども重要な要因であった。これらの利用面の規程が企業内保育所の展開を限られたものにしてきたともいえる。

　しかし，保育面である転換的事柄が起こる。女性活躍実現の両立支援体制整備の必要性が強調されながらも保育インフラが停滞していた中で，それは一大転機を引き起こした。2016年2月15日の一人の母親のブログである。子どもの認可保育所への入所が叶わず，強い怒りが露わになった言葉を浴びせていた。「保育所落ちた，日本死ね」。この待機児童問題への怒りのブログは多くの共感を呼び，支持者とともに保育の社会化を求める国家のコンセンサスを得た。政府は同年4月1日，子ども・子育て支援法を一部改正し，待機児童問題を急務として，待機児童解消加速化プランに基づき，問題解消に向けて保育の受け皿整備目標を40万人から50万人へと上積みした。

　この国策によって事業所内保育業務は拡充され，2017年度は7万人の受け皿整備を，続き2018年度はさらに2万人分の整備実施を決定した。その内容は，次の2点である。①事業所内保育業務を目的とする施設等の設置者に対する助成および援助を行う「仕事・子育て両立支援事業」の創設と，②事業主拠出金率の引き上げ等である。これは，一般事業主から徴収する事業主拠出金（事業主のみ負担，労働者負担なし）を引き上げることによる財源確保で，仕事・子育て両立支援事業が追加された。事業主拠出金率の上限は0.15％から0.25％へと引き上げられ，さらに2016年12月8日の閣議決定では「新しい経済政策パッケージ」として，さらに0.45％へと引き上げられた。

　こうして，0.3兆円分が増額され，企業主導型保育事業・運営費（0〜2歳児）に充当されて（拠出金率引き上げは段階的実施。2018年度は前年度へ0.06％上乗せの0.29％），多額の助成金を支給するに至り，認可保育所同等の設置の整備費・運営費の助成が可能になった。この結果，企業による小規模保育所設立が加速し，企業主導型保育所設置が展開されるに至ったのである。

④　分析・討論：企業内保育所・企業主導型保育所の意義

　従来の企業の役割と比して，男性が多数を占める企業では何が変化しているのか。そのような動向変化について理解を深めるために，本章ではX社企業内保育所のケーススタディでその内容を吟味した。また，企業主導型保育所の増加に至る経緯についての上記考察により，企業内保育所の役割が浮き彫りになった。ここでは，それらの企業内保育所および企業主導型保育所の意義を分析し述べる。

　まず，企業内保育所の意義であるが，それは認可保育所が届かない部分での保育の受け皿となっている点があげられる。それは何よりも待機児童となった（あるいはなりうる）子どもへの対応が可能となり，働く親たちにとってのセーフティネットとなっている点で大きな意義をもつ。特に育児休業後の0～2歳児全般の公的保育が日本では欠如しているため，認可保育所で満たされない部分が企業内保育所によって，より柔軟でニーズに応じた形で実現されている。X社のケースでは，都内の認可保育所では，定員のほとんどが年度始めに埋まってしまい，年度途中に入所することが極めて難しい中，X社企業内保育所に入所できるのが大きな利点である。そこでは子どもを即座に預かってもらえるスペースが用意され，通常の保育および一時保育では手ぶらで預けられる。食事，洗濯への対応も可能であり，時間的，気持ち的余裕をもたらす保育支援となっている。

　また，企業内保育所においては認可保育所よりも残業時の延長保育への配慮がなされる傾向もある。働く親たちにとっては結局，残業ができなければかえって実務的にも精神的にも負担となりうるため，保育延長ができることで従業員のストレス軽減にもつながる。その際の食事を含めたケアは保育園で賄えるため，子どもの福祉へも配慮された上で，従業員の働き方に応じた一時的保育支援体制として不可欠な福利厚生となっている。ただし，あくまでも延長保育は長時間労働を奨励しているわけではなく，X社のケースにもみられるように，定時退社を促す日を設けるなど長時間労働是正の取り組みも行われ，ワーク・ライフ・バランスを奨励した上での保育サービスが意図されている。

　企業内保育所の効果としては，①人材確保　既存の従業員のキャリア支援と

リクルート時点での人材への PR，②社会的認知　働きがいのある職場としての評価がある。企業内保育所によって，企業内保育所を有する企業については「働きがいのある職場」という社会的認知が広がり，人材確保につながる効果がある。このような保育支援と利用状況によって，職場では「働きがいのある職場」という認識が生まれ，社会的にも優良企業としての評価につながっている。企業内保育所の存在は，たとえば，「くるみん・えるぼしマーク」や「なでしこ銘柄指標」のように企業の社会貢献および企業価値の指標となる。

　実際，X 社はこの企業内保育所を高く評価されて，2014年度のワーク・ライフ・バランス大賞優秀賞を受賞し社会的評価を得た。X 社が同賞を受賞したのは，女性活躍推進法施行（2016年 4 月）に先駆けてであり，同法施行を待たずして女性活躍を推進し，ワーク・ライフ・バランスしやすい職場づくりを意図してきたことが伺える。X 社が採用した労働者に占める女性割合（2017年度入社）は32％であり，同社の採用担当者も語るように，企業内保育所に関する学生の関心は非常に高い。この業界の高生産性の厳しい働き方にもかかわらず，企業内保育所を含む企業支援があることで，ワーク・ライフ・バランスが可能となる働きがいのある職場として認識され，採用時のインセンティブのひとつとなっている。そうして，従来の男性の領域においても，女性活躍推進とともに，男女を問わず人材活躍に結びつけた転換が訪れた。

　福利厚生の転換については，企業主導型保育についても言及しておかねばならない。すべての企業が資力・労力を必要とする企業内保育所を設置運営するにはいくつかのハードルが存在していた。その点を緩和・改善したのが，「企業主導型保育」である。従来の企業内保育所は大きな恩恵であるものの，一社での運営であれば職場に限られているため，小規模体制であっても定員に満たないケースがあった。それを企業主導型保育においては解消するために複数の企業での共同設置を可能にしたり，地域住民の利用を可としたりして定員を満たすことに成功した。

　費用面においても，企業主導型保育では，資力のある優良企業であれば設立できても，設置・運営で躊躇する企業にとって費用面は大きな課題であった。しかし，上述の一般事業主から徴収する事業主拠出金（事業主のみ負担，労働

者負担なし）の引き上げによる財源確保によって，潤沢な助成金支出を可能にした。また申請の煩雑さを軽減したことで，より助成金獲得がしやすくなり，保育コンサルタント企業参入も増えた。そのような改善により，独自に女性活躍推進可能な企業に加えて，躊躇していたり，情報・経済的支援を必要としたりしていた他の多くの企業も，企業内保育という選択肢に踏み込んで福利厚生の大転換を成し遂げることができたのである。

3　職場環境がいかに女性活躍を推進しうるか

　グローバル時代の社会情勢の変化により，職場環境の転換と働き方改革における女性活躍推進の意義が増加している。従業員が活躍するためには，内部要因のキャリア意識と外部要因の職場環境が大きなファクターである。それにより，継続就業，女性活躍が可能になる。その内部要因を支えるために，外部要因である職場環境が大きな意味をもつ。

　これまで多くの企業では職業生活と家庭生活は別の領域にあると考えられてきた。子育ては父親，母親ともに責任あるものの，日本の現況では主として女性が担う割合が大きく，女性活躍上の大きな課題となってきた。また，日本では政府・自治体主導の認可保育所（および認証保育所）が主たる保育支援の役割を担ってきた経緯もあり，企業が保育所を設置するケースは限定的であった。

　保育の社会化を求める声が福利厚生制度を大きく転換させるに至った。女性管理職・役員の存在が求められ，管理職志望者も増加傾向にある中で，いかにワーク・ライフ・バランスを図るかが重要課題となっている。いま女性の社会進出で望まれているのが子育て支援であり，保育が女性活躍の鍵となっている。このような現状に鑑みて，これまで男性が優勢を占めていた分野における企業内保育所や企業主導型保育所という新しいタイプの企業支援の展開についても焦点を当て，企業内保育の増加と方法の一端を本章での考察で明らかにすることができた。そこでは認可保育所の待機児童問題解消や女性活躍推進政策によって，企業内・企業型保育支援が推進されるようになり，企業型保育所設置の新しい動向や形態がみられ，職場環境が転換していることが理解された。

　一層の推進効果のためには個人の意識改革ならびに活躍推進の大きな前進が強く望まれている。即戦力のグローバル人材が求められる中で，女性も活躍できる場が増加しており，女性活躍意識をもつ人材育成と支援が重要不可欠となっている。企業は優秀な人材を確保するために職場改革，職場環境改善を実施し，能力のある人材を惹きつけるために，女性活躍推進に先進的な企業は，職場環境の改善や働き方改革にも積極的な戦略を展開している。ワーク・ライフ・バランス推進が進展していくにつれて，男女を問わず活躍していく環境が当然視される方向を模索していくことが今後の課題である。

　　謝辞：企業内保育インタビュー調査対象の X 社は匿名によりご協力いただいた。希少かつ貴重な情報を提供していただけたことに感謝申し上げたい。

　　付記：本章は日本学術振興会科学研究費助成事業（学術研究助成基金助成金）「グローバル時代の女性労働：女性活躍と企業支援」（平成28〜31年度）領域番号16K02056の成果の一部である。

注

(1)　厚生労働省「平成28年度雇用均等基本調査（確報版）」2017年 7 月28日　http://www.mhlw.go.jp/toukei/list/dl/71-28r-06.pdf　2017年 8 月10日アクセス。管理職に占める女性割合を役職別でみると，部長相当職では6.5%，課長相当職8.9%，係長相当職で14.7%である。

(2)　2017年 8 月31日，X 社広報部，保育園各担当者への筆者インタビュー調査による。

(3)　2012年度17人，2013年度19人，2014年度19人，2015年度15人，2016年度29人。

(4)　2012年度 2 人，2013年度 1 人，2014年度 2 人，2015年度 5 人，2016年度 8 人。

(5)　X 社 HP より。アクセス日2017年 7 月20日。

(6)　内閣府「企業主導型保育事業の概要」子ども・子育て支援法改正の概要（仕事・子育て両立支援事業の新設）　http://www8.cao.go.jp/shoushi/shinseido/outline/gaiyo.html　2017年 7 月30日アクセス。

(7)　厚生労働省子ども家庭局「2018年度（平成30年度）予算案の概要」社会保障審議会児童部会資料 3，2018. 1. 24　http://www.mhlw.go.jp/file/05-Shingikai-12601000-Seisakutoukatsukan-Sanjikanshitsu_Shakaihoshoutantou/0000191897.pdf　2017年 7 月30日アクセス。

引用参考文献

エン・ジャパン株式会社（2015）「女性のキャリア意識調査レポート2015」　https://corp.en-japan.com/newsrelease/2015/3025.html　2017年 7 月30日アクセス。

エン・ジャパン株式会社（2017a）『エンウィメンズワーク』ユーザーアンケート集計結果

https://corp.en-japan.com/newsrelease/2015/3025.html　2017年7月30日アクセス。

エン・ジャパン株式会社（2017b）「女性活躍推進」実態調査。『エン転職』　https://corp.en-japan.com/newsrelease/2017/10751.html　2017年8月27日アクセス。

奥林康司・坂下昭宣・宗像正幸・神戸大学大学院経営学研究室編集（1999）『経営学大辞典（第2版）』中央経済社。

川口章，西谷公孝（2011）「コーポレート・ガバナンスと女性の活躍」『日本経済研究』第65号　http://www.jcer.or.jp/academic_journal/jer/PDF/65-04.pdf　2018年4月20日アクセス。

仕事と生活の調和連携推進・評価部会，仕事と生活の調和関係省庁連携推進会議「仕事と生活の調和（ワークライフバランス）レポート2017」2018年3月　http://wwwa.cao.go.jp/wlb/government/top/hyouka/report-17/h_pdf/zentai.pdf　2018年4月19日アクセス。

社会保障・人口問題研究所（2017）「2015年　出生動向基本調査（結婚と出産に関する全国調査)」。

山口一男（2011）「労働生産性と男女共同参画　なぜ日本企業はダメなのか，女性人材活用を有効にするために企業は何をすべきか，国は何をすべきか」RIETI Discussion Paper Series 11-J-069, pp. 1-43。

World Economic Forum (2017) *The Global Gender Gap Report* http://www3.weforum.org/docs/WEF_GGGR_2017.pdf　2018年7月14日アクセス。

推薦図書

渡辺峻・守屋貴司編著（2016）『活躍する女性会社役員の国際比較──役員登用と活性化する経営』ミネルヴァ書房。

　　　各国の企業で活躍する女性管理職たちの環境，制度とキャリア形成に焦点を当て，各国の役員比率のデータと実態調査から，女性管理職の現状を把握し未来を展望する。

平澤克彦・中村艶子編著（2017）『ワーク・ライフ・バランスと経営学』ミネルヴァ書房。

　　　ワーク・ライフ・バランスの概念や分析視角を考察した上で，主要各国の施策の特徴を析出し，日本における実態を検証している。多方面から取り上げる視点と事例から，未来志向的な働きやすい職場環境とは何かを探る。

バーチェル, M., ロビン J. ／伊藤健市・斎藤智文・中村艶子訳（2012）『最高の職場──いかに創り，いかに保つか，そして何が大切か』ミネルヴァ書房。

　　　「最も働きがいのある会社100」に例年名を連ねる企業が，いかに社員のモチベーションを保ち，仕事の効率を高める良い組織となるか等，「最高の職場」創出の秘訣を明らかにする著。

（中村艶子）

第Ⅲ部

働き方の未来

　若者や外国人材の「働き方」・「働かせ方」には大きな変化と問題点が生じている。グローバル時代のプラス面もある一方で，「失われた30年」のマイナスの影響を受けており，働き方の未来には大きな警鐘が鳴り響いている。高度経済成長期に右肩上がりで成長を遂げ，経済繁栄を謳歌したバブル期を経て，現在はグローバル化の波が実際に押し寄せる転換期である。状況は極めて深刻で，フルタイムと非フルタイム間格差は拡大し，日本の若者のエンプロイヤビリティは世界水準を満たしていない。このような転換期において，日本社会はどのような方向をめざすべきなのか。

　すべては人材次第である。そういう意味合いで，未来への方向性を見定めて，従業員価値の創発的提案である「価値創発」（EVP）を推進し，制度改革や働き方を大きく転換し，「再チャレンジできる日本」の創造が急務である。第Ⅲ部では，その方向性に示唆するプラットフォームを提供している。若者のキャリア形成，働き方，女性，外国人，そして日本の公的職員である公務員の働き方を吟味することにより，未来への課題がおのずと提示されている。それは，海外の働き方の模倣ではなく，日本独自の働き方・働かせ方である。グローバル社会に見合った形での独自の人材のエンプロイヤビリティが形成されていかなければならない。

　10年後の未来予測は容易ではない。しかし，ここに示されている現状分析からの知見は，今後の人材がいかに制度改革の中で生き残り，繁栄しうるかに寄与できるものである。グローバル時代の進展とともに，国境の垣根が低くなり，就労意識や情報共有，文化理解を一層進めていくことになる。その中で国際競争は激化し，日本は生き残っていかねばならない。日本の経済的再生のための構造・制度改革は，「働き方」・「働かせ方」の展開と，人材の価値創発（EVP）の推進にかかっている。日本再生の未来はそこから生まれていくのである。

第12章

若年者の働き方の多様化

　1990年代以降，日本の若年者労働市場は大きく変容している。日本の企業や組織が求めるもしくはそれに適応できる層の仕事は縮小し労働力不足である一方，それ以外の層の仕事は非正規化・非雇用化とともに拡大している。また，海外就職が増加している。就労意識にも変化がみられ，プライベートを大切にしながら安定した働き方をしたいという意識が高まっている。

1　労働環境の変容

　日本では，高度経済成長期に企業の中核人材である大企業男性正社員を中心[1]として「日本的雇用システム」が定着し，長期雇用慣行（終身雇用制）を前提とした新規学卒一括採用が主流となった。そのため，雇用量の調整は，新規学卒者の採用の停止・縮小や従業員の非正規化・外部化によって行われることが多く，若年者が最もその影響を受けやすい構造となっている。たとえば，バブル経済が崩壊し景気が低迷した時期には「就職氷河期」（通常1993〜2005年を指す）と呼ばれる新卒で正社員になるのが困難な学年が生まれ，非正社員から正社員への移行が難しい日本では彼／彼女らが現在まで非正社員として不安定な仕事に就いているといった問題も生じている。

　高度経済成長期に一般化した日本的雇用システムは，1970〜80年代の日本の経済成長を支える強みとなり，失業の少ない労働市場を形成した。しかしバブル経済が崩壊した1990年代以降，不況が深刻化・長期化する中で，政府はその打開策として経済・金融・労働・行政などの分野で構造改革や規制緩和を進めた。企業は，技術革新による省力化，生産拠点の海外移転などによる雇用の海

外流出，グローバル化，そして景気に対する不透明感や不確実性が高まる中で，長期雇用慣行による雇用保蔵や，長期勤続して高賃金となった層の滞留による人件費の膨張が足かせだと捉えるようになった。そのため，経営環境の変化に迅速に対応できるよう，非正規雇用のさらなる活用など柔軟な雇用戦略を求めるようになる。

　その方向性や具体策を明確に示したのが，1995年5月に日本経営者団体連盟が示した新・日本的経営システム等研究プロジェクト編『新時代の「日本的経営」──その方向と具体策』である[2]。示された基本方針は，長期継続雇用を前提とした「長期蓄積能力活用型グループ」を減らし「高度専門能力活用型グループ」「雇用柔軟型グループ」を増やすというもので，（派遣労働者やフリーランスなどを想定した「高度専門能力活用型グループ」がどれほど活用されているかには疑問が残るが）実態としてもその道を辿っている。

　くわえて，「情報」関連科学技術の発展により，第四次産業革命[3]とも呼ばれる動きが起こっている。産業の情報化・情報の産業化[4]の進展や新技術を用いて新しく生まれる仕事もある一方で，人工知能やロボット等に置き換わり縮小・削減される仕事もあり，10〜20年後に，日本の労働人口の約49％が就いている職業において，それらに代替することが可能であるとの推計もある（野村総合研究所，2015）。

　では，このような労働政策や労働市場と雇用管理の変容によって若年者の働き方はどのように変わったのであろうか。以下では，若年者の労働の実態と，若年者の就労意識の変化，そして若年者の労働からみえる問題と今後の働き方について検討したい。

2　若年者の労働の現状

［１］　若年者の定義

　ところで，若年者とは誰だろうか。労働政策の担当省庁である厚生労働省ではいくつかの若年者雇用政策を行っているが，その対象年齢は施策や調査によって異なっており，実は若年者の一律の定義はない[5]。本章では，「雇用の構造

図12 - 1　年齢階級別非正規労働者比率の推移

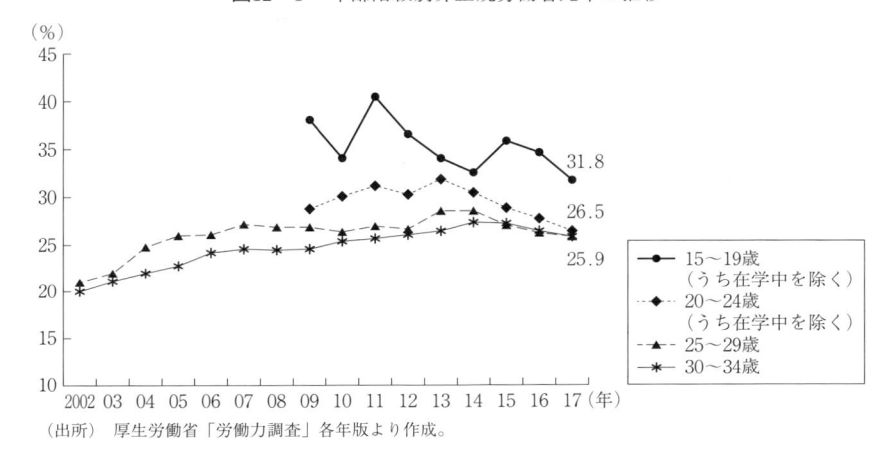

（出所）　厚生労働省「労働力調査」各年版より作成。

に関する実態調査（若年者雇用実態調査）」の定義に準じて，若年者を15～34歳
の男女とする。

２　データからみた若年者の働き方

　本項では，統計や調査を基に若年者がどのような働き方をしているのかをみ
ていこう。

　厚生労働省「労働力調査」（2017年平均）によれば，15～34歳の労働力人口は
1712万人で，非労働力人口が853万人である。完全失業者数は68万人で，完全
失業率は，15～19歳が4.0％，20～24歳が4.7％，25～29歳が4.1％，30～34歳
が3.3％といずれも全年齢の平均である2.8％よりも高くなっている。就業者
（15～19歳と20～24歳は在学中を除いた数，男女計）は1643万人で，全就業者
（6530万人）の25.2％である。就業者数は25～34歳層では微減を続けているが，
15～24歳層では2013年以降，増加傾向にある。その背景には，新卒の労働市場
が好調であることが考えられる。

　就業者の大部分は雇用者で，年齢階層が低いほど非正規の職員・従業員の比
率が高くなっている（**図12 - 1**）。15～19歳（うち在学中を除く）は31.8％（14万
人），20～24歳（うち在学中を除く）は26.5％（83万人），25～29歳は25.9％（126

万人），30～34歳は25.9％（148万人）となっている。数値の上では微減してい
るものの若年者（特に10代）の非正規雇用問題は依然深刻である。

　では，正規雇用労働者と非正規雇用労働者の間にはどのような違いがあるの
だろうか。同調査で仕事からの年間収入の階級別割合を男女，正規，非正規の
職員・従業員別にみると，男性の正規の職員・従業員では，500～699万円が
22.7％と最も高く，次いで300～399万円が19.8％となっている。一方，非正規
の職員・従業員では，100～199万円が28.8％と最も高く，次いで100万円未満
が26.9％となっている。女性の正規の職員・従業員では，200～299万円が28.1
％と最も高く，次いで300～399万円が22.8％となっている。一方，非正規の職
員・従業員では，100万円未満が44.3％と最も高く，次いで100～199万円が
38.8％となっている。このように，就労所得には男女間，正規・非正規間で大
きな差がみられる。また，厚生労働省「賃金構造基本統計調査」（2016年）に
よれば，時給ベースの一般労働者と短時間労働者の賃金は，正社員・正職員の
一般労働者以外では年齢が上昇しても賃金はほとんど上がっていない（**図12-
2**）。そのため，年功賃金的である正社員・正職員の一般労働者とそれ以外の
働き方では年齢が上がるほど格差が大きくなる。

　そして，厚生労働省「能力開発基本調査」（2016年度・事業所調査）によれば，
正社員では計画的な OJT（59.6％）や Off-JT（74.0％）が行われているが，正
社員以外では，計画的な OJT（30.3％）や Off-JT（37.0％）はそれほど重視さ
れていない（第10章第5節1を参照）。

　くわえて，厚生労働省「就業形態の多様化に関する総合実態調査」（2014
年・個人調査）によれば，正社員ではほぼカバーされている社会保険（雇用保
険・健康保険・厚生年金）と企業の制度（退職金・賞与支給制度）が正社員以外
では適用率が低い（**表12-1**）。社会保険については，正社員以外に占めるパー
ト・アルバイトの比率が高いため適用範囲外のケースが多いと考えられるが，[6]
企業の制度については，退職金制度（9.6％），賞与支給制度（31.0％）という
結果からも，正社員以外への適用を想定していない企業が多いといえる。

　なお，学歴が低いほど安定した仕事に就くことが難しく，転職率も高い。厚
生労働省の発表している「新規学卒就職者の学歴別就職後3年以内離職率」

図12-2　時給ベースの賃金カーブ

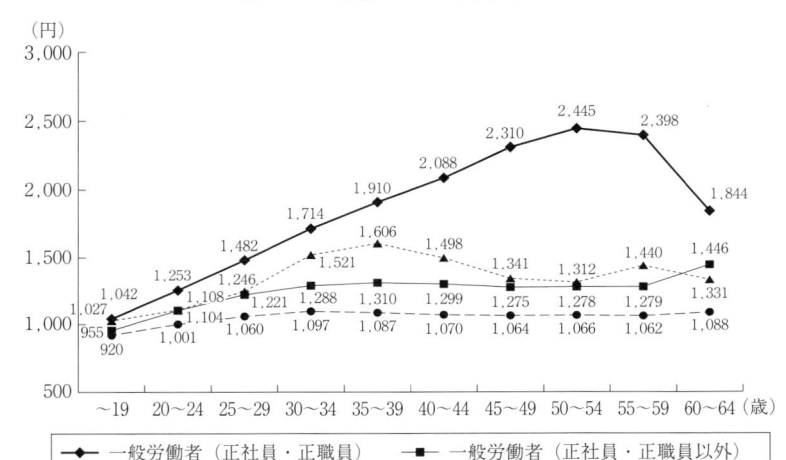

◆ 一般労働者（正社員・正職員）	■ 一般労働者（正社員・正職員以外）
▲ 短時間労働者（正社員・正職員）	● 短時間労働者（正社員・正職員以外）

(注)　1：賃金は，2016年6月分の所定内給与額。

2：一般労働者の平均賃金は，所定内給与額を所定内実労働時間数で除した値。

3：一般労働者：常用労働者のうち，「短時間労働者」以外の者。

4：短時間労働者：同一事業所の一般の労働者より1日の所定労働時間が短いまたは1日の所定労働時間が同じでも1週の所定労働日数が少ない労働者。

5：正社員・正職員：事業所で正社員・正職員とする者。

6：正社員・正職員以外：事業所で正社員・正職員以外の者。

(出所)　厚生労働省「賃金構造基本統計調査」(2016年) 雇用形態別表 第1表。

表12-1　各種制度の適用状況

(単位：%)

	雇用保険	健康保険	厚生年金	退職金制度	賞与支給制度
正社員	92.5	99.3	99.1	80.6	86.1
正社員以外	67.7	54.7	52.0	9.6	31.0

(注)　1：調査回答には制度の「あり」「なし」「不詳」の3つがあり，上記割合は「あり」と回答した者の割合。

2：正社員：雇用されている労働者で雇用期間の定めのない者のうち，他企業への出向者などを除いたいわゆる正社員をいう。

3：正社員以外：正社員以外の者で，「契約社員（専門職）」「嘱託社員（再雇用者）」「出向社員」「派遣労働者」「臨時労働者」「パートタイム労働者」「その他」である者。

(出所)　厚生労働省「就業形態の多様化に関する総合実態調査」平成26年個人調査 第14表。

（2014年3月）は，中学卒業者は67.7％，高校卒業者は40.8％，短大等卒業者は41.3％，大学卒業者は32.2％であり，中卒で7割，高卒で5割，大卒で3割程度が3年以内に仕事を辞めるという「七・五・三現象」がみられる。

3　若年者の就労意識の変化

　第10章では企業が求める能力（エンプロイアビリティ）について学んだが，本章では労働者の就労意識に焦点を当てたい。最初に若年者の就労意識の長期的な変化を確認できる，日本生産性本部・日本経済青年協議会による「新入社員『働くことの意識』調査」を用いてみていこう。「働く目的」で最も多い回答は「楽しい生活をしたい」で，2000年度以降急増し2017年度には42.6％で過去最多となった。一方で，かつてはトップになることもあった「自分の能力をためす」は減少傾向にあり，10.9％と過去最低を更新した。また，平成に入って増加していた「社会に役立つ」（9.2％）は昨年から低下し，「経済的に豊かになる」（26.7％）は上昇に転じている（**図12-3**）。

　次に，「会社を選ぶとき，あなたはどういう要因をもっとも重視しましたか」（会社の選択理由）という質問に対して最も多かった回答は，40年以上変わらず「自分の能力・個性が生かせるから」（31.2％）であった。以下，「仕事が面白いから」（17.8％），「技術が覚えられるから」（14.3％）の順に続く。平成に入り「会社の将来性」と入れ替わるように増えた「仕事が面白いから」は，2011年度の26.8％をピークに減少傾向にある（**図12-4**）。「中長期的には，自らの技能や能力，あるいは職種への適性に関心がもたれる時代へと変化している」（日本生産性本部，2017，5頁）。また，同調査の結果から，高いワーク・ライフ・バランスへの意識と，職場・仕事へのコミットメントの低下が分析されている（同，6頁）。

　さらに，労働政策研究・研修機構「『第7回勤労生活に関する調査』（2015年）結果」によれば，日本のめざすべき社会として「競争社会」（意欲や能力に応じ自由に競争できる社会）と答えた20歳代は51.0％，30歳代は46.7％で，全年齢の平均（33.7％）よりも17.3ポイントと13.0ポイント高くなっている。一方，

図12-3 働く目的

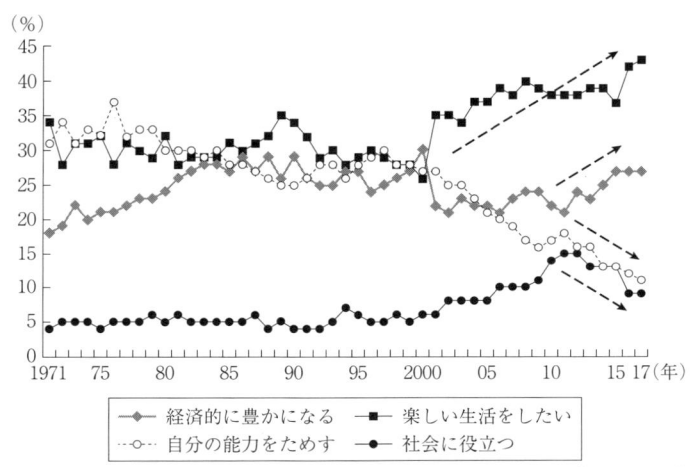

（出所） 日本生産性本部・日本経済青年協議会「平成29年度新入社員『働くことの意識』調査」より作成。

図12-4 会社の選択理由

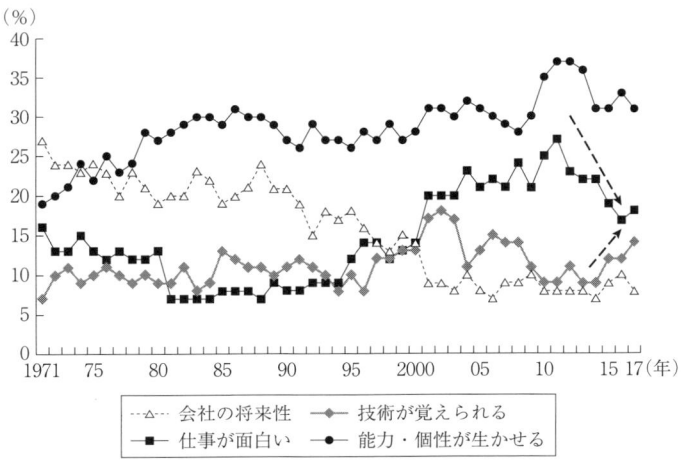

（出所） 日本生産性本部・日本経済青年協議会「平成29年度新入社員『働くことの意識』調査」より作成。

「平等社会」（貧富の差の少ない平等社会）と答えた20，30歳代は同率29.3％で，全年齢の平均（38.1％）よりも8.8ポイント低くなっている。このような意識とはねじれる形で，20，30歳代の「終身雇用」と「年功賃金」「一企業キャリア」といった日本的雇用システムと呼ばれる安定した働き方に対する支持割合が高まっている。「終身雇用」の支持割合は89.7％となっている。2000年代前半には20歳層で平均より約12％低いという特徴があったが，2015年には全ての年代で88％前後となっており，多くの労働者が「終身雇用」を支持している。さらに，「年功賃金」の支持割合も年々高まっており76.3％となっている。2004年調査までは，年代が上がるにしたがって「年功賃金」の支持割合が高まっていたが，2007年調査で，20歳代の支持割合が約20ポイントと大きく伸び，2011年調査では，30歳代で約10ポイント伸びて，年代間の差が急速に縮まっている。他方，20，30歳代の若者層で「一企業キャリア」志向の割合（20歳代54.8％，30歳代49.3％）が高まり，「複数企業キャリア」志向の割合（20歳代26.8％，30歳代27.9％）が低くなって，年代別の傾向に大きな差がなくなっている。

　1990年代以降，日本においても若年労働者の問題が取り上げられるようになり，ブラック企業，ワーキングプア，「名ばかり」正社員，過労死など雇用の劣化が可視化されるようになった。明るい未来が思い描けた高度経済成長期や人々が景気の良さを実感していたバブル期を経験していない現在の若年者は，好況といわれても実感をもてない社会で成長してきた。そのため，大きな夢よりも着実安定の人生を求め，プライベートも大切にしながら安定した働き方をしたいと思う者が多くなっているのかもしれない。

4　若年者の労働からみえる問題と今後の働き方

　第2・3節では，マクロデータを用い若年者の就労状況と就労意識の傾向についてみてきた。一方で，海外との距離が近くなり情報も多く手に入る現代では，若年者といっても就労に関する意識は一様ではない。本節では，その一端を紹介したい。

　戦後日本の若年労働市場は，高度経済成長期以降，大卒であれば新規学卒一

括採用，中卒・高卒であれば学校が生徒の就職斡旋に積極的に関与する「学校経由の就職」を通じて〈教育から仕事への移行〉を行う新規学卒者を中心として編成されてきた（本田，2005，29頁）。しかし，90年代半ば以降は，そのルートは幅が狭くなり，学校教育（中退等での離学も含む）から非正規雇用労働・失業・無業というルートが広がった。本田（2006）では，これを「ダブル・トラック」という概念で説明しており，新卒時に正社員となることができた者と，フリーター等になった者との間には，正社員への移動に関する障壁や処遇格差が存在することを示している。このダブル・トラックは未だ強固に作用しており，厚生労働省の若年者雇用政策においても非正規雇用・不安定雇用からの転換に重きが置かれている。[7]

　他方，大学まで進学しても必ず正規雇用に就けるわけではなく，正規雇用になったとしても，情報技術の進展や非正規労働者への定型・単純業務の切り分けなどにより，正社員は高度な業務や判断を要する業務などに限って行うことになり，仕事の過密化が起こっている。また，人員は削減され一人ひとりの正社員が担う業務量が増え過重労働や長時間労働となるケースも少なくない。すなわち，労働が二極化し，各々切実な問題を抱えている。

　別の道として，国内外のNPO・NGO，地域おこし協力隊などやりがいや社会を変える仕事を選択する者もいる。特に東日本大震災以降，仕事や学業と両立させたり休んだりして，ボランティアやNPO・NGO活動に従事する若年者の姿が多くみられるようになった。クラウドファウンディングやSNSの活用が広がる中で，これらの活動を身近に感じるという側面もある。

　また，海外に活路を見出す者もいる。バブル経済崩壊以降，若年者の就職状況の悪化もあり，自発的に海外移住をめざす若者が増え日本人の国際移動は第三段階に入った（中澤，2015，20頁）。現地採用で雇用者として働くのが最も一般的である。

　くわえて，近年では，ICTやAI等の技術の急速な発展により，情報関連産業は拡大しており，テレワークやクラウドワークと呼ばれる形態が広がっている。このような働き方は，ICTを利用して空間的・時間的な制約を克服した働き方として，従業員が育児や介護などの役割を抱えたとしても雇用を継続で

きる可能性を高める。雇用者の場合は，企業が組織的にシステムづくりを行っている。一方，非雇用型のSOHOやクラウドソーシングと呼ばれる個人事業主としての働き方も広がっている。新たに生まれたギグ・エコノミーは，労働市場の劣化を招く恐れが大きく，多くの国が規制に乗り出しているが，日本は労働市場の規制緩和，テレワークの推進と副業の解禁などの政策により，むしろ肯定的に進めようとしている。日本では非雇用の働き方をする人々に対する法的保護が手薄で雇用保険もないため，不安定な立場に置かれやすいという問題がある。

　終身雇用を前提とした新卒一括採用の正社員トラックはますます狭まり，企業内では新卒採用者・中途採用者，無限定・限定正社員，無期・有期雇用労働者，契約社員・パートタイム労働者・派遣労働者などの多様な雇用形態，日本人・外国人など多様な国籍の労働者が混ざり合って働いている。そのため，管理の個人化が進み複線型人事制度がとられている企業も多い。また，出産・育児・介護などで柔軟な働き方が必要な労働者に対して短時間勤務制度や在宅勤務制度を導入する企業も増えている。これは正規雇用労働者も含めた雇用システムのあり方や企業の人的資源管理の見直しであり，それが労働市場の再分断化につながっているともいえる。将来労働力不足が予測される業種では，労働力の囲い込みのため，すでにスキルや経験のあるパートタイム労働者など非正規労働者を正社員に全員転換させるなどの動きもみられるが（たとえば，クレディセゾンや高島屋など），2012年の労働契約法改正による有期契約労働者の無期契約への転換を前に雇止めを行う企業や，仕事を個人請負化し人件費・社会保険料を削減するなどの動きもあり，労働条件が一律に改善・後退しているわけではない。したがって，誰もが安心して生き生きと働ける社会を実現するためには，労働市場の再分断化が，「公正な処遇格差に基づく働き方の多様化」への転換とならなくてはならない。

　また，「情報資本主義」（佐藤，2010）においては知識の陳腐化は著しい。皆さんが仕事をリタイヤする頃には労働市場や仕事は大きく変化し，学生の間に就職活動をして，卒業後すぐに民間企業の正社員や公務員等として働きはじめ，企業内でキャリアを形成して定年を迎えるというのは，もはやモデルケースで

なくなっているであろう。今後は，高校や大学などで学んだ知識そのものは役立たなくとも，学び方，自分で考える力，そして応用力を磨くことで，労働者が主体的にキャリアを形成したり，仕事環境やライフ・サイクルなどに応じて独自のキャリア・パスを築いていく基礎能力を身につけることが求められる。

注
(1)　正社員一般職（女性職）は賃金の年功的要素が少なく低賃金に抑えられ，結婚による「寿退社」や出産を機に退職するのが慣行であった。また，男性においても，中小・零細企業の場合，長期雇用慣行，年功賃金の要素は弱まり，雇用を守ったり労働条件を企業と交渉したりする企業別労働組合のある確率が低くなる。他方，非正規雇用は，大企業の男性正社員の雇用を守る「直接的バッファ」（野村，2009，43頁）として機能してきた。

(2)　同書では，これからの雇用システムのあり方として，経営環境の変化に対応できるよう「長期継続雇用の重視を含んだ柔軟かつ多様な雇用管理制度」を枠組みとするとしている。そして，雇用関係は「個別管理」の方向性が示されている。また，労働編成は，「長期雇用者と流動化させる雇用者との組み合わせ」が行われ，今後労働力は雇用形態の面では「長期蓄積能力活用型グループ」「高度専門能力活用型グループ」「雇用柔軟型グループ」の３タイプに分かれていくとして，それらを適切に組み合わせた「自社型雇用ポートフォリオ」の編成を推奨している。

(3)　2010年代現在，デジタル技術の進展と，あらゆるモノがインターネットにつながる IoT の発展により，限界費用や取引費用の低減が進み，新たな経済発展や社会構造の変革を誘発すると議論される（三菱総合研究所，2017，6-7頁）。

(4)　「産業の情報化」とは，様々な産業の生産活動の中で情報に関連した労働や中間投入が増加していく側面を捉えた概念である。また，「情報の産業化」とは，産業の情報化の傾向でデザインや広告など情報関連の活動が多くの企業や産業で盛んになるにつれて，こうした活動を専門に引き受ける新しい企業が生まれ，経済全体の中での比重を高めていくことを指す。

(5)　各種法令等および若者雇用施策で範囲や呼称に違いがある。たとえば，職業能力開発促進法では法律上の規定はないが，職業能力開発促進法施行規則第２条の２において，15歳以上45歳未満である者は青少年と規定されている。一方，キャリア形成促進助成金（若年人材育成コース）では，採用後５年以内かつ35歳未満という狭い範囲が適用されている（厚生労働省，2014，21頁）。

(6)　2016年10月から，厚生年金保険・健康保険の適用範囲が，週30時間以上働く被用者にくわえ，従業員501人以上の企業で週20時間以上働く被用者などにも拡大されたため，現在の適用率は同調査より高まっているものと考えられる。

(7)　労働政策研究・研修機構（2015）によれば，大学等中退者は20代において，６割前後が一度も正社員経験がなく，無業や失業のリスクが高い。また，就業している場合も非正規雇用比率は同じ教育段階の者の２倍と高い。

(8)　「ギグ・エコノミー」とは，インターネットを通じて単発の仕事を受発注する非正規労働によって成り立つ経済形態のことを指す。配車サービスのウーバー（UBER）や，宿泊施設を仲介するエアビーアンドビー（Airbnb），便利屋サービスのタスクラビット等のギグ・エコノミーを成立させるためのプラットフォームを提供する会社が増えつつあり，専門的能力をもつ人間が組織に縛られることなく仕事をみつけるのを容易にすると同時に，発注側のコスト引き下げにも役立

つとの意見もあるが，企業労働者が保証される様々な保護が受けられない側面もあり，警鐘を鳴らす者もいる（投資用語集）。

引用参考文献

厚生労働省「労働力調査」（各年版）　http://www.stat.go.jp/data/roudou/index.html　2018年4月30日アクセス。

厚生労働省（2014）『平成25年　若年者雇用実態調査の概況』　http://www.mhlw.go.jp/toukei/list/dl/4-21c-jyakunenkoyou-h25_gaikyou.pdf　2018年4月30日アクセス。

厚生労働省（2014）『若年者雇用に関する参考資料』（第54回労働政策審議会職業安定分科会雇用対策基本問題部会資料5）　http://www.mhlw.go.jp/stf/shingi2/0000058019.html　2018年4月30日アクセス。

佐藤洋一（2010）『情報資本主義と労働——生産と分配の構図』青木書店。

総務省（2017）『情報通信白書　平成29年版』。

投資用語集「ギグ・エコノミー」　https://www.glossary.jp/econ/economy/gig-economy.php　2018年4月30日アクセス。

中澤高志（2015）「若者の海外就職・起業と日本のビジネス・エコシステムの生成」『地理科学』第70号第3巻，122-141頁。

日本生産性本部（2017）『平成29年度　新入社員　働くことの意識調査結果——「人並みに働き楽しい生活をしたい」志向強まる』　http://activity.jpc-net.jp/detail/lrw/activity001510/attached.pdf　2018年4月30日アクセス。

野村総合研究所（2015）『日本の労働人口の49％が人工知能やロボット等で代替可能に——601種の職業ごとに，コンピューター技術による代替確率を試算』　https://www.nri.com/jp/news/2015/151202_1.aspx　2018年4月30日アクセス。

野村正實（2009）「『正規雇用』と『非正規雇用』？——日本における雇用バッファ」『日・韓非正規労働フォーラム2009論集』，1-12頁。

本田由紀（2005）『若者と仕事——「学校経由の就職」を超えて』東京大学出版会。

本田由紀（2006）「若年層の雇用の現状と課題——『ダブル・トラック』にどう取り組むか」樋口美雄・財務省財務総合政策研究所編『転換期の雇用・能力開発支援の経済政策——非正規雇用からプロフェッショナルまで』日本評論社。

水野有香（2014）「日本的経営その2」髙木直人編『経営学入門』五絃舎。

水野有香（2018）「情報化社会における労働の変容——非正規雇用化と間接雇用化の視点から」『名古屋経済大学教職支援室報』第1号，267-276頁。

三菱総合研究所（2017）『第4次産業革命における産業構造分析とIoT・AI等の進展に係る現状及び課題に関する調査研究報告書』三菱総合研究所。

労働政策研究・研修機構（2015）『調査シリーズ No. 138　大学等中退者の就労と意識に関する研究』労働政策研究・研修機構　http://www.jil.go.jp/institute/research/2015/138.html　2018年4月30日アクセス。

推薦図書

熊沢誠（2006）『若者が働くとき——「使い捨てられて」も「燃えつき」もせず』ミネルヴァ書房。

　若年者の労働問題を労使関係から読み解き，どの雇用形態でも働く若者が労働条件を改善できるような発言の仕組みを獲得することを提言している。

本田由紀・筒井美紀編（2009）『仕事と若者』（リーディングス　日本の教育と社会19）日本図書センター。

　若年者の労働について多面的に学ぶことができる。就労意識や抵抗・運動の研究も掲載されている。

神谷浩夫・丹羽孝仁編（2018）『若者たちの海外就職──「グローバル人材」の現在』ナカニシヤ出版。

　自らの意思で海外に移住して働く日本人若年労働者の実態を，調査を基に明らかにしている。

（水野有香）

第13章

女性の働き方改革

　現在，わが国では女性の活躍が非常に期待されている。政府の推し進める政策「日本再生戦略」に続き，「日本再興戦略」に女性の活躍促進が示され，「女性活躍促進法」[1]が施行されている。

　高度経済成長期以降，女性保護に配慮しながら男女同権を実現し，女性も男性と同じように職業に就き，活躍することを促進するために多様な政策がとられ，併せて法も整備がなされてきた。しかし，男性中心の企業文化やビジネス慣習を改めることが難しい組織も多いため，従来のような意識を払拭し，女性をはじめとする，制約のある労働者が働きやすい社会を創出するために女性活躍促進法は制定されたといえる。この法律の施行により，企業をはじめとするあらゆる組織において女性の活躍の場が広がりつつある。

　本章では，女性労働者の現状，女性のキャリア形成，進化する女性労働者の働き方と能力開発について学ぶ。

1　女性労働者の現状

〔1〕　女性労働者の雇用形態の多様化

　産業構造の変化に伴って，職場と家庭生活の場が分離し，職場で働き稼ぐ男性と家庭生活の責任を全面的に負う女性の性別役割分業が顕著になった。高度経済成長期の仕事は，長時間働けば成果が出る業務も多く，忠誠心をもって長時間労働，長期間勤務することが求められ，基幹業務は，制約なく1日24時間，企業戦士として命を懸けて働くことのできる男性のものとなった。

　女性労働者は，基幹業務を担当する男性労働者の補佐業務を担う一方，サービス業が広がるにしたがって接客の現場を時間単位で担当するパートタイマー労働者として働くことが多くなった。さらに，様々な規制が緩和されたことに

図13-1　雇用形態別女性労働者数

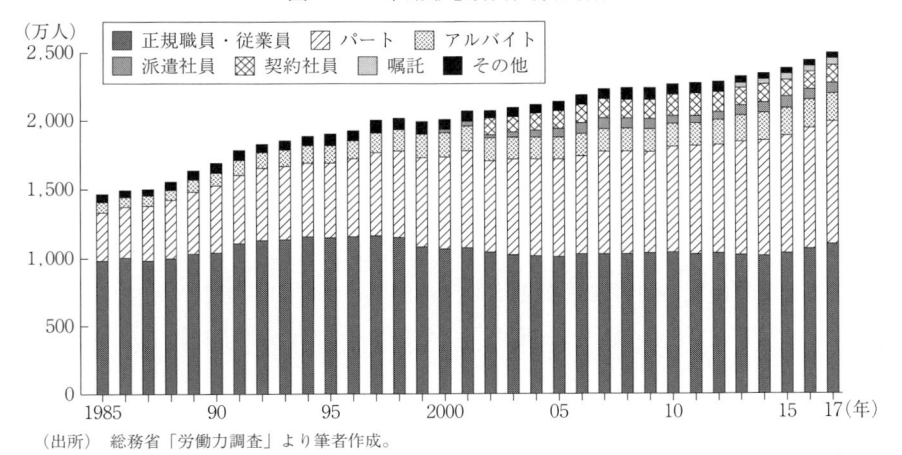

（出所）　総務省「労働力調査」より筆者作成。

より，OA 化が進んだ職場で女性が担っていた補佐業務やルーティンワークは外部の請負企業にアウトソーシングされたり，派遣労働者へと移行された。このようにして雇用の多様化が進み，その現状に即して調査区分も図13-1 に示したように細分化され，多様な非正規雇用労働者が増加している。以上の点を踏まえ，女性労働に求められている働き方について考える。

2　女性労働と法律

　現在，働き方が変わろうとしている。従来，わが国では性別役割分業による働き方が定着しており，企業組織は男性中心の社会となっていた。男女がともに活躍できる社会を実現するために「男女共同参画社会基本法」「男女雇用機会均等法」が設けられ，女性の社会進出が後押しされてきた。

　しかし，女性が職業生活を継続する場合，労働者として経験を積み，実力をつける時期にライフイベントに直面することが多く，女性が社会で生涯を通して活躍するためには育児との両立が課題になる。それを支援するために設けられた「育児・介護休業法」は，育児や介護と仕事が両立できるように一定期間の休業や短時間勤務，残業の免除等を義務づける法律である。この法律に加え「少子化社会対策基本法」なども併せて施行されている。出産後に適用される

多様な制度は女性だけでなく，男性にも適用され，育児休暇を取得する男性も少しずつ増加しているが，育児・介護休業等を取得することにより収入が減ることがネックとなっている。

　非正規雇用労働者が多い女性が活躍するために設けられたともいえる「パートタイム労働法[8]」は，1週間の所定労働時間が短いパートタイム労働者（短時間労働者）について規定している法律であり，パートタイム労働者が正規雇用労働者への転換を推進するための措置などを設けること等が定められている。このような非正規雇用労働者が正規雇用労働者と同じ職務を遂行しているにもかかわらず生じている賃金差を是正するために「同一労働同一賃金推進法[9]」が設けられた。

　自らの意思によって職業生活を営む女性の個性と能力が十分に発揮されることが一層重要となっていることから，「女性活躍推進法」が施行された。同法は，女性の採用，昇進等の機会の積極的な提供およびその活用を促し，性別による役割分業等を見直すとともに，環境の整備によって職業生活と家庭生活との円滑かつ継続的な両立を後押ししている。それを促進するため，企業における女性の活躍に関する情報は公表が義務づけられ，女性の活躍状況に関する情報は一元的に集約したデータベース[10]として公開されている。

［3］　女性とワーク・ライフ・バランス

　昭和時代は，女性が社会で活躍できる期間は短かった。一般的に女性は20代，30代で結婚・出産・育児というライフイベントを迎えるが，育児に関する支援制度がなかったことから職業生活と家庭生活の両立は困難であった。その中，厚生省（現・厚生労働省）による1989年の人口動態統計で，合計特殊出生率が過去最低の1.57となったことから「1.57ショック」といわれ，少子化の深刻さが明らかとなり，本格的な政府主導の育児支援が始まった。

　女性が直面するライフイベントへの支援を増やすために，厚生労働省は「ファミリー・フレンドリー企業[11]」や「均等推進企業[12]」を表彰することによって，労働者にワーク・ライフ・バランス（Work-Life Balance）を促進させるための啓蒙活動等を行った。

しかし，深刻な少子高齢化に加え，長時間労働，仕事の質の変化，労働環境の変化，女性の活躍推進等に対応する課題解決が引き続き求められ，働き方を労働観から大きく変える必要に迫られていることから，現在，政府主導で働き方改革が推し進められている。

現在は高度経済成長期のように「ワークは男性，ライフは女性」という性別役割分業を

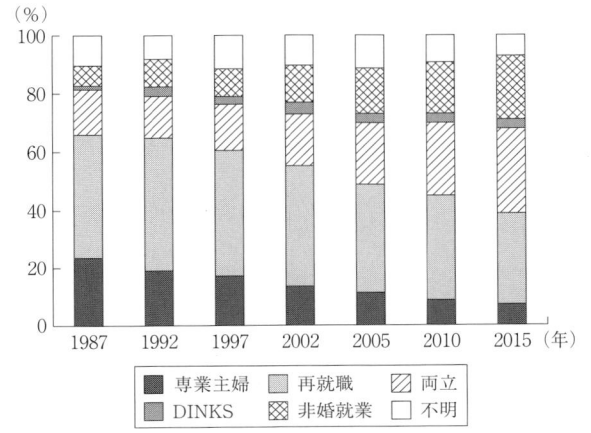

図13-2　女性の予定ライフコース

（注）　対象：18〜34歳，未婚女性。専業主婦：結婚・出産し，結婚・出産で退職した後は仕事を持たない。再就職：結婚・出産・出産で一旦退職するが，子育て後に再び仕事に就く。DINKS：結婚するが子どもは持たず，仕事を一生続ける。非婚就業：結婚せず，仕事を一生続ける。上記を選択しなかった割合を不明とした。

（出所）　社会保障・人口問題研究所「2015年出生動向基本調査（結婚と出産に関する全国調査）」2017年。

していた時代とは異なる。男性も女性もライフステージに応じて，家事・育児・介護を担いながら，生産性の向上が求められる組織等で働かなければならない。これに対応して，企業は多様な働き方を支援する制度を整備することによって，仕事と生活の調和であるワーク・ライフ・バランスに配慮しており，生活の質を高める働き方を労働者一人ひとりが考え，選択できる時代となっている。

実際に「女性が職場にどのような制度などがあるとよいと思うか」について質問した調査によると，最も多いのは「在宅勤務」58.5%，次いで「時短勤務」52.2%，「フレックス制」47.6%，「社内保育園」45.6%，「週休3日制」42.6%，「副業歓迎」38.1%，「残業禁止」31.9%などと続いている。一方，勤務先で実施されている育児支援の取り組みは，第11章でも紹介されたように，「短時間勤務制度」「長時間労働の是正」「子育て関連の費用補助」「男性社員の育児参加への啓蒙」などがあげられる。

近年，企業において，女性のライフステージごとに必要となる支援制度が整

ってきていることもあり，**図13−2**に示したように，女性が実際に選択すると思う働き方のライフコースについて質問した調査において，結婚あるいは出産を機会に退職し，その後は仕事をもたない「専業主婦」は減少し，結婚し出産後も仕事を続ける「両立タイプ」は増加傾向にある。

2　女性のキャリア形成

1　従来のキャリア形成

　明治時代以前から続いていた男尊女卑の男性中心のビジネス社会において，1960年代には男女平等が求められるようになる中，サービス業が普及し，接客業で働く女性が増え，1970年代にはコンピュータデータ入力のためのキーパンチャー等の事務職として働く女性が増加した。1980年代には外資系企業を中心に経営者の補佐職として女性を登用することは珍しくなくなった。しかし，男女雇用機会均等法が施行されるまでは，女性が企業等の組織で働く場合，募集・採用，配置・昇進・降格・教育訓練，福利厚生，職種・雇用形態，退職の勧奨・定年・解雇・労働契約の更新等について，男性とは異なっていた。

　男女雇用機会均等法が施行されてからも，総合職として多様な経験を重ねてキャリア形成できる男性とは異なり，女性は一般職か総合職のいずれかの選択を迫られた。総合職を選択すれば，男性と同様に制約なく長時間・長期間，出張や転勤にも対応して働くことが求められ，出産・育児と両立することは難しく，一般職を選択した場合は男性の補佐業務を担当し，配属された部署で長く勤務する傾向にあった。特定の部署においてプロフェッショナルとなっても，女性であるがゆえ，常に男性の補佐役となった。重要な仕事に挑戦できる機会は少なく，意思決定を伴う業務を任されることもなく，能力開発の機会も限られ，出張，転勤がない代わりに出世もない。さらに，一度退職すると正規雇用労働者として採用されることは難しかった。

2　今後のキャリア形成

　図13−1で示したように，働く女性は増えているが正規雇用率は半数を割っ

ている。しかし，現在はパートタイム労働者を正規雇用へ転換するための措置を講じることが義務化され，有期雇用のパートタイム労働者であっても 5 年を超えて就業し，労働者が望めば無期雇用契約となるなど，性別にかかわらず，希望する職務を継続してキャリア開発できる機会が増えている。

　近年，雇用形態や労働時間の長さで評価し，給与等を決めるのではなく，職務や成果により評価することによって不合理な待遇差を解消する同一労働同一賃金を導入する企業が増えている。今後は，ライフステージに応じて働き方を調整しながら目標とするキャリアをめざしやすい環境となる。

　りそな銀行では，同一労働同一賃金が実施されており，非正規雇用のパートナー社員[15]であっても正規雇用の社員と同じ人事制度，同じ評価制度，同じ時給単価で処遇されている。パートナー社員は正規雇用への転換試験に合格すれば，スマート社員[16]や正社員に転換できる。さらに，正社員がライフイベントに柔軟に対応するために勤務時間や業務範囲を限定して一定期間スマート社員として働き，育児等に目途が立てば正社員に戻ることも可能としている。また，結婚・育児・介護・配偶者の転勤等を理由に退職した正社員について，退職後 3 〜 5 年以内であれば，退職前のキャリアを考慮して再雇用するという企業も増えているため，キャリア形成が一時的に中断することがあっても，生涯を通してキャリアを構築できる環境が整いつつある。

3　進化する女性労働者

1 　女性と管理職

　今後，社会で広く活躍することを望む女性が能力を発揮できる機会はさらに増えていく。図13 - 3 に示した厚生労働省による雇用均等基本調査の「役職別女性管理職割合の推移」[17]によると，近年，女性の管理職は増加傾向にあることが示されており，企業規模が大きくなるほど上位の管理職に就く女性は増加する。これまでに管理職に就けるだけの経験を積んでいた女性は女性活躍推進の後押しにより管理職に就く機会が増え，現在，女性が育児のために退職するケースは減少していることから，今後は管理職候補となる女性は着実に増加する

図13-3　役職別女性管理職割合の推移（企業規模30名以上）

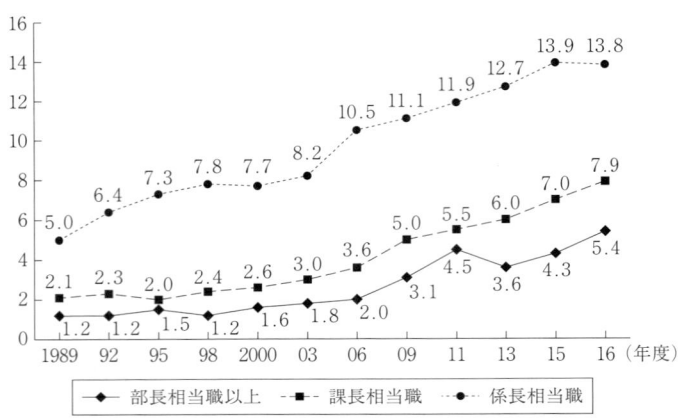

（出所）　厚生労働省「平成21年度雇用均等基本調査」「平成25年度雇用均等基本調査」
　　　　「平成28年度雇用均等基本調査」より筆者作成。

ことが見込まれる。しかし，一般職としての職務遂行を中心に経験し，基幹業務の経験が不足している場合は，長期間勤務していても管理職に登用できないことがある。また，すべての働く女性がキャリアを積んで管理職として活躍したいと考えているわけではない。

［2］　女性のワーク・モチベーション

　生涯働き続けることを前提にキャリアイメージを描いていることが多い男性に対して，女性はライフイベントの転換期を節目として働き方を問われることが少なくない。労働力調査等に記されているように，女性は正規雇用労働者より非正規雇用労働者が多い。専業主婦世帯が減少していることから，既婚女性の場合，時間調整のしやすいパートタイム労働者として働くケースが増加していると考えられる。どのような雇用形態であっても30代既婚女性が働く場合，育児等のライフイベントと直面していることが多い。

　育児や介護等の制約のある中で働く場合，ワーク・モチベーションにも大きく影響する。このワーク・モチベーションは，マズロー（A. H. Maslow）やハーズバーグ（F. Herzberg）の理論に示されている。安定した暮らしがしたい

表13‐1　生活や仕事についての女性の活躍に関する意識調査

（単位：％）

生活や仕事について	非常に思う	やや思う	どちらでもない	あまり思わない	全く思わない
現在の生活に満足している	4.9(8.3)	34.1(38.3)	26.9(28.5)	23.8(15.4)	10.3(9.6)
女性が社会で働くには不利な点が多い	29.5(20.4)	50.0(49.3)	15.7(22.8)	3.8(6.5)	0.9(0.9)
今後もバリバリとキャリアを積みたい	11.5(8.5)	25.5(25.2)	34.4(36.1)	23.3(19.1)	5.2(11.1)
管理職への打診があれば受けたい	5.8(4.6)	14.0(14.1)	25.9(27.2)	27.3(24.8)	27.1(29.3)
本当は専業主婦になりたい	15.9(13.0)	23.3(18.0)	25.7(34.3)	21.3(21.1)	13.8(13.5)

（出所）　ソニー生命保険株式会社（調査協力：ネットエイジア株式会社），2017年（2016年）調べ。

等という低次の欲求が満たされなければ高次の欲求を抱くに至らないだけでなく，労働環境等が不満足なものであったり，やり甲斐を求めているにもかかわらず，不本意なマミートラックとなる仕事が続いた場合，ワーク・モチベーションを下げることになる。[19]

　表13‐1に示した「女性の活躍に関する意識調査2017」の「生活や仕事に関する内容について」の質問として，「今後もバリバリとキャリアを積みたい」に対する回答の「非常に思う」と「やや思う」で37.0％（前年調べ：33.7％），「あまり思わない」と「全く思わない」で28.5％（30.2％）であり，キャリアを積みたいと考える女性は増えつつあるものの，「管理職への打診があれば受けたい」に対しての「非常に思う」「やや思う」は19.8％（18.7％），「あまり思わない」「全く思わない」は54.4％（54.1％），「女性が社会で働くには不利な点が多い」の「非常に思う」「やや思う」は79.5％（69.7％），「あまり思わない」「全く思わない」は4.7％（7.4％）となっており，不利なことが多いと感じる女性は多く，増加傾向にある。さらに，管理職に挑戦してみたいと考える女性は2割程度であり，挑戦したいと思わない女性は半数を超えている。一方，専業主婦を希望する女性も前年より若干増え，4割程度は主婦希望であり，仕事に対する意識が低いといわれる一因が垣間みられる。

図13 - 4　女性労働者の意識を高めるための取り組み

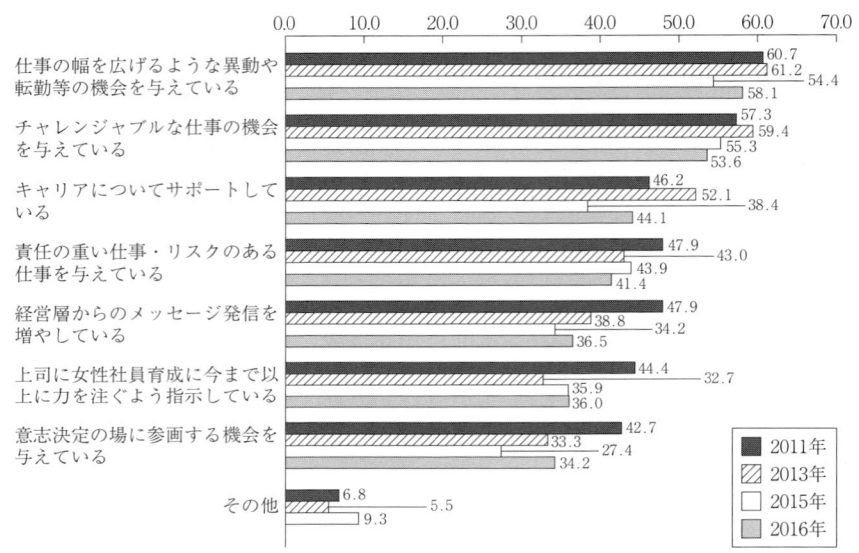

（出所）　日本生産性本部生産性労働情報センター「女性人材の活躍2012」「女性人材の活躍2014」「女性人材
　　　の活躍2016」「女性人材の活躍2017」より作成。

③　女性管理職養成のための能力開発

　日本生産性本部の調査「女性人材の活躍」[20]によると，女性がコア人材として成長していく上で，女性社員に高めてほしい能力の第 1 位は「リーダーシップ力・指導力」であり 6 ～ 7 割の企業が挙げている。第 2 位は「目標を設定し実現する行動力・変革力」，第 3 位「経営戦略や財務，マーケティングなど，組織マネジメントに関する知識」と続き，「仕事を円滑に進めるためのコミュニケーション能力」「理論的に物事を考える力・説明力」「内部及び外部に対する交渉力」「状況・情勢を見極めて判断する力」「ビジョンを構想する力」「企画提案能力・新規開発能力」「社内外のネットワーク構築力」が挙げられている。

　女性管理職が増加した企業では，図13 - 4 に示した日本生産性本部の調査の[21]ように，女性社員の意識を高めるための仕事の与え方として，「仕事の幅を広げるような異動や転勤等の機会を与えている」「チャレンジャブルな仕事の機会を与えている」「責任の重い仕事・リスクのある仕事を与えている」「意思決

定の場に参画する機会を与えている」などの取り組みがなされ，調査項目のいずれにおいても効果のあることが明らかにされている。

　政府主導の働き方改革が推し進められていることから，性別に関係なく労働者が望む働き方を選択できる時代が到来している。仕事か育児（介護）のいずれを選択するか問われなくなりつつあるが，どのように仕事と向き合うかは問われ続ける。ガラスの天井が完全になくなると，仕事を続ける限り，成長し続けることが課題となろう。そして，女性の役員比率が男性と同じ比率になる頃には，男性の長期間の育児休業は珍しくなくなっているに違いない。

Column　女性の働き方を創業当時より牽引している「資生堂」

　1世紀以上も前の男尊女卑の文化がある時代から性差にこだわらず，働く女性を多く養成し，社会に貢献しているといわれる資生堂は，洋風調剤薬局資生堂として1872年に創業した。1897年には化粧品業界に進出して安全な化粧品を開発・販売しただけでなく，資生堂化粧品連鎖店（チェインストア）制度を構築したことでも有名である。1927年に社名を株式会社資生堂と改め，初代社長福原信三のもと，「男女すべからく働くべし」として女性活躍の場を創出した。1933年にはビューティーコンサルタントの前身ミス・シセイドウの1期生を採用し，1934年にデビューを果たしている。

　女性従業員が多い資生堂は「女性に優しい企業」として有名であるが，育児のための短時間勤務を利用する従業員が増えるにしたがって，支える側と支えられる側の従業員との公平性の確保が必要となった。これを機に，すべての従業員が働きがいを感じながら働ける環境を構築するためにヒアリングを実施して働き方を見直す「働き方改革」に取り組む中，男性従業員の育児参加を促進するための制度や在宅勤務なども導入している。2017年度からは「心身ともに健康な社員が自分磨きの時間を満喫し，イノベーションを巻き起こす会社になる」ことをめざし，社員の働き方・生き方を"Work Life Beauty"と呼称した取り組みを行っている。　　　　　　　　　　　※詳しくは，http://www.shiseidogroup.jp を参照。

注

(1) 「女性の職業生活における活躍の推進に関する法律」(「女性活躍促進法」)は，2015年8月28日に成立(2016年4月1日施行)。自らの意思によって職業生活を営み，又は営もうとする女性の個性と能力が十分に発揮されることが一層重要であることが示されている。労働者数301人以上の企業は，2016年4月1日までに女性の職場における活躍促進に関する状況の把握・分析，行動計画の策定・届出，周知，公表が必要となった。基本原則として女性の職業生活における活躍を推進し，豊かで活力ある社会の実現を図るために，①女性の採用，昇進等の機会の積極的な提供およびその活用と，性的役割等を反映した職場慣行への配慮が行われること，②職業生活と家庭との両立を図るために必要な環境の整備により，職業生活と家庭生活との両立を可能にすること，③女性の職業生活と家庭生活の両立に関し，本人の意思が尊重されるべきであること等が示されている。

(2) 総務省「労働力調査特別調査」1980〜2001年，「労働力調査(詳細集計)(年平均)」2002年以降。女性の正規雇用労働者が1984年998万人であったのに対して非正規雇用労働者は408万人で正規雇用率は71.0%であったが，2017年には正規雇用労働者が1114万人(116万人増加)であるのに対して非正規雇用労働者は1389万人(981万人増加)で正規雇用率は44.5%となっている。http://www.stat.go.jp/data/roudou/longtime/03roudou.html 2018年3月1日アクセス。

(3) 1999年に施行された。男女が互いに人権を尊重しつつ，能力を十分に発揮できる男女参画社会の形成を総合的かつ計画的に推進することを目的としている。

(4) 正式名称は「雇用の分野における男女の均等な機会及び待遇の確保等に関する法律」。「勤労婦人福祉法」(1972年)に代わって，1985年5月成立(1986年4月1日施行)。

(5) 1992年4月に育児休業法が施行され，1995年に「育児・介護休業法」として大幅改正され，さらに2017年3月に改正育児・介護休業法が公布(2017年10月1日施行)された。育児や介護のために休業したことを理由に解雇などの不利な取り扱いをすることが禁止されている。

(6) 少子化に対処するための施策を総合的に推進し，国民が豊かで安心して暮らすことのできる社会の実現に寄与することを目的とし，次代の社会を担う子どもを安心して産み，育てることができる環境を整備すること等を基本理念としている。

(7) 1年間の育児休業，93日間の介護休業の取得回数制限の緩和，子の看護休暇，短時間勤務制度・フレックスタイム制度，始業・就業時刻の繰上げ・繰下げなどの措置の適用。

(8) 「短時間労働者の雇用管理の改善等に関する法律」(パートタイム労働法)は1993年6月に制定され，多様な労働者の雇用が急務となっていることから2007年5月に改正(2008年4月施行)後，さらに2014年4月にも改正(2015年4月1日施行)された。パートタイム労働者と通常の労働者の均衡のとれた待遇の確保と福利の増進を図り，パートタイム労働者が能力を有効に発揮できるようにすることを目的としている。

(9) 「労働者の職務に応じた待遇の確保等のための施策の推進に関する法律」であり，2015年9月施行。同じ価値の労働には同一の賃金を適用すべきという同一労働同一賃金の原則に基づいて，正社員・派遣労働者・女性労働者の賃金や待遇の格差是正のための法律である。日本は2008年にOECD(経済協力開発機構)から正社員と非正規社員との格差を是正する必要がある旨の勧告を受けていた。

(10) 女性の活躍・両立支援総合サイト http://positive-ryouritsu.mhlw.go.jp/index.html 2017年7月15日アクセス。

(11) 仕事と育児・介護とが両立できるように様々な制度を備え，多様かつ柔軟な働き方を労働者が選択できるような取り組みを行う企業。その要件は，「法を上回る基準の育児・介護休業制度を

規定しており，かつ，実際に利用されていること」「仕事と家庭のバランスに配慮した柔軟な働き方ができる制度をもっており，かつ，実際に利用されていること」「仕事と家庭の両立を可能にするその他の制度を規定しており，かつ，実際に利用されていること」「仕事と家庭との両立がしやすい企業文化をもっていること」とされている。

⑿　女性労働者の能力発揮を促進する積極的な取り組み（ポジティブ・アクション）を行っている企業。

⒀　ソニー生命保険株式会社「女性の活躍に関する意識調査2017」（調査対象：全国の20～69歳の女性1000名，調査期間：2017年2月17日～2月23日，調査協力会社：ネットエイジアリサーチ）。

⒁　女性は結婚や30歳ぐらいを機に退職することが入社時に契約として交わされることは珍しくなかった。

⒂　パートタイム労働者のことをパートナー社員と呼ぶ。

⒃　正規雇用労働者でありながら勤務時間や職務範囲を制限して働く雇用形態の労働者をスマート社員とされている。

⒄　厚生労働省による雇用均等基本調査　http://www.mhlw.go.jp/toukei/list/71-23c.html　2018年2月1日アクセス。

⒅　総務省「労働力調査特別調査」1980～2001年,「労働力調査（詳細集計）（年平均）」2002年以降。

⒆　育児休業後に復職した以降，責任の軽い仕事を担当し，昇進のステップから外れてしまうこと。

⒇　日本生産性本部，生産性労働情報センター「コア人材として成長していく上で女性社員に高めてほしい能力」『女性人材の活躍2017』。

㉑　日本生産性本部，生産性労働情報センター「女性社員の意識を高めるための取り組み」『女性人材の活躍2012』『女性人材の活躍2014』『女性人材の活躍2016』『女性人材の活躍2017』。

推薦図書

佐藤博樹・武石恵美子（2010）『職場のワーク・ライフ・バランス』日本経済新聞出版社。
　　子育てや介護などでさまざまな「時間制約」のある社員が増える中，働き方を見直す必要が生じている。職場の人材マネジメントの重要な課題であるワーク・ライフ・バランス支援について具体的に解説されている。

濱口桂一郎（2015）『働く女子の運命』文藝春秋。
　　「日本の女性が，なぜ活躍できなかったのか」について，長期間，長時間労働を査定基準にしていた「日本型雇用の歴史」の視点から解説されている。

渡辺俊・守屋貴司編著（2016）『活躍する女性会社役員の国際比較──役員登用と活性化する経営』ミネルヴァ書房。
　　各国の企業で管理職として働く女性たちが，どのような環境・制度のもとで，どのような試練や課題に立ち向かってキャリアを積み，現在の地位にあるのか。データと実態調査に基づいて女性管理職の現状を紹介し，展望が述べられている。

　　　　　　　　　　　　　　　　　　　　　　　　　　　　　　　（木村三千世）

第14章

公務改革と公務員の働き方の変化

　本章は，日本の公務部門の雇用構造や公務労働の基本的な性格について
まず押さえた上で，近年の公務部門改革が，日本の公務員の働き方や公務
部門の雇用構造，公務労働の性格などをどのように変化させてきているの
かについて検討する。その上で，その変化がどのような問題を内包してい
るのか，そしてその問題に対する対応の方向性はいかにあるべきかについ
て論じる。

1　日本の公務部門の雇用構造

　まず，日本の公務員の種類と数について確認しておく。公務員の種類と数に
ついては，2017年度末の予算定員ベースで，国家公務員（一般職の常勤職員）
が約28万5000人，特別職の国家公務員（自衛官，裁判官，国会職員など）が約29
万9000人存在している。また一般職の地方公務員は2016年度時点で約273万
9000人存在している（図14-1）。これら以外にも，2016年時点で国では一般職
非常勤職員が約14万5000人存在しており，地方自治体でも各種の非正規職員が
約60〜70万人の規模で存在していると推定される。また，これらの狭義の公務
員の他にも，旧一般独立行政法人（非公務員型の独立行政法人），日本郵政グル
ープ，特殊法人，公益法人，地方独立行政法人，第3セクターの職員など，公
務員には分類されないがそれに準ずる存在とみなされる職員も存在する。
　しかし，これらの人数を合わせても日本の広義の公務員数は600万人をやや
上回る程度（前田，2014，29頁）であり，国際比較的見地からみれば，日本の
公務員数は人口や労働市場規模の割に少ないことは疑いない。その上近年は，
行政機構のスリム化や現業的部門の独立行政法人化・民営化等により，公務員

図14 - 1　国家公務員および地方公務員の種類と数

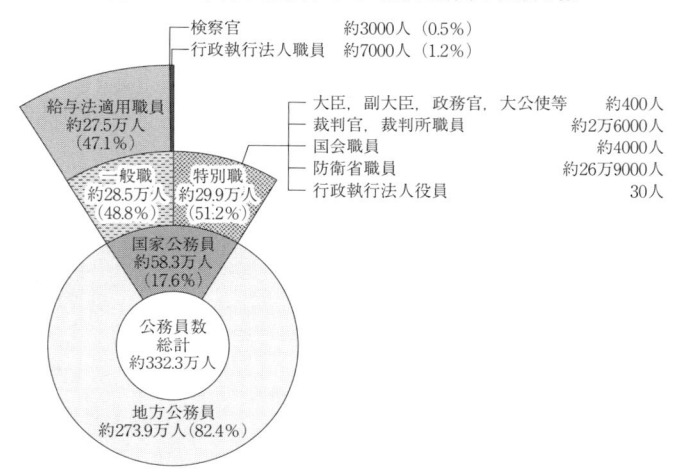

数はさらに減少してきている。なお近年の公務員数の減少は，住民サービスの第一線を担う地方公務員において実質的には顕著である。[4]

　そしてこの公務員数の減少によって，従来公務員が担っていた労働のうち，現業的な仕事や住民サービスの第一線における仕事などが外部委託の形で民間企業等に代替される傾向が強まったし，それが公務員数のさらなる削減を招いてきたのであった。

2　公務労働の基本的性格

１　公務労働の基本的性格と民間労働との相違

　次に，公務員の仕事（公務労働）の基本的性格について考えておこう。そもそもの話として，公務労働が民間労働以上に公共性を有していることは疑いない。

　なお，「公共性」という概念の定義づけについては本章では詳細な議論を控えるが，それは公務労働の守備範囲を決める基準と考えうる。したがって，社会にとって必要不可欠な公共性を有するが，コストなどの点から民間企業では供給が困難なサービスについては，公務部門によって提供されるのが原則であろう[5]。そうした公務労働の公共性ゆえに，公務労働と民間労働との間には以下のような相違が生じる。

　まず第一に，この公務労働の公共性は，理念としての「全体の奉仕者性」や，私的利潤追求を目的としない労働のあり方を公務労働に要請する。そしてこのことは，このような労働のあり方を実現するための専門性や，専門性に裏打ちされた中立性や公平性を公務労働に求めることにもなる。むろん民間労働にも（業種の差はあれ）公共性は要求されるが，それは利潤追求という目的に付随した副次的なものであり，義務ではなく主に道義的・倫理的次元のものである。

　第二に，公務労働の公共性は，公務員の賃金労働条件の決定に公的制約を強く課す。これは，労働基準法や最低賃金法などの労働法規の規制水準に抵触しない限り，賃金労働条件を労使関係の中で「自由」に決めうる民間とは異なる。特に日本の場合，公務員の種別による差はあるが，公務員の賃金労働条件の決定は自由な労使関係の結果に委ねられるのではなく，労働基本権（団結権・団体交渉権・争議権）の制約を前提とした上で，議会のコントロールのもとに置かれる（勤務条件法定主義[6]）。またこのことは，政府・自治体当局の雇用主としての当事者能力を大きく制限することにもなる。つまり，勤務条件法定主義は，労働基本権を背景とした労使間の自由な賃金労働条件決定を制約する。なお，よく知られているように，日本の公務員制度では，公務員の争議権が一律に禁

止されているなど，この労働基本権の制約が特に顕著に現れている（この労働基本権制約の「代償措置」として，人事院による給与勧告制度が設けられているとされる[7]）。

　第三に，公務労働は公共性をもつがゆえに，人事処遇に恣意的ではない公正さが求められる。これが公務員人事管理におけるメリットシステム（成績主義）の根拠となる。しかし，民間とは違い利潤追求を目的としないため，労働の成果を金銭的に測定することが困難である。したがって，個人間の業績差を計測するのが困難となり，客観・公正な人事評価の実施には困難が伴う。結局，いかに業績を上げたのかという結果よりも，いかにミスなく業務を遂行したかというプロセスの観点から公務員の人事評価は行われやすい。

　第四に，公務労働は公共財的な特定の公務サービスを地域独占的に供給し，準公共財的なサービスもほぼ独占的に供給する。このことは他の事業者との競争が乏しいことを意味する。

　以上のようなことから，公務労働は民間に比べて定型的，法令遵守的性格を強く帯びることとなる。要するに公務労働においては，創造性などを発揮して利益を上げることよりも，定型的業務を法令に基づいていかに正確にこなすかがまずは重要になる。そして個々の公務員への人事評価もそうした観点から行われ，人事給与上の処遇は一律性が強くなる。しかしそれは公務労働がフレキシビリティを欠いたいわゆる「お役所仕事」に一層流れることにもつながるので，公務部門のアウトソーシング等により公／民の境界の曖昧化が進んできた近年では，そうした人事評価は変化を迫られることになる。このことが，後述する公務員制度改革の動きにもつながっていく。

［2］　伝統的な公務員人事管理の特徴

　前述のような公務労働の基本的性格と民間労働との相違は，人事管理面にも民間との相違を生み出している。伝統的な日本の公務部門の人事管理，特にそのキャリア管理面の特徴について，民間企業との対比で簡単に概括すると，以下のようなことがいえるであろう（松尾，2002，など）。

　①採用については，民間企業は面接中心（「人物重視」）の選考的選抜を行う

が，公務部門ではペーパーテスト中心（「学力重視」）の競争試験による選抜が行われる。②採用後は，特に地方公務員の場合，絶対的な昇進スピードは遅いが実質的な選抜は厳しく，早い段階からトーナメント型の競争が行われる（「早い選抜」）。③地方公務員の場合，官房系部局などの管理的部門を中心に異動してきたキャリア幅の狭い者がエリートコースを歩み，昇進も早い傾向がある。④その一方で，同期入庁者の中堅層のキャリアパスへの配慮が不足している（この層の多くはランダムな幅広い異動がなされる[8]）。

　上記のような人事管理は，ホワイトカラーのキャリア研究の中で指摘されてきた民間大企業における特定フィールド（いわゆる「畑」）内中心の異動による「はば広い専門性」の形成をめざしたものとは異なっている。すなわち，エリート層は管理部門中心の狭めのキャリアを歩み，その中で管理的能力を培うことが重視される一方で，それ以外の者は民間以上にゼネラリスト的色彩が強く，専門性の形成がさほど重視されていない。

　こうした公務部門の人事管理は，成績主義によって能力の客観性を重視しつつ，比較的早期にエリート層とその他との選別を行う人事管理であったといえよう。反面，それはやはり相応に「学力偏重」であって，近年のように公務と民間の境界の曖昧化が進むならば，いわゆる頭でっかちの硬直的な公務員のコンピテンシー（行動特性）では，公務労働の性格変化に対応できない面も出てくる。また，キャリアパスの中での専門性の軽視という問題もある。公務員の人事管理におけるこうした面を改革することが，近年の公務改革，特にその人事制度改革の背景にはあると思われる。

3　公務改革と公務員人事管理の変化

［1］　公務改革の進行

　それでは，ここまでみてきたような従来からの公務労働の性格や公務員の働き方は，近年の公務改革の中でどのように変化してきたのだろうか。本節では，近年の公務サービスへの市場主義的な「改革」の流れとその特徴について概説し，それが公務労働のあり方や公務員の働き方をどのように変えてきたのかに

ついて述べる。

　今世紀に入ったあたりからの日本の公務部門における「改革」における特徴的な動きは，端的にいえば行政サービスにおける民営的手法の拡大，官民の境界の曖昧化である（「官から民へ」）。こうした改革の背景には，新自由主義の考え方のもとで民間企業の活動領域を拡大しようという考え方や，少子高齢化等による財政負担の増大等に伴い「小さな政府」を是とする考え方が浸透してきたことがあげられる。さらに，理論的には，行政管理に市場主義的手法を導入しようとするNPM（ニュー・パブリック・マネジメント）の考え方などもあげられる。なお，新自由主義色の強い地方分権論やNPMよりはややソフトで市民主義的な「新しい公共」論も，基本的にはこうした流れを後押ししている。

　それでは，日本の公務部門における「改革」の動きについて概観してみれば，次のような流れになる。

　たとえば，国の場合，2001年1月の中央省庁再編や，それに伴う事業実施的部門の独立行政法人化や民営化を通じて上記のような「改革」は行われた。また，当時の小泉純一郎政権によって「行政改革の総仕上げ」と位置づけられた行政改革推進法（平成18年法律第47号）をはじめとする行革関連5法[9]も，国家公務員とその周辺部門の定員削減や公共サービスの民営化を推し進めた。

　地方自治体の場合，1990年代末からの「地方分権」改革の中で，1999年に地方分権一括法が制定された（2000年4月施行）。同法により，職員配置や行政機関設置にかかる各種の必置規制の緩和（職員配置や行政機関設置に関する基準の緩和）が関連法の改正を通じて行われ，それが地方自治体の定員削減を促した[10]。また，小泉政権期には，その構造改革路線とも歩調を合わせる形で「行政改革」の推進が国から地方自治体に求められ，その中で単なる定員削減のみならず，民間委託等の推進や，指定管理者制度[11]・PFI[12]・地方独立行政法人の活用などを通じての行政サービスの提供主体の多様化が図られた。このような改革の流れは，地方公務員の人員削減を推進したのみならず，地方自治体の雇用構造の変化をもたらしてきた。特に住民サービスに当たる行政の第一線の領域において，その雇用が民間との代替性を強めてきた。

　上記のような国や地方自治体に関わる各種の制度改革の結果，2000年代に入

ってからは，以前にもまして公／民の境界領域が民間との競争にさらされるようになってきた。このことは，国や地方自治体の事務事業のマージナルな領域における人員削減や業務のアウトソーシングを進めることになった。そしてこうした動きは，各種の非正規公務員や公務関連民間労働者の増加という形を取りながら，国・地方自治体やその周辺領域の雇用構造を一層複雑化させたのである。

　なお，公務におけるこうした人員削減や民間へのアウトソーシングの流れは，公務員の労働のあり方にも変化をもたらすことになる。それは要するに，正規職の公務員が「実務の第一線の担い手」という性格を希薄化させ，非正規公務員や公務関連労働者を管理する管理者的性格を強めるということである（これについては後でもさらに述べる）。

〔2〕　公務員制度改革の流れ

　前述のとおり，公務サービスへの市場原理導入の流れに対応した形で，公務労働のあり方や公務員の働き方は近年相応に変化してきたといえる。そしてその変化は，公務員制度改革という公務員の働き方の制度的枠組みの改革によっても後押しされてきた面がある。そこで以下では，公務員の働き方の前提となる公務員制度の改革について，その流れを簡単にみておく。

　行政サービスへの市場原理導入の流れに対応した公務員制度の改革については，1990年代末の橋本龍太郎政権期あたりからその動きが始まるが，それが本格化してきたのは2000年代に入ってからであった。特に2001年12月に「能力・実績主義」を柱とする「公務員制度改革大綱」が閣議決定されたのが大きな画期であった。この「大綱」は，人事・給与制度面では，「能力等級制度の導入」「能力等級を基礎とした新任用制度の確立」「能力・職責・業績を反映した新給与制度の確立」などを内容的特色とするものであった。

　だがその後，政府内の利害対立や国内外各方面からの批判もあり，公務員制度改革の動きはしばらく停滞し，小泉政権下では公務員制度改革関連法案の国会提出は見送られた。結局，「大綱」を具体化する形で「公務員制度改革について」が閣議決定されたのは2007年4月であり，これに基づき，国家公務員制

度改革の基本理念を定める国家公務員制度改革基本法が成立したのは福田康夫政権下の2008年6月のことであった。

　また，2007年6月には，「能力・実績主義」を主要な柱とする改正国家公務員法（平成19年法律第108号）が成立し[14]，「現行の勤務成績の評定に代え，新たな人事評価制度を構築する」という同法の規定により，2009年4月より国家公務員に人事評価制度が施行されている（2016年度からは，地方公務員法の改正により地方公務員にも人事評価制度が実施されている）。

　2009年9月の民主党への政権交代後は，「政治主導」の公務改革が加速する兆しをみせ，特に非現業公務員への労働協約締結権の付与が大きな焦点となった。しかし，この労働協約締結権の付与については自民党の反対も根強く，結局民主党政権下の2010〜12年には，内閣人事局や公務員庁の設置等も含めた国家公務員制度改革関連法案が国会に上程されるも，そのつど廃案となった。

　2012年12月の自民党への政権再交代後，政府は，国家公務員制度改革推進本部[15]における議論を踏まえ，中央省庁の幹部人事を一元管理する「内閣人事局」の新設を柱とした公務員制度改革に取り組んだ。この改革は，2014年4月の改正国家公務員法（平成26年法律第22号）の成立という形で具体化された。同法によって幹部人事（本省部長級以上）の一元管理や内閣人事局の設置などが定められたのであった。

　このような十数年の紆余曲折を経て，この2014年4月の国家公務員法改正によって公務員制度改革はひとつの区切りがついたとはいえる。しかし，懸案の労働協約締結権の付与と「自律的労使関係」については事実上反故にされ，結局，実現もしくは実施が決定した主たる改革は，①人事評価制度の導入（職階制は廃止されるも，「能力」に応じて公務員をランクづける能力等級制度の導入は挫折）[16]，②査定昇給の導入などの給与構造改革，③内閣人事局の創設とそれによる幹部人事の一元管理，④官民人事交流人事の拡大，⑤国家戦略スタッフの創設，などにとどまっている。

［3］　公務員人事管理の変化

　それでは，ここまでみてきたような公務改革や公務員制度改革の中で，公務

員の働き方を直接的に規定する公務員人事管理はどのような方向に進んでいくのであろうか。

まず採用管理については，「人物重視」の採用や，中途採用・官民人事交流の拡大，（特に国の場合）幹部職員の政治的任用などが行われていく。これらの結果，一種のスポイルズシステム（猟官主義）が公務員人事管理に持ち込まれていく可能性もある。

次に採用後の人事管理については，「能力・実績主義」の強化によって，職階制や（公務員の職務と責任に応じてその給与を決定するという）職務給の建前を放棄し，人事給与制度の属人主義的・能力主義的運用（能力主義プラス成果主義）や人事管理の分権化が進むと考えられる。また，国の幹部公務員の人事管理については，内閣人事局による幹部人事の一元管理の中で，幹部人事の政治的・恣意的運用が行われることも危惧される。現実に，高級官僚人事の政治主導化や，官僚の政治家への「忖度」の問題などはすでに表面化してきている。

実際，2007年6月の国家公務員法改正によって，国家公務員の職階制の規定は同法から削除されてしまっている。また，「能力・実績主義」を旨とする同改正法の規定により，2009年4月より国家公務員に人事評価制度が導入されている。なお地方公務員においても，2014年4月に成立した改正地方公務員法（2016年4月から実施）によって，地方公務員の職階制の規定が削除され，人事評価制度が導入されている。

［4］　公務労働・公務員像の変質

さて，上記のような公務改革や公務員人事管理の改革が進んでくれば，公務労働のあり方や公務員の位置づけも従来に比べ変化してくると考えられる。

すなわち，公務改革を通じた公務における市場原理の強まりや公務員人事管理における能力主義の強まりは，公務労働に，NPM の理念に基づいた顧客主義，人事評価における情意的側面の重視，業務のアウトソーシングによる構想と実行の分離などをもたらす。また，特に上級公務員については，トップダウン型行政を支える新たな官僚主義や，政治権力や民間企業との癒着を通じての「全体の奉仕者」性の変質などが顕在化してくる可能性がある。

　ただし，顧客主義，情意的側面の重視，アウトソーシングなどからは，職務に基づいた人事処遇による公務員の専門性の強化と，それを通じた行政サービスの質の向上という方向性を見出すことは困難である。むしろ，管理能力が重視されてきた従来の「期待される公務員像」は，職務の専門性に基づいた公共性の担い手というよりも，NPM 的行政を支える新たな管理者的・官僚的な公務員像へと組み替えられる可能性があるのである。

4　公務労働の変質と対応の方向性

［1］　公務改革による公務労働の変質とその問題点

　以上のように，近年の市場主義的な公務改革や公務員人事管理の改革に伴い，公務員の働き方や公務員のあり方に変化が生じていることをみてきた。それでは，こうした公務員の働き方や公務員の位置づけの変化が，公務労働の性格をどのように変質させ，それがどのような問題をはらんでいるのかについてまとめておきたい。

　第一に，近年の公務改革は，人事制度面についていえば，形骸化していた従来の勤務評定制度に代え，能力評価と業績評価を組み合わせてその結果を昇給・昇格などに反映させる人事評価制度を導入した。しかしそれは，職務に基礎を置いた業績主義や成果主義とは言い難く，意欲や態度などの情意的側面を評価上重視することによってむしろ能力主義の強化につながっている。なおこれは，能力主義から成果主義へと人事管理の重心を近年移してきた民間企業からみれば，周回遅れの能力主義とみなすこともできよう。

　第二に，近年の公務改革は，給与制度面についていえば，地域手当導入，査定昇給，人事評価制度導入，職階制の放棄，などの「給与構造改革」を通じて，公務員給与の職務給原則を一層形骸化させた。こうした動きは，公務員の経済的地位を不安定化させ，公務労働の公共性や中立性を危うくする可能性すらある。さらに，地域手当導入を通じた公務員賃金の地場賃金化は，地域間の賃金格差や経済格差を一層拡大させることにもつながる。

　第三に，近年の公務改革は，人員・組織面についていえば，出先機関の削減

やアウトソーシングを進めることにより，単に公務員数を減らすのみならず，公務員の「実務の第一線の担い手」という性格を希薄化させ，専門性を低下させるとともに管理者性を強めている。そしてこれはさらなるアウトソーシングにもつながる。

第四に，近年の公務改革は，労使関係面についていえば，労働協約締結権を付与することなく，政治主導の改革に人事院勧告を追従させることにより人事給与制度改革が行われた。これは，労働基本権を制限したまま，公務員の賃金労働条件を「上」から統制しようとするものであり，民主主義や地方自治の観点からもゆゆしき事態である。

第五に，近年の公務改革は，公務労働の公共性の観点からいえば，公務員の専門性の軽視，管理者性の強まり，地方自治体の人員政策・人事給与制度・労使関係等への国の統制による地方自治の侵害，公務員人事のいわばスポイルズシステム化による人事の中立性・公平性の侵害，賃金の地場準拠を強めることによる公務部門の地域賃金パターンセッター的役割の放棄，などを通じて公務労働の公共性を浸食している。

［2］　対応の方向性

さて，近年の公務改革がもたらしつつあるこうした問題点に対して，公務労働の公共性を守る観点からの（主として公務労使の）対応の方向性はいかにあるべきであろうか。

この点については，公務も公務員という「人」によって運営されるものである以上，まずは公務員の人事管理面の改善が，公務の質や公共性，民主性などを担保するためにも必要不可欠であろう。特に，採用や異動ローテーションの改善（たとえばランダムな異動ではなく特定フィールドを中心とした異動にする）などを通じて職員の専門性を強化することは重要である。それによって，公務員が，非正規職員やアウトソーシング業務の公務関連労働者を適切に助言指導できる能力も増すであろう。また，公務員の専門性の強化は，職務に応じた処遇や職務給という処遇方向にもつながるので，属人的な能力主義的管理を抑止することも期待できるであろう。

　ただし，こうした人事管理面の改善は，労使関係の中で組合等が人事処遇（異動等）のフレキシビリティを規制することなしには困難である。その意味でも，労使関係の中で組合や職員自身が当局に人事管理の改善を要求していくことはやはり重要になる。そしてそれを可能にするためには，公務部門においても労働協約締結権の付与などによる庁内労使間での「自律的労使関係」の確立が，最低限必要な条件となってくるであろう。

　むろん，公務の質や公共性，民主性などの確保のためには，公務員自身の倫理観やスキル向上の努力も必要ではある。また，実態として事務事業の民間委託が増加している以上は，公務関連の民間労働者等を適切に指導できる専門的能力を公務員自身が努力して身につけることも必要である。しかし，公務員のポテンシャルな個人的資質には時代による変化がさほどないとすれば，公務員個々人の努力はあくまで必要条件であり，公務員の資質向上のために最も重要であるのは，人事管理や労使関係のシステムの改善であることは疑いない。

注

(1)　むろん本章での「一般職」とは，国家公務員採用区分における幹部候補生たる総合職（いわゆるキャリア組，旧来のⅠ種試験採用者）との対比区分としての一般職という意味ではなく，特別職（自衛官，裁判官，国会職員など）との対比区分としての一般職を指す。

(2)　国や地方自治体の非正規職員数については，早川・松尾（2012）や早川他編著（2015）も参照されたい。

(3)　ちなみに公務員型（職員の身分が公務員）の独立行政法人は特定独立行政法人と従来呼ばれており，2015年度以降それは行政執行法人となった。

(4)　国家公務員数の減少は，国立大学等の独立行政法人化（2004年），郵政民営化（2007年）などの制度改革による部分が大きく，それ以外は基本的には1980年代からの漸減の延長線上にある。一方，地方自治体では，今世紀に入る前後からの「地方分権」や規制緩和政策によって，住民サービス的・現業的領域における民間委託化とそれに伴う人員削減が一層進んだ。その結果，地方公務員数（一般職の常勤職員）は，ピークの1994年の328万2492人から毎年減少し，2016年には273万7263人になった（総務省「地方公共団体定員管理調査」）。なお2017年に地方公務員数は23年ぶりに対前年比で増加（5333人）をみた（福祉や観光，地方創生関係の部門で増加したとされる）が，公務員数削減の大きな流れに歯止めがかかったとはいえない。

(5)　ただし，その基準は必ずしも絶対的・固定的なものではなく，むしろ流動性をもっており，たとえば公営企業など相応の営利性を考慮する広義の公務部門（公共部門）や，公務関連の民間企業等によってその種のサービスが提供されることもある（それゆえ公務部門の守備範囲の周縁部分は民間部門と競合することもある）。

(6)　たとえば非現業一般職の国家公務員については，議会の承認のもとで成立した国家公務員法や

給与法，それらに基づく人事院規則などにより，その賃金労働条件（勤務条件）が決まる。地方公務員については，その賃金労働条件は各自治体の条例で決まるが，同時に労基法の多くの条文も適用される。このことから，地方公務員の場合，勤務条件法定主義は勤務条件条例主義ともいう。

(7)　すなわち，国家公務員法が適用される一般職国家公務員については，団結権のみ認められ，団体交渉権と争議権は否認されている（1948年のマッカーサー書簡と政令201号以降の公務員の労働基本権制限の経緯については各自調べられたい）。ただし行政執行法人職員（一般職の国家公務員）については，かつての国営企業並みに団結権に加えて団体交渉権までは認められている。

　　地方公務員法（地公法）が適用される一般職地方公務員についても，団結権のみ認められ団体交渉権と争議権は認められていないが，交渉と書面協定は可能である（労働協約締結権はなし）。地公労法（地方公営企業等の労働関係に関する法律）が適用される地方公営企業の職員や，同法が準用される単純労務職員については，団結権に加えて団体交渉権も認められ，労働協約締結も可能である（ただし勤務条件法定主義や予算の制約は受ける）。

　　なお，警察・消防・監獄・防衛・海保職員については，団結権・団体交渉権・争議権のすべてが禁止されている。

(8)　公務員人事データの分析を通じたこれらの特徴の指摘については，松尾（2002）も参照されたい。

(9)　それは，「行政改革推進法」「公益法人制度改革3法」「公共サービス改革法（別名：市場化テスト法）」の5つの法律である。

(10)　なお，同法により市町村合併（「平成の大合併」）が強力に推進され，それにより市町村という基礎的自治体数が減少し，地方自治体の特に管理部門の人員削減が進んだ。

(11)　指定管理者制度（地方自治法第244条の2）は2003年9月から施行され，図書館や公民館といった社会教育関係の施設など「公の施設」の管理運営の外部委託化を進めた。

(12)　PFI（Private Finance Initiative）とは，公共施設の整備・運営等を民間の資金や技術を活用して行う手法のことを指す。

(13)　ただし，公務員の人事給与制度に関しては，「大綱」の趣旨が人事院勧告にも取り入れられる形で，2008年の国家公務員制度改革基本法の成立以前から実態先行的に能力主義的改革が進んできたというべきである。特に，2005年度の人事院勧告で「勤務実績の給与への反映」として，昇給区分を5段階に分けて勤務実績に基づいた昇給を行う査定昇給制度が勧告され，国家公務員の管理職において2006年度（一般職員では2007年度）よりこれが実施されていることは注目に値する（多くの大規模地方自治体もこれに追従）。

(14)　なお，この国家公務員法改正によって，戦後の公務員制度の建前であった「国家公務員の官職を職務の種類，複雑困難さ及び責任の度によって分類」するという職階制の規定（同法第29〜32条）が同法から削除された。

(15)　国家公務員制度改革推進本部は，前述の国家公務員制度改革基本法に基づき設置された。同本部は2013年7月に設置期限を迎えたが，新たに行政改革推進本部のもとに国家公務員制度改革事務局を設置し，引き続き国家公務員制度改革の検討を行った。

(16)　職階制は，公務員の官職を難易度や責任度などに応じてランクづけ，そのランクに応じて給与処遇等を決定するという制度である。第二次世界大戦後にアメリカに範を取って実施しようとしたが，結局実施できずに終わった。

引用参考文献

稲継裕昭（1996）『日本の官僚人事システム』東洋経済新報社。

大住莊四郎（2003）『NPM による行政革命——経営改革モデルの構築と実践』日本評論社。

小畑精武（2010）『公契約条例入門——地域が幸せになる〈新しい公共〉ルール』旬報社。

黒田兼一・小越洋之助編（2014）『公務員改革と自治体職員—— NPM の源流・イギリスと日本』自治体研究社。

中村圭介（2004）『変わるのはいま——地方公務員改革は自らの手で』ぎょうせい。

西村美香（1999）『日本の公務員給与政策』東京大学出版会。

早川征一郎・松尾孝一（2012）『国・地方自治体の非正規職員』旬報社。

早川征一郎・盛永雅則・松尾孝一編著（2015）『公務員の賃金——現状と問題点』旬報社。

前田健太郎（2014）『市民を雇わない国家——日本が公務員の少ない国へと至った道』東京大学出版会。

松尾孝一（2002）「地方公務員の初期キャリア管理——政令指定都市 A 市の大卒事務系職員の事例から」『青山経済論集』第54巻第 4 号，43-81頁。

松尾孝一（2009）「公務労使関係の変化——庁内労使関係を中心に」久本憲夫編著『労使コミュニケーション』ミネルヴァ書房。

松尾孝一（2010）「公務部門改革下の公務労使関係——その変化と見通し」法政大学大原社会問題研究所・鈴木玲編『新自由主義と労働』御茶の水書房。

松尾孝一（2011）「公務労働の特質と公務改革下の変質——公共性の観点から」『日本労働社会学会年報』第22号，3-20頁。

松尾孝一（2017）「公務改革と公務労働の変化」『社会政策』第 8 巻第 3 号，14-30頁。

三橋良士明・榊原秀訓編著（2006）『行政民間化の公共性分析』日本評論社。

村松岐夫編著（2012）『最新　公務員制度改革』学陽書房。

推薦図書

稲継裕昭（1996）『日本の官僚人事システム』東洋経済新報社。

日本の公務員人事管理システムの特徴やその意義と限界を民間企業の人事管理とも対比させつつクリアに描き出した好著。やや古い本だが，この分野では必読の文献である。

早川征一郎・松尾孝一（2012）『国・地方自治体の非正規職員』旬報社。

国で約14万人，地方自治体で約60万人以上存在するといわれる各種の非正規公務員の歴史・制度・実態について明らかにし，問題解決の道筋を提示した書である。

早川征一郎・盛永雅則・松尾孝一編著（2015）『公務員の賃金——現状と問題点』旬報社。

公務員の賃金決定の仕組みについて概説した上で，近年のその改革の動向について分析しており，公務員の賃金問題を学ぶに当たっては必須の文献である。

（松尾孝一）

第 15 章

外国人人材の「働き方」・「働かせ方」の未来と課題

本章では，少子高齢化・労働力人口の減少と国際的な人材争奪戦を背景とした外国人人材・外国人労働者の就労や雇用問題，外国人労働者政策について論究し，それを通して，外国人労働者・外国人人材の「働き方」・「働かせ方」の大きな変化とその問題点・課題やその改善策について，論述している。

1　日本の外国人労働者数が100万人を突破

厚生労働省が2018年 1 月26日に発表した2017年10月末段階における日本の外国人雇用労働者数は，127万8760人にも及び，前年同期比でみると19万4901人が増えて，約15％の上昇となっている。この数値は，2007年に外国人雇用届出が義務化されてからみると，過去最高値となっており，近年の外国人雇用の増大を端的に示す数値であるといえよう。また，外国人労働者を雇用する事業所数も，19万4595カ所に拡大し，前年同期比12.6％の増加となり，これも，2007年に届出が義務化されて以来，過去最高値となっている。[1]日本の経済環境が好転する中，雇用情勢が改善し，外国人技能実習生や留学生とともに，専門的な知識・技術をもつ高度外国人人材の受け入れが進みつつあることが背景にある。

日本政府は，2016年 9 月末，「働き方改革実現会議」を発足させ，その実施計画を練っているが，そのテーマのひとつとして「外国人人材の受け入れの問題」が掲げられている。

今，世界では，第四次産業革命（industry4.0）（長島，2015）と呼ばれる IoT（Internet of Things, IoT による機器間のネットワーク自動連携）や AI（人工知能），

フィンテック，ブロックチェーン，バイオテクノロジー等々の大きなイノベーションをめぐって，激烈な国際競争が展開されており，資源を有しないわが国にとって，次世代のイノベーションで競争優位を確保することが，今後に関わる大きな経営課題でもある。また，勃興する世界の新興国の市場開拓・市場への浸透・拡大等のためにも，新興国出身の外国人高度人材の活用が鍵となっている。

　日本政府では，すでに，IT技術者や企業経営者，研究者などの高度人材である外国人の活動内容を，「高度学術研究活動」「高度専門・技術活動」「高度経営・管理活動」の3つに分類し，それぞれの特性に応じて，「学歴」「職歴」「年収」などの項目ごとにポイントを設け，ポイントの合計が一定点数に達した場合に，様々な出入国管理上の優遇措置（家族の呼び寄せ等）を与えるといった「高度人材ポイント制」を導入し，高度人材外国人の日本への積極的受け入れ促進を図っているが，ポイント制度のハードルが高く，まだまだうまくいっていない。

　そこで，次節（第2節〜第3節）では，まず，外国人人材・外国人労働者[2]の受け入れ問題として，ミドル・スキル，ハイ・スキルな外国人人材・外国人労働者の誘致・定着を高める方策について論じることにしたい。その後，ロー・スキルな外国人留学生の不法就労問題や外国人研修生・技能実習生の就労の問題と改善策について論じることにしたい。

2　外国人高度人材の日本への誘致・定着率を高めるための方策

1　外国人高度人材へのグローバルタレントマネジメント（GTM）の適用

　外国人高度人材に長く日本企業で働いてもらう人事政策としては，日本の経営のやり方（「日本的経営」）を単に理解してもらい，日本企業文化への単なる適応を求めるのではなく，日本の経営のやり方（人事政策）も，ダイバシティー（多様性）度を高め，外国人従業員にとっても受容・適応できる人事政策への転換が必要である。そのためには，外国人高度人材は，日本人の社員に比べて，より野心的な「キャリア構築」を重視する人たちも多く，上司との個別面

談でも，育成の方向や今後のキャリアパスについて明確に指し示すことが重要である。特に，外国人高度人材の関心は，面白くてやりがいのある仕事ができるかどうか，知識や技能の習得を通じて成長，育成されている実感をもてること，そしてそれがキャリアアップや昇進につながるかにあるだけに，それを満足させる将来展望をみせることが何より大事であろう。また，賃金面・昇進面に関しても，外国人高度人材については，日本人とは異なる外国人人材に適応できる客観性を担保できる職務主義的な要素を加味した人事評価・報酬制度の人事制度の別建てで構築・適応して，競合する外資系企業に比しても，報酬面・満足面で負けない人事制度づくりも大切な課題であろう（守屋，2012，2014b，Moriya，2013参照）。

　その際，序章でも論述したように，EVP（従業員価値訴求：価値創発）力を強く有して，外国人人材のみならず全社員に支持されうる企業ビジョン，企業文化，企業ミッションを明確にし，全社員のモチベーションを上げられる報酬管理，キャリア開発，タイムマネジメントを，ITCを活用して，実施するなどの全社員を包括する企業制度の構築も必要である。

　そして，日本大企業では，採用した高度な外国人人材と日本人人材の双方が満足し，かつグローバルな視点からの人事評価・人材配置・異動をシミュレーション・実施できるグローバルタレントマネジメント（GTM）を行いつつある。

　未来のGTMでは，巨大多国籍企業の場合，従業員のタレントプールのデータベースとビックデータの解析を得意とするAI（人工知能）などを組み合わせるHRテクノロジーを活用することで，より客観的でスピーディな分析を可能とし，外国人人材であっても，日本人人材であっても，本人が満足できる客観性の高い人事評価制度・時間管理制度，採用，キャリア開発，異動・配置システムの構築の可能性が高まりつつある。もちろん，個別の日本企業の置かれている状況に適応して，日本企業では，外国人人材と日本人人材のダブルスタンダード評価を，双方の人材に対して分断的に行う可能性があり，そのような人事制度改変においても，しっかりとした労使の枠組み（労使間の合意）の中で，制度設計がすすむことが重要である。

2　外国人高度人材の有効活用策

　次に，日本の大企業へ採用・確保・定着した外国人の高度人材の有効活用のための日本人人材と外国人人材両方の「ナレッジマネジメント」「ウェイマネジメント」「暗黙知」の共有について論じたい。

　外国人の高度人材の多くは，意識として，職務主義であり，その意味では，日本企業において，外国人の方々と日本人が融和して，仕事を行ってゆく上において重要なことは，いかに時間を大切にして短い勤務時間の中で，日本の競争力源泉でもある「ナレッジマネジメント」や「ウェイマネジメント」「暗黙知」の共有を図り，日本企業の国際競争力をより高めていくかにある。

　「ナレッジマネジメント」では，日本人人材と外国人人材の互いの異文化のもつ発想・洞察力・理論展開の違いを尊重・楽しみつつ，タイムスケジュールや労働時間管理をしっかりしながら，自由で，フラットなブレーンストーミング・討議を行うことで，日本人人材だけのときよりもより新しい技術開発・製品開発を行う可能性が高まってきている。なぜなら，従来の日本人人材だけの「ナレッジマネジメント」からまったく異質な文化を保有する外国人人材と日本人人材の「ナレッジマネジメント」は，発想や創造性の点における範囲を大きく広げてくれるからである（野中他，2010）。外国人人材と日本人人材が「ナレッジマネジメント」を共有化する上でカギとなるのが，「ウェイマネジメント」である。「ウェイマネジメント」は，会社の理念やミッション，ビジョンを，会社全体で国境を越えて，共有化を図ることである。

　また，日本人人材から外国人人材への「暗黙知」の伝承・共有化は，生産や営業等の現場においてなされるものである。ダイキンでは，空調部門，化学部門の熟練技能者を，「マイスター」「エキスパート」「トレナー」の認定を行い，日本のみならず世界の拠点に派遣し，高い技能と「暗黙知」の伝承・共有化を，2002年から行っている。そして，2012年からは，2年に1回，「技能オリンピック」を開催し，世界の生産拠点から参加者を集め，さらに技能を高めている。この「技能オリンピック」を通して，世界各地から参加した外国人労働者と彼らを教育した日本人「マイスター」「トレナー」がより関係を深めたり，世界各地から集まった多様でかつ同じ技能を有する外国人労働者や日本人労働者が

交流したりすることで，世界レベルの「暗黙知」の共有を深めている（井上，2013，79-83頁）。

　このようにダイキンのような世界的な多国籍企業にみられる日本人人材と外国人人材の「ナレッジマネジメント・ウェイマネジメント・暗黙知の共有」の智恵を，日本国内における中堅企業，ベンチャー企業をはじめとした様々な組織においても，個々の企業の具体的な人事施策に落とし込んで，優秀な外国人人材の日本への誘致，さらには日本企業に採用・確保・定着した外国人人材の有効活用を図ることが重要である。そして，このような外国人人材と日本人人材が「ナレッジマネジメント」「ウェイマネジメント」「暗黙知」の共有化を図るためには，従来にない新しいタイプの企業研修を，外国人人材と日本人人材がともに体験することなどを通して心的垣根を乗り越えることが大切である。

3　中小企業におけるハイ・スキル，ミドル・スキルの外国人雇用の課題

［１］　日本の中小企業の概況

　次に，日本の中小企業におけるハイ・スキル，ミドル・スキルな能力を有する外国人人材の採用と雇用の問題点と課題について論究することにしたい。まず，なぜ，今（2018年現在），中小企業における外国人人材の獲得なのかについて，近年の日本の中小企業の概況から説明を行いたい。

　中小企業庁（2016）『中小企業白書　2016年版』では，国内の市場が収縮する反面，海外，特に，アジアにおける中間層や富裕層が増大することによって，海外需要を取り込むことの重要性が増している。その結果，日本の中小企業が海外展開を行う数は増加しつつあることが指摘されている。そして，こうした海外展開を達成した企業などが，『中小企業白書　2016年版』では，生産性を向上し，国内における従業員数の増大を図っていることを明らかにしている。『中小企業白書　2016年版』において紹介されている中小企業庁の調査によれば，直接投資によって，国内の従業員数を増加させた企業は，販売・サービス拠点への直接投資をした企業の21.2％であり，インバウンドによって，国内の

従業員数を増加させた企業は，インバウンドへの対応をした企業の19.4%であり，生産拠点への直接投資をした企業の18.9%である。

　このような日本の中小企業の直接投資の着実な増大は，①主要な下請け構造の中での主要な取引先の大企業の生産移転に付随した国際展開，②アジアの相対的な安い賃金の労働力やアジアの緩い環境規制，安全基準などによる総生産コストの引き下げを狙った国際展開があり，中小企業の直接輸出を含む国際展開は，少子高齢化による人口減少による日本の国内市場の縮小を想定し，海外輸出や海外直接投資によって，拡大するアジアの新興市場に活路を見出そうとしていることが背景にある。

　このような日本の中小企業の国際展開を支える存在として求められるのが，高度な外国人人材（特に，大学・大学院卒のアジアの外国人留学生）であるといえる。そこで本節では，その点に着目して論述することにしたい。まず，日本の中小企業の国際展開を支える人材の採用・雇用状況についてみてみることにしよう。

［2］　外国人人材採用の動向

　日本貿易振興機構（JETRO）（2015）「2015年度日本企業の海外事業展開に関するアンケート調査」によれば，日本企業に求められる外国人人材の採用の新動向としては，インバウンド（外国人観光客）急増に対応するために，観光業・宿泊業・小売業などのビジネス分野での外国人人材（外国人留学生など）の獲得の活発化がある。また，2015年以降の傾向としては，非製造業（サービス業）の大企業，たとえば，吉野家，はなまるうどんなどの外食チェーンなどが，積極的に海外展開を図っており，そのために，外国人人材（外国人留学生など）の積極的採用を行うようになっている。また前述してきたように，日本の中小企業の直接輸出・海外進出をはじめとした国際展開が活発化し，日本の中小企業も，外国人人材の積極的な採用活動を展開してきている。特に，同調査でも，中小企業の製造企業の海外展開が積極的に行われるようになってきていると指摘している。

　また，同調査では，近年の外国人採用の傾向としては，これまでの日本の国

内を中心とした採用から，外国における現地人の採用も拡大している半面，本社勤務の外国人人材の採用についても拡大しているという。

　さらに，同調査では，2015年度，調査対象企業の44％が外国人人材を雇用しており，大企業では，72.7％の企業が外国人人材を雇用しており，中小企業では，36.7％が外国人人材を雇用している。一般的に，大企業より中小企業は，外国人の雇用実績がなく，外国人の在留許可をえるための申請においても，実績がないだけに認可されないケースもあり，その点においても，今後日本の中小企業が外国人雇用の実績をつくってゆくことが大切である。

　そして，「現在雇用していないが今後，雇用することを検討したい」かという質問に対しては，大企業が，10.3％であるのに対して，中小企業が，22.6％と，倍以上の意欲を示している。このことからも，前述したような中小企業の国際展開を背景として，中小企業の外国人人材の採用意欲の高さを示しているといえよう。

　ではなぜ，日本の中小企業における優秀な外国人の採用・活用が進まなかったかについて，先行研究からみてみることにしよう。

　郡司・荒川（2009）や中村・渡邊（2013）らの諸研究において，外国人留学生が母国でも名前の知られている日本の大企業ばかりを志向し，日本の中小企業には関心を示さないブランド志向や，企業の人材戦略と外国人・留学生が求めるキャリアデザインとのギャップが指摘されており，海外業務それも特に母国との国際ビジネスのキャリアを描くキャリアデザインと日本企業の人材配置のギャップを指摘している。そして，中村・渡邊（2013）は，2013年の調査を基に，日本企業における留学生のキャリアデザインと日本企業の人材戦略の早い時期における「すりあわせ」の提案を行っている。

　このような先行研究から，外国人留学生のときから日本の企業，ひいては日本の中小企業への就職を考えず，一時的に働いてキャリア経験を積み，母国へ帰国後の転職の一時的ルートとして考える傾向が生まれることになっている。また，日本企業サイドも，留学生の定着率が悪いため，熱心に，留学生採用を行わず，留学生の望むキャリアデザインと人事戦略のすりあわせを行わないために，定着率アップが図れていない現状がある。

　黄・浦坂（2014）は，上記のような先行研究によって解明された外国人採用と雇用を巡る問題点と課題を踏まえながら，2014年に調査を行い，現地での日本企業（日系企業）のイメージが低いのに対して，日本にいる留学生が日本企業に対して高い好イメージを有しているにもかかわらず，そうした日本にいる留学生が，日本企業への就職を強く希望しない傾向を明らかにしている。そして，黄・浦坂（2014）は，「まずは日系企業に好イメージをもつ在日留学生を積極的に確保すること，また就職するかどうかを迷っている学生へのアピールを強化することが有用である。日系企業全体のブランドイメージの崩壊から，より一層の人材流出がもたらされるという悪循環を，雇用の入口で断ち切る努力は必要だろう」と指摘している。

　先行研究で指摘されているように，日本の企業，特に，日本の中小企業の場合，日本企業に好イメージを有しながら就職を強く希望しない留学生に対して，いかに就職を希望するようにしていくかが大きな課題といえよう。

　そこで，2015年から2017年にかけて日本の中小企業に就職した元外国人留学生に対して筆者独自のヒアリング調査を行い，外国人留学生をはじめとして優秀な外国人人材を獲得するためには日本の中小企業の採用をどうすればよいのかについて分析を行った。その結果を，まず，2点あげておきたい。

　第一に，日本企業に好イメージを有しながら就職を強く希望しない留学生に対して，日本の中小企業に就職を希望するようにしていくためには，行政（国・県・市・町・村など）や大学・中小企業諸団体（商工会議所，経団連，中小企業中央会，中小企業家同友会など）等が仲介役となり，中・長期のインターンシップを実施し，日本の中小企業に就職するメリットや日本の中小企業へのイメージの向上を図ることが重要である。

　第二に，中小企業の人材採用戦略における大きな強みは，経営者（社長・会長・所長など）の顔が見え，直接，当初から接することができることにある。それだけに，日本の中小企業の経営者が，広告塔となり，講演会や様々なメディア，会報に登場し，さらには，就職合同説明会にすすんで参加し，優秀な人材獲得に努めることが大切である。

　また，日本の中小企業が，外国人人材へのキャリア・能力開発・報酬管理・

配置・福利厚生をどうすればよいのかについては，下記の3点を指摘しておきたい。

　第一に，外国人人材のキャリア開発・能力開発をその中小企業が重視・努力して行ってくれるかが，その後の定着期間を決める要因となっている。キャリア開発・能力開発としては，①外国人人材に対する日本語・日本的ビジネスマナー・日本文化の理解といったものと，②会計・経理，国際貿易実務，マーケティングといった専門性を高める能力開発がある。

　第二に，外国人人材の雇用において大切なことは，報酬管理が公正かつ適正に行われることである。元留学生から日本の中小企業に就職した外国人人材への筆者独自のヒアリング調査からも，日本の中小企業において報酬管理の公正性・適正性への不満が聞かれた。したがって，日本の中小企業においても，経営者がぶれない評価基準をつくり，外国人人材から評価結果に基づく賃金について聞かれても客観的かつ納得性をもって説明できるようにしていくことが，外国人人材の信頼を勝ち取り，定着化を図る基本であるといえよう。

　第三に，日本の中小企業の外国人人材への福利厚生面のサポートに関しては，本人の母国への帰国費用や家族の呼び寄せ費用への金銭的サポートや，女性の外国人人材への育児・出産面での独自の福利厚生の側面などとともに，外国人の家族へのサポートは，日本の中小企業においても，外国人人材の定着化をすすめる上で，大切な事柄である。

　日本の中小企業のみならず，大企業においても，外国人人材の採用・活用・定着化の拡大を図っていくためには，上記のような諸点を積極的に行っていくことが必要であろう。

4　ロー・スキルの外国人労働者の就労問題

　前節ではミドル・スキルもしくはハイ・スキルな外国人人材について論述してきたが，ここでは，不足するロー・スキルな現場を支える外国人労働者について論じることにしたい。

　まず，外国人留学生についてみることにしたい。外国人留学生は，日本の大

学や専門学校で学び，ミドル・スキル，ハイ・スキルな人材になる側面と日本で学びながら法定労働時間内で，ロー・スキルな現場を支える労働力としての側面の両方を有している。特に，問題になるのが，日本語学校などで学びながら，法定労働時間を超えて働く不法就労の問題がある。

1　外国人留学生の不法就労問題

　2017（平成29）年 5 月 1 日現在の留学生数は，26万7042人におよび，前年比 2 万7755人となり，11.6％増となっている。外国人留学生は，就学後，日本企業等に就職し，外国人労働者となる母数であると同時に，週28時間枠内で，非正規労働者（アルバイター）として，就労を行う外国人労働者でもある。特に，この26万7042人の中で，日本語学校などの日本語教育機関で学ぶ外国人留学生は，7 万8658人および昨年よりも 1 万493人も急増している。これらの外国人留学生の国籍の内訳をみると，中国籍の留学生が，10万7260人と全体の構成比の40.2％を占め第 1 位であり，次いで，ベトナム国籍の外国人留学生が，6 万1671人と全構成比23.1％となり第 2 位で，次いで，ネパール国籍が，2 万1500人で全体の構成比の8.1％となり第 3 位となっている。[3] そして，近年の外国人留学生の就労問題としては，外国人留学生が，法定の週28時間を超えて就労を行い，日本の中小企業の雇用主が，出入国管理法違反（不法就労助長）の疑いで書類送検される事件が相次いでいる点がある。[4]

2　日本の外国人技能実習制度の現状

　日本の外国人研修・技能実習制度は，18歳以上の外国人を日本に受け入れ，日本での外国人の研修・技能実習を通して，産業上の技術，技能，知識を習得させ，帰国後，本国でその技術，技能，知識を活用してもらうことを通して国際貢献を行うための制度である。しかし，本制度は，前述したように，日系人とは異なる形での単純作業労働者の受け入れルートとして機能してきた（相，2013）。

　研修生・技能実習生の日本への受け入れ人数は拡大し続け，日本政府の成長戦略に組み込まれ，2020年東京オリンピックのための建設需要のための労働力

確保のために，技能実習制度が既に2015年3月に閣議決定されている。また，厚生労働省によれば，2017年11月1日の「外国人の技能実習の適正な実施及び技能実習生の保護に関する法律」（平成28年法律第89号。以下「技能実習法」という）の施行によって，外国人技能実習制度の対象職種に介護職種が追加され大きな議論となっている。[5]外国人技能実習制度の介護職の追加やEPAによる外国人看護師・介護福祉士の受け入れに関しては，日本人の介護職の低賃金化が解消されないままで技能実習生に介護労働を委託することは，介護職の低賃金化を固定するのではないかといった批判もある（下野，2016）。

　外国人研修生・技能実習生に関してみれば，2016年末において，その人数は，22万8589人にのぼり，その中で，団体管理型による受け入れが，96.4％でほとんどあり，かつ，その技能実習実施機関の半数以上が，従業員数19人以下の零細企業となっている現状があり，実態的に，外国人の低技能の労働利用とされる点でもある。また，国籍別にみると，受け入れ技能実習生の最も多い国は，中国を抜いて，今やベトナムとなっている。[6]

　近年（2018年現在）の外国人労働者・技能実習生・留学生の特徴としては，ベトナム・ネパール国籍の増大が特徴的である。ベトナム人・ネパール人ともに，その増加要因としては，日本とベトナム，ネパールとの経済格差・所得間格差があり，ベトナム人・ネパール人にとって，日本での就労が大変魅力的に思え，日本への留学・技能実習がブームになっている点がある。また，日本の専修学校が，中国，韓国からの留学生の減少に危機感を抱き，ベトナム，ネパールなどの非漢字圏からの勧誘を積極化した背景などがある（佐藤，2016）。

　問題は，ベトナムやネパールから日本にくるために借金をしてくる外国人留学生が少なからずおり，その借金の返済や生活費・学費のため，「働きながら学ぶ」という留学傾向が日本で広がっていることである（佐藤，2012）。それが，労働力不足に悩む日本の中小企業のニーズとマッチして，前述したような週28時間を超える不法就労問題を生み出している点がある。

　また，ベトナムやネパールのなどの非漢字圏の留学生・外国人労働者にとって，日本語習得に要する時間が漢字文化圏出身者より長く，日本語の会話能力の取得はともかくとして，日本語の読解・論述能力の取得に要する時間も長い

ため，より高いスキルを要する仕事についたり，日本の高等教育への進学を困難にしている点も問題である（佐藤，2016）。

　次に，日本の技能実習制度の現状と問題点をみることを通して，日本の外国人労働者の実態の現状と問題点，そして，課題の一端を論じることにしたい。

［3］　外国人技能実習制度の問題点

　次に，前述したように，2018年現在，ベトナム人技能実習生の比率が，第1位となっている。そこで，先行研究からベトナム人技能実習生の母国からの送り出し時と日本の受け入れ時・受け入れ後の問題点についてみることにしたい。

　まず，ベトナムにとって，日本は戦略的な労働力輸出の重要な市場と位置づけられているが，ベトナムの研修生・技能実習生の送り出し機関同士の過当競争や「斡旋詐欺問題」がある。斡旋詐欺問題とは，日本側が希望する基準に対して，ベトナムの送り出し機関のスタッフが賄賂を受け取ったりして，基準に満たないベトナム人を研修生・技能実習生として送り出してきた問題があった。基準に満たない研修生であるため，日本語能力や基礎学力等が不足し，日本の職場に適応できないという事例も起こっている。また，送り出し機関が，応募者から日本に働きに行く高い保証金をとるため，研修・技能実習期間中に逃亡して，不法就労などを行う事件が起こっている（グェン，2013）。

　このような日本の研修・技能実習制度の問題を受けて，日本政府は，研修技能実習制度・技能実習制度を改正し，送り出し機関の厳選化や受け入れ機関（管理団体）の監視強化などを行ってきたが，問題はなくなっていない。[7]

　たとえば，2018年1月22日の日本経済新聞に，「フィリピン人技能実習生が，職場の暴力に耐えかねて労働組合に加入したところ，実習生の受け入れ窓口となった管理団体が，労組にファクスを送り，実習生を脱退させることが，22日わかった。実習生にも労組加入の権利があるが，実習生を保護する管理団体などが役割を果たしていない形。労組は，不当労働行為として労働委員会に救済を申し立てた」との記事が掲載されている。また，2018年1月には，岐阜労働局が，2017年4月から11月に同県内の117社に監督指導を行ったところ，繊維業の36社の中の28社，約8割，117社全体では約6割におよぶ企業が，残業代

未払いなどの法令違反があったことも報じられている。[(8)]

5　外国人労働者の「働き方」・「働かせ方」の改善策

　以上のように，日本の少子高齢化人口減少社会に適応した高付加価値社会の実現を図ることをめざし，外国人労働者に関しては，世界から有為な外国人の高度人材を集めるべく努力をし，その活用・定着を図るようにしているが，前述したような厳しい実態がある。また，AI，ロボットなどにすぐに代替できない不足する労働力を，低技能・中技能な外国人労働力による期間限定的な利用を図ることで，労働力不足に悩む現場からの強い要請に対して，政策的にそれを，既存の制度の「日本的」な弾力的運用と緩和によって「つぎはぎ」的に対応している日本の現実がある。

　そうした中，研修・技能実習制度に関していえば，実質的に，大半が管理団体型のロー・スキルの低賃金労働力として活用され，母国に帰国後，その技能が活かせれておらず，かつ，日系企業へ元研修生・技能実習生が雇用され，日本で就労した経験が活かせていない大きな問題がある。そこで，筆者の政策提案としては，すべての外国人研修生・技能実習生などが，夜間や休日など活用して，政府の援助によって，無料で地元の専門学校，日本語学校，短大，大学で，日本語や日本的ビジネス・スキルを学べる枠組みをつくることである。そして，研修生・技能実習生が，政府主導で設置された「仮称　日本ビジネス検定」などのビジネス日本語や日本のビジネス経営知識の能力診断テストを受けて資格認定される枠組みづくり，そして，資格認定された外国人研修生・技能実習生の情報が，日本政府の仲介を通して，研修生・技能実習生の母国に進出している，もしくは今後，進出する日本企業が，それら一定のビジネス・スキルを有する元研修生・技能実習生を雇用できるような新たな枠組みの構築が必要である。

　また，外国人留学生や外国人研修・技能実習制度などの低賃金な労働力利用における根本的問題の解決を図るには，制度そのものの抜本的な見直しが必要である。そのような見直しにおけるひとつのヒントとして指摘されるものが，

韓国の「雇用許可制」である。韓国の「雇用許可制」は，海外から批判される日本の研修・技能実習制度と異なり，2010年9月にILOによって「先進的な移住管理システム」という評価を受けるなど，国際的な高い評価を受けている。日本の「研修・技能実習制度」から，ドイツの事業場の移動の自由を認めるという「労働許可制」より韓国の「雇用許可制」のほうがより転換が容易であるとの評価もある（佐野，2014）。

　しかし，この韓国の「雇用許可制」においても，外国人労働者の賃金格差問題や外国人労働者への差別問題が発生すると同時に，外国人労働者の不法就労が発生，拡大している（佐野，2015）。

　次に，外国人労働者の中のミドル・スキル，ハイ・スキルを有する外国人高度人材の定着化促進のための日本の課題について述べたい。

　外国人高度人材の獲得は，今や，世界的な争奪戦にあり，日本政府・日本の経営者団体，日本企業がより戦略的に取り組んでゆくことが求められている。いまだ日本は，シンガポールなどと比較しても，外国人高度人材を受け入れる体制が未整備であり，外国人の高度人材を世界から日本へ誘致してくるためには，医療，生活，年金，子弟の教育等々の面を含めたサポート体制を，企業レベル，日本レベルで唱えてゆくことが大切である（氏家，2014）。たとえば，インターナショナルスクールに子弟を通わせる支援や日本語教育の強化，外国人の受診しやすい医療制度の整備等々の，世界の中でも日本であえて働くことを選択する環境づくりが重要である。日本は，世界の中でとても安全・安心な社会をつくり出している面や独特の魅力的な日本文化を保持している点，高く平等な医療サービスなどにおいて外国人高度人材にとっても，文化面・生活面等々の，惹きつける要素を多くもっているが，まだまだ外国人人材が日本で生活しながら働くためには，様々な障壁があり，企業レベル・社会レベル・国家レベルで，外国人の高度人材が日本で長く働けるような制度改編が必要である（守屋，2017，10-13頁参照）。

　　付記：下記の節については，以下の文献の一部より引用・加筆・修正を行っている。

　　　　第2節，第3節：守屋貴司（2017）「外国人労働者の活用推進策──グローバルタレントマネジメント・ウェイマネジメント・暗黙知の共有（特集　日本企業が求められる「働き方改革」）」『Omni-management』Vol. 26，No. 4，日本経営協会，10-13頁。

　　　　第4節：守屋貴司（2018）「外国人労働者の就労問題と改善策」『日本労働協会雑誌』No. 696，30-39頁。

　　　　第5節：同上守屋（2017）および守屋（2018）。

注

⑴　厚生労働省「『外国人雇用状況』の届出状況まとめ（2017年10月末現在）」http://www.mhlw. go.jp/stf/houdou/0000192073.html　2018年3月4日アクセス。

⑵　ここでは，ハイ・スキルな外国人に関しては，場合によっては，経営者層も含まれるため外国人人材とし，ミドル・スキル，ロー・スキルな外国人に関しては，ミドル・クラス以下の管理者層と労働者層を想定し，外国人労働者と表記した。

⑶　日本学生支援機構「平成29年度外国人留学生在籍状況調査結果」http://www.jasso.go.jp/ about/statistics/intl_student_e/2017/index.html　2018年3月8日アクセス。

⑷　「相次ぐ不法就労事件，何が背景　社長ら書類送検」『朝日新聞』2018年3月7日付。

⑸　厚生労働省「外国人技能実習制度への介護職種の追加について」http://www.mhlw.go.jp/ stf/seisakunitsuite/bunya/0000147660.html　2018年3月14日アクセス。

⑹　公益財団法人国際研修協力機構（略称：JITCO ジツコ）「技能実習制度の現状」http:// www.mhlw.go.jp/file/06-Seisakujouhou-11800000-Shokugyounouryokukaihatsukyoku/00001746 42.pdf#search=%27%E5%A4%96%E5%9B%BD%E4%BA%BA%E6%8A%80%E8%83%BD%E5% AE%9F%E7%BF%92%E7%94%9F%E7%B7%8F%E6%95%B0%27　2018年3月8日アクセス。

⑺　管理団体による不正行為の報告不履行や行方不明者が多発した場合，3年間の受け入れ停止を定めている（佐野誠他，2015）。

⑻　「繊維業28社が法令違反，岐阜，実習生残業代など」『日本経済新聞』2018年1月27日付，名古屋版朝刊，社会面，21頁。

引用参考文献

井上礼之（2013）『世界で勝てるヒト，モノづくり──「実行に次ぐ実行」が会社を鍛える』日経BP社。

氏家佐江子（2014）「シンガポールのイノベーション政策と人材育成戦略」『研究・技術計画学会年次学術大会講演要旨集』第24号。

岡本佐知子（2015）「シンガポールの移民政策──外国人労働力の受け入れと管理」『北海道文教大学論集』第16巻。

グェン・テイ・ホアン・サー（2013）「日本の外国人研修制度・技能実習制度とベトナム人研修生」『佛教大学大学院紀要　社会学研究科篇』第41号，19-34頁。

郡司正人・荒川創大（2009）『日系企業における留学生の就労に関する調査』（調査シリーズ No. 57）労働政策研究・研修機構。

黄震中・浦坂純子（2014）「中国人大学生が抱く企業イメージと就業意識(1)——現地大学生と在日留学生との比較から」『評論・社会科学』第111号，187-224頁。

佐藤由利子（2012）「ネパール人日本留学生の特徴と増加要因の分析——送り出し圧力の高い国に対する留学差異策についての示唆」『留学生教育』第17号，19-28頁。

佐藤由利子（2016）「ベトナム人，ネパール人留学生の特徴と増加の背景——リクルート受け入れにあたっての留意点」ウェブマガジン『留学交流』第63号，12-23頁。

佐藤由利子・堀江学（2015）「日本の留学生教育の質保証とシステムの課題——ベトナム人留学生の特徴と送り出し・受け入れ要因の分析から」『留学生教育』第20号，93-104頁。

佐野孝治（2014）「韓国の『雇用許可制』と外国人労働者の現況——日本の外国人労働者受け入れ政策に対する示唆点(1)」『福島大学地域創造』第26巻第 1 号，33-52頁。

佐野孝治（2015）「韓国の『雇用許可制』と外国人労働者の現況——日本の外国人労働者受け入れ政策に対する示唆点(2)」『福島大学地域創造』第26巻第 2 号，3-22頁。

佐野誠・宮川真史・野口勝哉・西澤毅（2015）『すぐに使える！事例でわかる外国人雇用実践ガイド』レクシスネクシス・ジャパン。

下野恵子（2016）「EPA による外国人看護師・介護福祉士の受け入れ政策の問題点——医療・介護サービス産業の人材育成と就業継続」『中央大学経済研究所年報』第48号，41-68頁。

相昌正（2013）「日本労働市場における外国人労働者問題と労働政策」『近畿大学商学論究』第13巻第 1 号，61-91頁。

中小企業庁（2012）『中小企業白書　2012年版』日経印刷。

中小企業庁（2014）『中小企業白書　2014年版』日経印刷。

中小企業庁（2016）『中小企業白書　2016年版』日経印刷。

長島聡（2015）『日本型インダストリー4.0』日本経済新聞社。

中村良二・渡邊博顕（2013）『留学生の就職活動』（調査シリーズ No. 112）労働政策研究・研修機構。

野中郁次郎・遠山亮子・平田透（2010）『流れを経営する——持続的イノベーション企業の動態理論』東洋経済新報社。

守屋貴司（2012）「日本企業の留学生の外国人採用への一考察」『日本労働協会雑誌』第623号，29-37頁。

守屋貴司（2014a）「タレントマネジメント論に関する一考察」『立命館経営学』第53巻第 2 号，23-38頁。

守屋貴司（2014b）「日本企業の外国人留学生の採用管理への提言」『21世紀ひょうご』第16巻，28-39頁。

守屋貴司（2016）「日本における『グローバル人材』育成論議と『外国人高度人材』受け入れ問題」『社会政策』第 8 巻第 1 号，29-44頁。

守屋貴司（2017）「外国人労働者の活用推進策——グローバルタレントマネジメント・ウェイマネジメント・暗黙知の共有（特集　日本企業が求められる「働き方改革」)」『Omni-management』Vol. 26，No. 4，日本経営協会，10-13頁。

Moriya, T.（2013）"Research on the Employment of Foreigners such as Foreign Students in Japanese Companies"（In Commemoration of Prof. Osamu NAGASHIMA and Prof. Kaname YOSHIDA）『立命館経営学』第51巻第 5 号。

[推薦図書]

守屋貴司編著（2011）『日本の外国人留学生・労働者と雇用問題——労働と人材のグローバリゼーションと企業経営』晃洋書房。

　　本書は，日系人，外国人研修生・技能実習生，外国人留学生の雇用問題について，経営学，人事・労務の視点を中心に分析・解明を行った学術書であり，知識の幅を広げてくれる。

依光正哲編著（2003）『国際化する日本の労働市場』東洋経済社。

　　本書は，日本における外国人労働者の歴史的推移と国際労働市場の需給メカニズム，外国人労働者の就労・雇用実態，日本社会における外国人労働者政策に移管する議論を紹介している。

塚崎裕子（2008）『外国人専門職・技術職の雇用問題——職業キャリアの視点から』明石書店。

　　本書は，専門的外国人に焦点を絞り，専門的外国人の日本における雇用・就労ニーズや専門的外国人のキャリアデザインについて分析・解明を行っている。

（守屋貴司）

結　章

日本と世界の人的資源管理を展望する

　本章では，本書全体の簡単な「まとめ」を行った後，人的資源管理と密接に結びついている雇用関係・労使関係（労資関係）⑴，社会政策について論述を行い，今後の日本と世界について分析を行っている。

1　理論的「進化」の下の諸実態の現状と問題点

　まず，本書の「価値創発時代の人的資源管理」を全体的に俯瞰し，本書のポイントについて整理しておこう。

　第Ⅰ部においては，これまでの人的資源管理に関する理論や歴史的展開をとりあげ，それを通して，理論的展開の特徴などについて歴史的・理論的・実態的に明らかにした後，タレントマネジメント論やダイバシティマネジメント論などのアメリカの「進化」した理論の最新動向を紹介している。

　第Ⅱ部では，そのようなアメリカの「人の管理」の「進化」の中で，日本の雇用管理，賃金管理，労働時間管理など人的資源管理の様々な技法について論じ，今日の日本企業における人的資源管理の諸実態と問題点について明らかにしている。

　第Ⅲ部では，多様でかつ進みつつある技術革新や第Ⅱ部で論述した日本の人的資源管理下における学生，公務員，女性，外国人人材・労働者など多様な人的資源・働く人々の大きな変容について論じられている。

　以上のように，本書では，「働かせる側」と「働く側」の両方の視点と価値創発（EVP）の視点から人的資源管理の最新理論やそれを導入して人的資源管理の諸実態と，そのもとでの多様な労働の変化や問題点，その改善策といった様々な諸点について論じることができた。しかし，このような新しい戦略的人

的資源管理と密接に結びついている雇用関係・労使関係，社会政策については，本書の「人的資源管理」のテキスト兼学術書という性格上，十分に論じることができていないため，この結章において最後に論じておきたい。

2　急速な技術革新における新しい戦略的人的資源管理と雇用関係・労使（労資）関係

　本書において論じられてきた急速な技術革新と新しい戦略的人的資源管理の理論の誕生・普及と実際の戦略的人的資源管理の展開は，これまでの雇用関係，労使関係をさらに大きく変化させる可能性がある。急速な技術革新と新しい戦略的人的資源管理は，雇用関係において「非正規雇用化」（同一労働同一賃金によって「非正規雇用」のカテゴリーからは転換されながら労働条件があいかわらず正規雇用のコア層より低い層へ）をすすめると同時に，正規雇用者に対しても，急速な技術革新を基礎としたイノベーションやそれに伴う社会変化に適合するタレント（才能）のある人材とタレントがないとみなされる人材など，様々なレベルでの選別化が進むことが想定される。

　序章や本論で述べてきたように，急速な技術革新と先進国の労働力人口の急減社会，そして，新興市場を巡る競争の激化によってより必要とされる才能のある人材の雇用関係は，より個別的な契約関係となり，才能のある人材の世界的な争奪戦と才能のある人材間の競争が世界的に激化している。日本大企業は，このような世界的な人材争奪戦の中，日本国内の長期雇用型の正規雇用層への雇用管理対策と世界の争奪戦にさらされるタレント人材の獲得・定着のための雇用管理，さらには，バブル崩壊以降，派遣社員，契約社員，パート・アルバイトといった非正規雇用労働者という3タイプの雇用管理問題を有しており，その矛盾をどのようにしていくのかが，今後，大きな経営上の課題ともなると考えられる。

　また，序章において述べ，かつ，本書のひとつのコンセプトである価値創発（EVP）力を有するような労働市場と従業員に訴求力のある企業には，多くの優秀な人材が入社を世界から希望するがゆえに，より選別的・個別的な従業員

対応を行うことで，これまでの集団的労使関係の基礎を掘り崩すことも考えられる。すでに，本書でも語られたように，正規雇用が絞り込まれ，非正規雇用化が進行している今日，このままの市場原理主義の方向性ですすむとすれば，正規雇用がさらに選別される未来が予想されている。

　AI（人工知能）の進化によって，未来には，AIのできない定型的な作業労働者と，AIを保守・メンテナンス・進化させる技術職と，AIを使用する科学者・管理者等の職務の3タイプとAIによって職を失われる失業者の4層に大きく分かれるともいわれている（井上，2017）。

　このような急速な技術革新と新しい戦略的人的資源管理の理論の誕生・普及と実際の戦略的人的資源管理の展開による雇用関係の変化は，当然，労使関係（労資関係）にも大きな変化を与えることとなる。これまでの労使関係の一方の当事者である労働組合の多くが正社員を対象としており，非正規雇用の増大は労働組合運動の基盤を掘り崩す形となり続けている。それがさらに深刻に進行することが想定される。

　現在でも，日本の労働・労働組合運動サイドで，このような変化に対して，非正規雇用の労働者の労働・労働組合運動の取り組みを行っていることも事実であるが，それを，将来，AIによって，職を失う失業者やAIのできない定型的な作業労働者なども含む形で，労働運動を再構成する必要があろう。

　また，急速に進行する労働力人口の急減は，日本の企業や組織において，厳しい労働力不足を引き起こし，非正規雇用の正規雇用への転換を生んでいる。少子高齢化の進行に伴う労働力人口の急減による労働力不足と，AI，IoTなどの急速な技術革新を基礎とした「合理化」による職場の労働力不足の解消，さらなる生産現場，職場の「ヒトの省力化」は連動してすすむこととなる。労働・労働組合運動は，労使交渉を通して，非正規雇用の正規雇用化への転換をすすめる一方で，AI，IoTなどの急速な革新を基礎とした「合理化」によって職を失う労働者の雇用を守る運動を展開し，かつ，職を失う労働者の再教育訓練と新職場への配置を，経営サイドに強く求めていくことも必要になろう。

　そして，今後，AI，IoTなどの急速な技術革新と新しい戦略的人的資源管理の展開は，現在の日本における労使関係（労資関係）の力関係を考えると，

「正規雇用」間・「非正規雇用」間の様々な格差の拡大，さらにその格差をうめるのに十分に対応できない労働・労働組合運動のジレンマは，結果として，それに対応する社会政策・社会改革を必要とすることになる。特に，日本のように南北の地理的に長く，産業構造的に多様な諸層を示す国においては東京一極集中的視点から各地部・各府県の労働・社会実態に根ざした社会政策への転換が必要である。それゆえ，次に，社会政策・社会改革について，最後に論じておきたい。

3　急速な技術革新における新しい戦略的人的資源管理と社会政策・社会改革

　未来的に考えれば，日本において急速な技術革新と新しい戦略的人的資源管理によって，労働人口の減少による人手不足と技術革新による職の喪失と必要とされる職のミスマッチによって，一方で，才能のある人材が枯渇し，人材の争奪戦が深まる一方で，AIにできないような「安価の労働」を担う派遣社員・契約社員・パート・アルバイト・独立請負人などの非正規雇用のさらなる拡大や，AI等による失業・無職が拡大するならば，ベーシックインカムなどの社会政策を論じることが必要になってこよう。この場合でも日本のような地理的な多様性をみせる国では各府県によって異なるようそうを見せることが想定され，それぞれの地域にあった社会政策が必要となる。

　また技術は，本来，中立的な存在であり，AI，IoT，フィンテック，バイオテクノロジーなどの技術革新は，市場原理主義的な利用ではなく，公共・社会福祉主義的な利用がなされるのであれば，AIなどの技術革新によりもたらされる社会発展を通して，人間がより労働から解放され，ワーク・ライフ・バランスの中で，家庭生活・個人生活により時間を自由に使える未来がもたらされるかもしれない。また，AI，IoT，フィンテック，バイオテクノロジーなどの技術革新にマッチしたアクティブラーニング型・PBL型の少人数の個を大切にする自由な教育システムに転換すれば，だれもが，創造的で，コミュニケーションスキルに長け，かつホスピタリティを有する豊かな労働生活と社会生

活・家庭生活を享受できる未来が訪れるかもしれない。そのような社会や個人の変化に対して適応して変化するのが，EVP（従業員への価値の創発的提案）型の企業であるから，企業もより才能のある人材の争奪戦を行う企業間競争によって，公共・社会福祉主義的な世界において，それにより適応的なビジョンや企業文化，CSR とそれと連動した報酬制度や雇用管理・キャリア開発・コミュニケーション・ダイバシティマネジメントを行わざるをえなくなってくる。

　序章で述べたように，今，進行しつつある急速な技術革新・先進国の急速な人口減少・新興市場の拡大という 3 つの要素は，EVP（従業員への価値の創発的提案）型企業への転換を，世界の企業に求めているが，どのような世界を未来に構築していくのかは，それぞれ各国の国民と世界の市民の責任と課題であろう。それゆえ，本書のテーマである「働かせ方」と「働き方」の未来は，それぞれの国民と世界の市民の「市場原理主義」を選択するのか，「公共・福祉主義」を選択するのか，それ以外の道を選択するのかといった実は古くて，未来的な社会改革の選択にかかっているともいえよう。

　また，その選択は，明治以降の日本の中央集権的体制の限界の中，中央から地方分権の流れと食やエネルギーの地産地消といった地方経済圏の確立と新しい地方分権の中での民主主義の確立という問題を私たちにつきつけてくるかもしれない。

注
⑴　本章では，労使関係を，労使関係制度の枠組みの中での経営者側と労働組合側といった労使の対立・調整・和解の関係と捉え，労資関係を，資本対労働といった資本主義システム内の対抗・対立関係と捉えている。

引用参考文献
井上智洋（2017）『人口知能と経済の未来──2030年雇用崩壊』文藝春秋。

推薦図書
井上智洋（2017）『人口知能と経済の未来──2030年雇用崩壊』文藝春秋。
　　本書は，人口知能に関して総合的にやさしく解説を行った後，人口知能が雇用に及ぼす影響に関して論じている。
伍賀一道（2014）『「非正規大国」日本の雇用と労働』新日本出版社。

日本が「非正規大国」となるプロセスにおいて，雇用と働き方・働かせ方にいかなる変化と問題が生じたかをみた後，「非正規大国」日本について，セーフティネット，政府による「労働改革」，外国人労働など多様な角度から論じている。

（守屋貴司）

索　引

執筆者紹介 （所属，担当章，執筆順，＊は編者）

＊守屋　貴司（立命館大学経営学部教授：序章，3章，15章，結章，Ⅰ部扉解説）

＊中村　艶子（同志社大学グローバル・コミュニケーション学部准教授：5章，11章，Ⅲ部扉解説）

＊橋場　俊展（名城大学経営学部教授：4章，Ⅱ部扉解説）

岡田　行正（広島修道大学商学部教授：1章）

山崎　憲（労働政策研究・研修機構調査部主任調査員：2章）

澤田　幹（金沢大学人間社会研究域経済学経営学系教授：6章）

鬼丸　朋子（中央大学経済学部教授：7章）

鹿嶋　秀晃（駒澤大学経営学部教授：8章）

山本　大造（愛知大学経営学部准教授：9章）

佐藤　飛鳥（東北工業大学ライフデザイン学部准教授：10章）

水野　有香（名古屋経済大学経済学部准教授：12章）

木村　三千世（四天王寺大学経営学部教授：13章）

松尾　孝一（青山学院大学経済学部教授：14章）

〈編著者紹介〉

守屋貴司 （もりや・たかし）
　　　　関西学院大学大学院商学研究科博士課程前期課程修了（商学修士）
　　　　関西学院大学大学院商学研究科博士課程後期課程，立命館大学大学院社会学研究科後期課
　　　　程修了（博士　社会学：立命館大学）
　現　在　立命館大学経営学部教授
　研究分野　人的資源管理論，労使関係論，キャリア開発論
　主　著　『総合商社の経営管理』森山書店，2001年
　　　　　『日本企業の成果主義導入』森山書店，2005年
　　　　　『日本の外国人留学生・労働者と雇用問題』編著，晃洋書房，2011年

中村艶子 （なかむら・つやこ）
　　　　米国モントレー国際大学院（Monterey Institute of International Studies：現 Middlebury
　　　　Institute of International Studies at Monterey）（翻訳修士）
　　　　同志社大学アメリカ研究科博士後期課程（アメリカ研究専攻）
　現　在　同志社大学グローバル・コミュニケーション学部准教授
　研究分野　社会学，女性労働
　主　著　『男女協働の職場づくり』共著，ミネルヴァ書房，2004年
　　　　　『最高の職場』共訳，ミネルヴァ書房，2012年
　　　　　『ワーク・ライフ・バランスと経営学』共編著，ミネルヴァ書房，2017年

橋場俊展 （はしば・としのぶ）
　　　　同志社大学大学院商学研究科博士課程（後期課程）中退（商学修士）
　現　在　名城大学経営学部教授
　研究分野　人的資源管理論，労使関係論
　主　著　『明日を生きる人的資源管理入門』共著，ミネルヴァ書房，2009年
　　　　　『新版：経営から視る現代社会』共著，文眞堂，2014年
　　　　　『ヒト・仕事・職場のマネジメント』共著，ミネルヴァ書房，2016年

価値創発（EVP）時代の人的資源管理
——Industry4.0の新しい働き方・働かせ方——

| 2018年11月20日　初版第1刷発行 | 〈検印省略〉 |

定価はカバーに
表示しています

編 著 者	守　屋　貴　司
	中　村　艶　子
	橋　場　俊　展
発 行 者	杉　田　啓　三
印 刷 者	江　戸　孝　典

発行所　株式会社　ミネルヴァ書房

607-8494 京都市山科区日ノ岡堤谷町1
電話代表 075-581-5191
振替口座 01020-0-8076

© 守屋・中村・橋場ほか，2018　　共同印刷工業・藤沢製本

ISBN978-4-623-08415-9

Printed in Japan

活躍する女性会社役員の国際比較

────────── 渡辺峻／守屋貴司編著　A5判　264頁　本体3000円

●役員登用と活性化する経営　各国の企業で活躍する女性たち。特に管理職として働く女性たちは，どのような環境，制度の下でそのキャリアを積み，現在の地位にあるのか。女性管理職の現状を把握し未来を展望する。

明日を生きる　人的資源管理入門

────────── 澤田幹／平澤克彦／守屋貴司編著　A5判　280頁　本体2800円

今ある自分の状況を確認し，どのように自分の人生やキャリアを切りひらいていくのか。本書は，現代日本企業での「働く環境」「働き方」を決定づけている人的資源管理について，具体的な事例を交えながらわかりやすく解説。

世界の女性労働

────────── 柴山恵美子／藤井治枝／守屋貴司編著　A5判　376頁　本体3200円

●ジェンダー・バランス社会の創造へ　世界的な男女平等実現への歩みを理解するために。背景にある様々な要因を視野に，女性労働の現実と今後の進展を探る。

ヒト・仕事・職場のマネジメント

────────── 澤田幹／谷本啓／橋場俊展／山本大造著　A5判　240頁　本体3000円

●人的資源管理の理論と展開　人間性を重視した働き方と職場づくりとは。非正規雇用や長時間労働等の問題を踏まえ，日本の労務管理の変容を捉える。

次世代型組織へのフォロワーシップ論

────────── 松山一紀著　A5判　216頁　本体2800円

●リーダーシップ主義からの脱却　リーダー偏重主義の限界を超える。これからのダイバーシティ組織に必須となるフォロワーの重要な役割と新たな組織管理。

────────── ミネルヴァ書房 ──────────

http://www.minervashobo.co.jp/